CORPORATE GOVERNANCE

AND

PROFESSIONAL MANGEMENT

公司治理

与职业经理人

仲继银 著

图书在版编目（CIP）数据

公司治理与职业经理人 / 仲继银著 . —北京：企业管理出版社，2022.8

ISBN 978-7-5164-2651-7

Ⅰ. ①公… Ⅱ. ①仲… Ⅲ. ①公司—企业管理—研究 Ⅳ. ① F276.6

中国版本图书馆 CIP 数据核字（2022）第 112031 号

书　　名：公司治理与职业经理人

作　　者：仲继银

责任编辑：陆　森　尚　尉

书　　号：ISBN 978-7-5164-2651-7

出版发行：企业管理出版社

地　　址：北京市海淀区紫竹院南路17号　　邮编：100048

网　　址：http：//www.emph.cn

电　　话：编辑部（010）68414643　发行部（010）68701816

电子信箱：qiguan1961@163.com

印　　刷：固安兰星球彩色印刷有限公司

经　　销：新华书店

规　　格：148毫米×210毫米　32开本　15.875印张　280千字

版　　次：2022年9月第1版　2022年9月第1次印刷

定　　价：98.00元

前言

PREFACE

人自利，每个人自己才是其利益的最佳看护者。如此，自利的人能否看管好别人的钱？自利的人又如何能够放心地把自己的钱交由他人打理？如果自利的人不能看管好别人的钱，自利的人不能放心把自己的钱交由他人打理，现代公司又如何能够发展起来？

但是，现代公司发展起来了，职业经理人管理着的都是别人的钱。在这个意义上，现代公司也是一种金融机构，不过是比直接金融还更直接而已。商业银行等间接金融是拿你的钱去放贷，投资银行、投资基金等直接金融是拿你的钱去买股票和债券，而公司是拿你的钱自己做项目和产业。

动机上自己管理自己的钱财最好，但是能力上往往不是这样。医生、律师和会计师，是你付钱请来打理你的健康、权利和账簿的，因为你可以很清楚地知道你缺少相关专业能力。职业经理人也一样，是你（股东）付钱请来打理你的财产（公司）的，区别只是你不太容易认识到，甚至就是不愿意承认，管理也是一种专业，而你缺少这个专业上的能力。谷歌创始人佩奇和布林就认为管理没有多大技术含量，在风险投资人持续一年多的施压之下，才引入职业经理人。

能力之外，还有分工。大律师可以自己打字，甚至比秘书打得还快。大老板可以自己开车，甚至比司机开得还好。但是，他们还是要请秘书，请司机。因为通过这种分工，他们可以创造更大的价值，可以把时间用到更有价值的地方，也可以仅仅为了换来更多的闲暇。股东和职业经理人，就是现代公司制度所提供的一种分工，与市场交易所提供的分工没有本质上的差异。微软创始人比尔·盖茨当属这种情况。1980 年招揽鲍尔默加盟及 1982 年和 1983 年先后聘请两位职业经理人担任公司总裁，就是要“把比尔·盖茨解放出来”，专心做他最为擅长的软件架构设计和软件发展方向把握。

再进一步，还有兴趣和偏好的问题。你有能力管理，或说你可以学习管理，但是你没有兴趣。你可能更擅长创业，更喜欢研发，或是还有别的偏好。经商有成后想从政，或是经商、从政都没意思了，想搞科研或艺术。这里有马斯洛的五级需求层次理论，也有构成罗斯托经济成长阶段论基础的布登勃洛克动力。苹果公司联合创始人沃兹，从一开始就对管理工作没有任何兴趣。不用承担管理工作，是沃兹答应乔布斯和马库拉要求他从惠普公司离职、正式加入苹果公司所提出的一个重要条件。1916 年，可口可乐公司创始人艾萨·坎德勒，在当选为亚特兰大市长后，卸任了可口可乐公司总裁职务。

最后，可能也最为重要的因素是激励。初创企业和小企业，需要创始人和股东亲力亲为、直接管理，因为只有创始人和股东真正看好其前景，最有动力把企业做好、管好。初创企业和小企业往往也没有什么实力吸引高水平的职业管理人士加盟。但是，当有融资进入或是企业发展到一定规模、有能力也相对容易招揽职业管理人士加盟时，激励便成为了核心问题。这里有相互关联的两个方面的激励问题，创始人和股东自身有没有引入职业管理的激励，和公司有没有对职业经理人的激励。

初创企业的创始人和股东有强烈的做好企业的愿望，有可能缺乏兴趣和信心找职业经理人，且不愿意付出足够报酬给职业经理人。职业经理人激励不足，还不如创始人和股东自己管理。有一则猎狗没跑过兔子的伊索寓言，说的就是这种激励问题，因为猎狗是为一顿饭而跑，兔子是为生命而跑。

已经积累了一定财富并做了一定程度分散投资的创始人和股东，自身承担风险的能力已经比较强，亲自操刀管理的激励就会下降，也就愿意并更有能力付出更高报酬给职业经理人，职业经理人的管理也就会更好。金融大亨要比实业大亨更愿意聘请职业经理人，就是这个原因。福特汽车公司创立时的最主要投资者银行家格雷，名义上担任了福特汽车公司的首任总裁，实际完全没有介入管理，甚至都没有出席公司创立大会。任正非说，公司要不断用恶狼替换饱狼，其实也是这个道理。

激励是职业经理人发挥作用的重要条件，但是仅有激励是不够的，还需要以股东价值为导向的公司治理文化、公司治理的基础规则和最佳实践。由于各国历史、文化、经济制度和公司治理体系存在差异，企业自身条件也千差万别，因此不同公司从创始人和股东管理向职业管理转型的路径不同，职业管理的模式也不同，但是在差异化表象的背后，大致遵循了一些共同的规律。

职业经理人的本质就是拿薪水的公司管理人员。早期公司股东自己直接管理公司，往往对作为经理的薪水和作为股东的收益不予区分，后来逐渐出现没有股权的经理人走上高级管理岗位并得到相应的薪水，人们就把这种人称为“支薪经理人”或“职业经理人”，就是以担任“经理人”——从事公司管理工作的人——为职业的人。

早期的公司股东可以仅以分红收益作为其提供管理服务的报酬，但是在现代公司税制条件下，股东直接管理公司也要把自己该得的薪水和自己的股东收益分开，因为前者可以只纳个人所得税，后者则要纳企业所得和个人所得双重税。而且，二者不核算清楚的话，也搞不清楚企业的真实成本和自己作为股东的真实投资收益。

职业经理人制度蕴含于公司治理之中，良好的公司治理可以促进职业经理人作用的有效发挥。为了企业长盛久安，要在强化公司治理、筑牢股东价值经营目标和董事会中心地位的基础上，优化职业管理，充分授权和激励职业经理人的价值创造行为。是为本书名《公司治理与职业经理人》的含义。

目录

CONTENTS

第 1 章　从所有权到管理能力

第 2 章 职业经理人制度的起源

第 3 章 投资人主导下的职业经理人

第 5 章 日韩公司的家族控制与职业管理

第 6 章 中国公司的股东控制与职业管理

第 7 章 加强职业管理的公司治理机制建设

第1章

从所有权到管理能力

1. 两权分离和职业管理的本质
2. 促进现代公司制度发展的市场力量
3. 公司股权分散的推动因素
4. 股东表决权规则的历史演进
5. 连锁董事：从大亨工具到精英网络
6. 公司治理的四种模式与两条转型路径
7. 大股东陷阱和短视的代价

股东主权是现代公司的基础规则，所有权由此成为公司控制的起点。但是，随着资本市场的发展和公司股权的分散，出现了公司的控制权与所有权之间的分离趋势，管理能力成为了比所有权更重要的公司控制基础。

1. 两权分离和职业管理的本质

伯利和米恩斯最早系统揭示了公司所有权和控制权的分离，他们对公司控制权状况从完全依靠所有权的控制到没有所有权的控制进行了五级分类：几乎完整的所有权，主要控制权，通过法律机制的控制权（金字塔、无表决权优先股或普通股、表决权信托），通过股份的小部分控制权，管理层控制权。

美欧两极和居中的日本

由于资本市场的高度发达，英美公司普遍股权分散，很少有控股股东存在，公司由职业经理人主导。欧洲大陆公司中则普遍存在着控制性股东，一般是公司创始家族，通过双重股份制度，持有决定性的公司投票权，职业经理人属“高级打工者”，需要得到控制性股东的支持才能站稳。

日本既没有像英美国家那样高度发达的资本市场，也没有像欧洲大陆国家那样普遍存在着的双重股份制度，其公司的职业管理程度（职业经理人对公司的主导程度）弱于英美国家，但强于欧洲大陆国家，公司创始家族对公司的控制程度则弱于欧洲大陆国家，但明显强于英美国家。

当然，这种总体分类学只能是一种简化和近似。在现代公司的世界里，由于其基本治理规则的全球一致性，主权国家的影响日渐减弱，治理模式上出现趋同化。国家之间的区别只是在于，从股权（及投票权）高度分散、毫无创始家族影响、完全由公司控制权市场和经理人控制的一个极端，到股权（就上市公司来讲主要是投票权）高度集中、创始家族强力控制、职业经理人处于辅佐地位的另一个极端，这两个极端之间的公司数量分布情况存在差异。

就全球来说，处在“股权分散—经理人主导”这一端的代表性公司是通用电气、雀巢和索尼，分别属于美国、欧洲和日本。通用电气公司随股价上涨而自动拆细股份，以便中小投资者进入，雀巢公司章程限定最大股东投票权不能超过3%。索尼公司的股东多样化和股权分散化一直居于日本企业的领先水平，也是第一家由外国人担任CEO的日本公司。

处在另一个极端的最有代表性的公司当属法国的米其林。米其林家族为了保持对公司的绝对控制，不惜承担无限责任，将米其林公司注册为一种两合公司，家族持有承担无限责任而法定拥有公司管理权的股份，对外发行的是没有公司管理权的有限责任股份。其次是德国的贝塔斯曼，创始家族为了保持控制权拒绝公司上市。再次，可说是德国的保时捷，用足了德国法律中公司最多可以对外发行50%无表决权股份的规定。

让有能力的人管理公司

职业管理的本质就是让有能力的人成为经理人，拥有实际控制权并领导公司。实际运作中有三种模式，也可以说是职业管理发展的三个阶段：优秀股东成为经理人，优秀经理人成为股东，股东和经理人的合伙模式。

经理人可以来自股东或创始人，只要他们有足够的管理能力，可以从股东或创始人转型为公司经理人和卓越领导人。金佰利、瓦伦伯格和菲亚特是创始时的股东兼经理人成为了公司主导者和关键领导人。微软、亚马逊、星巴克等则是创始人本身是卓越领导人。美国运通、德意志银行和3M公司则是经理人成为了公司主导者和关键领导人。在一定意义上，IBM公司也是这种模式。

美国运通的第一位主导者和强势领导人威廉·法戈也是美国运通公司创建时的股东之一，不过他最早是以经理人身份加入到组成美国运通的前身公司中的，因此他最初的起点是经理人。

德意志银行的第一位总裁（管理董事会发言人）是格奥尔格·冯·西门子，1870年开始，直到其去世的前一年（1900年），一直担任这一职务。格奥尔格·冯·西门子是西门子电气创始人的侄子，但出任德意志银行总裁完全出于个人能力，是德意志银行的职业经理人。到 1900 年，在西门子的领导之下，经过三十年的时间，德意志银行成为德国最大的银行。

3M 从一项判断错误的采矿决策开始，能够成功转型为一家卓越的高科技企业，有董事会制度的作用，有后续投资者的坚持等因素，但是最重要的是从公司助理簿记员做到公司总裁，在 3M 公司服务 59 年的麦克奈特的作用。老沃森受聘 C–T–R 公司，缔造出 IBM，与麦克奈特一样，由职业经理人成为卓越缔造者和关键领导人。不过，老沃森的起点比麦克奈特要高一些。

没有足够优秀的股东或是经理人，可以采用股东和经理人的合伙模式，这也是大多数公司的实际状态。花旗银行早期的股权动态调整，或说所有权和管理权的双重传承，即新管理者从原所有者手中购买大量股份，变成新的所有者兼管理者，就是一种很好的方式。这源于早期公司中不能给公司做出贡献的人不能持有股权的文化。

现代公司的职业经理人和经理人持股制度是一种更好、也更容易操作的解决方式。这使股东从直接控制，转为保持距离的控制，进一步发展为市场控制，纯粹股东仅仅是资金提供者、风险承担者和公司治理参与者的角色。本质上是一种更为深化和细化的分工体制。

股东、创始人、家族成员和职业经理人，只要有能力，都可以是公司的有效管理者。这里的关键问题不在于谁做什么工作，谁在什么岗位，而在于各种工作和各种岗位是否都是按照最合理和最有效的现代公司治理原则与方式来设置和运作的。家族企业中外姓的经理人管不了在企业内工作的家族成员，或是新引入的高层经理管不了元老和老资格员工，其共同的一个原因就是企业内部各个层面还没有按照一套制度规则来管理，企业还没有完全对各种人员按照一个清晰定义的岗位和职责来配置和管理。

从日本到欧美的一些大型家族公司，家族成员进不进入公司，以及进入什么岗位，都是按照一套规则来做的。有了一套平等竞争的规则之后，企业各个层面上的人员安排，都只是取决于能力，最后形成的结构是一种自然演进的结果。家族里有人才，并且有兴趣，就能保持家族控制；家族里没有人才，或者没有兴趣，就自然演化为职业经理人主导。企业高管人员是来自家族成员还是非家族成员，外部新聘还是内部提拔，本身都没有好与坏或者是规范与不规范之分。

职业经理人可以来自内部成长，或是来自外部招聘。不过几乎所有成功的全球性大公司都是以内部成长起来的经理人接班为惯例，外部招聘是公司处于危机或者需要实现重大转型情况下的一种例外安排。把外聘经理人这一例外当常规，是一种认识误区。

2. 促进现代公司制度发展的市场力量

经济发展和企业经营的实际需要是现代公司及其配套的股票市场和职业经理人制度得到发展的一个重要动因，可以说是促进现代公司制度发展的市场力量。

工业股票市场发展

在 19 世纪末期，工业公司股票成为主要交易品种之前，证券市场的发展主要依靠政府债券和铁路股票及铁路债券。相应地，投资银行家们多数经历了从贸易商，到为政府和铁路融资，再到为公司融资的发展阶段。

美国甚至整个世界历史上最伟大的投资银行家——约翰·皮尔庞特·摩根，正是从政府债券销售和为铁路融资，到通过发行普通股帮助实业家缔造现代巨型公司，终结了传统商人银行家的历史，开启了现代投资银行和工业公司股票市场发展的时代。长期称雄国际金融领域的罗斯柴尔德家族最后失去领导地位，一个重要原因就是错失了公司金融发展提供的一个重要机会：通过股票市场和普通股融资发展出职业经理人管理的现代公司。

市场力量在美国现代公司制度发展中能够发挥巨大作用的

一个重要原因是，在经过一段短暂的政府投资兴办铁路等尝试失败以后，19 世纪中后期美国很多州开始禁止政府向企业直接投资。随着公共投资的撤出，公司在资金方面不得不完全依赖私人投资者，公司治理规范成为争取私人投资者的重要武器，是创业者、企业家和经理人们都不得不重视的“资本市场营销”。

铁路把幅员广阔的美国联结成了一个统一的市场，改变了投资环境，并且成为公司股票市场的增长点。铁路公司是 19 世纪最大的公司，铁路建设所需要的资金规模超过企业家个人的社会关系网络能提供的程度。铁路行业还对公众起了一个教育作用，帮助转变大家对有限责任的看法，使有限责任公司这种法律形式逐渐受到更多人的尊重。

更多以公司自治为原则的公司法、控股公司法和股票融资法等在促进企业之间合作的同时，也使股票成为发起人获取创建现代大型公司资本的一种有效工具，催生了新的企业领军人物——托拉斯和公司发起人，代表性人物是摩根和弗林特，这些人用并购重组促成了现代大型公司这种企业形式的出现和现代股票市场的形成。摩根通过收购重组创建了通用电气和美国钢铁公司等，弗林特通过收购重组创建美国橡胶、全美淀粉及后来改名为 IBM 的 C–T–R 公司。

可以说现代股票市场和现代巨型公司是一对孪生兄弟。在兼并浪潮之前，很少工业公司股票公开交易。兼并浪潮中大量工业公司股票抛向市场，形成了现代股票市场。美国普通大众进入了股票市场，帮助组建公司，并能通过股票市场控制产业。

公司经营自由

直到 19 世纪中期前后，公司还没有成为美国商业组织的主要形式，商业组织的主要形式还是合伙制。1870 年，公司开始在美国的国民经济中占据主导地位。推动公司取得这一成就的，不仅仅是公司成立环节采用注册制所带来的自由，还有公司经营方面拓展的各种前所未有的自由空间。

首先，公司不再有法律上的生命期限。在以往的特许制下，公司许可证的有效期一般为 5 年、20 年或者 30 年。任何许可证制度，都是权力机关在给出一项授权之后，还要保留自己终极控制权的一种手段。特许公司有效期的规定，给权力机关提供了控制公司行为的终极武器。如果对公司行为不满，可以在许可证到期之后，不再授予新的许可证，公司则必须解散。

其次，注册制之下，公司还获得了有关公司内部权利配置上的更大自主权和自由空间。就股东权利来说，现代公司的一股一票使大股东可以凭投票权控制公司，这是今日中国公司中的常态；也可以实行分类股份制度，给予不同类别的股份以不同的投票权比例，从而令创始人和特殊股东可以凭少量股份控制公司，如欧洲的家族公司和美国的一些高科技公司和媒体公司。早期的公司许可证一般不遵守一股一票原则，并且通常更为注重股东民主，对单一股东的表决权数量进行限制。

公司经营行为上最大自由空间的获得意味着传统法律“越权行为说”事实上的废止。按照传统法律的“越权行为说”，凡是没有立法机关授权的公司行为，都是被禁止的。一方面，这使公司经营要限定在其申请成立时所明列并得到许可的经营宗旨和业务范围之内，进而很难扩大业务范围或者干脆转行。另一方面，这对与公司进行交易的一方是一种巨大风险。公司签订了越权（如超越其章程或经营许可证所列业务范围）的合同，是不能被执行的。

美国公司这一项实际自由的获得，不是首先来自立法的改变，而是首先来自公司律师们的创造和法院的随后认可。为了避免公司陷入超范围经营一类的麻烦，注册成立时律师们绞尽脑汁地用一些含义宽泛的词汇描述公司宗旨。终于，1896 年的新泽西法案规定，公司可以基于“任何合法的业务或无论什么目的”而成立。

控股公司制度的发展，为美国公司经营自由空间的扩大提供了另一个市场推动制度变迁的案例。可以自由注册成立公司之后，一家公司持有另一家公司股票这一现代公司经营上的重要行为仍被禁止，或者需要经过立法机构的特许批准才行。从 1850 年代开始，美国一些州的立法机构开始通过特别批准，一个一个地允许公司持有其他公司的股票。标准石油公司通过信托（托拉斯）方式实现企业联合等创新行为，推动了美国控股公司制度的最终形成。1889 年，《新泽西控股公司法》率先赋予了所有公司拥有其他公司股票的权利，最终使“投资控股”也如公司成立一样，从需经批准的少数公司才能拥有的一种特权，变成所有公司的自由和权利。

公司治理规范

中国的诸多问题都处在一种“一统就死，一放就乱”的循环之中。美国在进入现代公司时代之初，曾一度十分混乱，但是很快就建立和健全了一套公司治理规范，从而使美国公司能在规范之下，得到充分自由的发展。这里的逻辑是，公司经营自由需要公司治理规范，良好的公司治理规范又给公司提供了更大的经营自由和自主空间。

建立和健全公司治理规范的一条根本原则是，促进以公司、经营管理人和发起人为一方，以投资人、股东和债权人为另一方的双方之间的诚信交易，但又不能损害商业效率。公司在商业世界中应有自由经营之手，而在内部事务中应有严格的保证诚信的制度，必须规范公司职员、董事、股东、债权人之间的关系。

公司高级职员和董事们是受托管理公司的人。他们不能进行自我交易，不能同公司进行买卖；他们对从公司业务中赚取的任何利润都有予以说明的严格义务。这套概念，最初适用于对孤寡信托基金的管理，现在被法院借用来约束并规范公司创办人、高级职员和董事的行为。一家农业社的股东和高级职员，把公司股票按票面价值出售给他们自己，而其后出售公司一块土地的所得使公司每股股票比票面价值涨了十倍，法院判他们吐出这笔利润。

勤勉义务原则也得到了发展。1889 年，一家破产银行的总裁和董事，由于玩忽职守，被判对银行的巨额损失承担个人责任。银行总裁残酷地掠夺公司财富，愚蠢地对外放贷，而董事们极少开会，也从不查账[①]。

对遵守了忠实和勤勉义务的公司董事，法院也同时提供了商业判断准则，以保护作出公司经营决策的积极性。只要一个决策是出于善意，并符合正常的业务程序，即使最后导致了公司亏损，股东们也不能对此追究法律责任。

3. 公司股权分散的推动因素

为什么美国公司很少有集中性所有权？美国上市公司之上没有集团公司或母公司，而这在中国及其他很多国家并非常态。

在德国、日本等很多国家，银行一直保持着对公司的控制，银行人员出任公司董事，并且只是在银行或家族作为控制性股东对公司大政方针保持控制的前提下，“有限引入”职业经理人。美国这种股东退出控制、“完全引入”职业经理人的做法是领先还是例外？是有其内在的发展逻辑，还是仅仅是一种历

① 劳伦斯·M.弗里德曼：《美国法律史》，北京大学出版社2021年版，第572页。

史的偶然？

美国例外？

公司制之所以又叫股份制——实际这也是英国早期给予公司的称谓“合股公司”——就是因为它具有可以股权分散而公司财产仍旧集中在一个实体之内运营的优势。可是，不同国家虽然都同样甚至是无差异地选择以公司制为其最主要的一种现代企业组织形式，但由于各自的政治、文化和历史传统不同，公司股权分散的进程差异很大，与股权分散相伴而采取的具体公司控制和治理机制也有明显差异。

美国在公司股权分散方面遥遥领先于其他任何国家，甚至显得美国很特殊，是个例外。法学教授马克・罗伊在其《强管理者，弱所有者——美国公司财务的政治根源》及《公司治理的政治根源——政治环境与公司影响》等著作中，对此给出了政治解释。布鲁塞尔自由大学的马可・贝赫特（Marco Becht）和加州大学伯克利分校的布拉福德・德隆（Bradford Delong）两位经济学教授则在基本同意罗伊的政治解释的同时，强调了其他理由，特别是经济方面的理由[①]。

美国的例外是在20世纪才出现的。在19世纪，美国也并不缺少权势集团，控制着母公司，或者控制着金融机构，再通

① “为何美国鲜有大量持股的情况”，载于兰德尔・莫克主编：《公司治理的历史：从家族企业集团到职业经理人》，上海人民出版社2011年版。

过母公司或金融机构控制着上市公司。洛克菲勒家族利用其从标准石油公司所获财富，对一系列的美国工业公司进行控股。摩根及其合伙人控制着铁路、钢铁和电气等多个行业。

1900 年时，美国和其他国家的情况还是一样的，家族和大型金融机构持有公司的多数股权。但是接下来的几十年中，美国发生了富有家族出售股份给中小股东、金融机构放弃或被迫放弃了对企业管理层的监管和控制职能，使美国企业走上了股权分散、经理层控制的状态。

1900 年、1920 年和 1930 年，美国公司股票持有者的数量分别是 50 万、200 万和 300 万。从 1900 年到 1928 年，美国最大 17 家工业公司的股东总人数从 10.8 万增加到了 55.2 万，增长了 410%。4 家公用事业公司的股东总人数从 1.9 万增加到了 52.4 万，增长了 2622%。10 家铁路公司的股东总人数从 9.9 万增加到了 34.4 万，增长了 247%。1900 年，美国电话与电报公司（AT&T）有 7500 个股东，到 1931 年增长到 64.2 万个。到 1920 年代末，宾夕法尼亚铁路公司的股东人数超过 15 万，美国钢铁公司的股东人数超过 10 万[①]。

二战之后，控制权转移的进程在继续，财富家族的衰落也在继续。1919 年伍德罗夫家族收购了可口可乐公司，1938 年伍德罗夫家族持有可口可乐公司 39% 的股份。现在，伯克希尔—哈撒韦公司和太阳信托银行是仅有的两个持股 5% 的股

---

① 兰德尔·莫克主编：《公司治理的历史：从家族企业集团到职业经理人》，上海人民出版社2011年版，第595～596页。

东，董事会中已经没有伍德罗夫家族的人影了。

相比之下，在现代公司制度发源地英国，巨型公司的发展，特别是在通过股票市场融资和引入职业经理人管理方面，却落后于美国了。保守的英国人一贯强调个人控制公司，人们也比较信任由此带来的信誉保障。到第一次世界大战前夕，英国公司扩张所需要的新资本中，利润再投资占了50%。广泛的股票市场直到1950年代才开始出现。即使在英国规模最大的企业中，家族所有和经营都比美国普遍。直到1930年，英国最大的200家公司中，70%的公司还有家族成员占据着董事会的席位。1930年，英国只有最大的50家工业公司的规模达到了可以列入美国制造企业前200家名单的程度。

大亨的离去：洛克菲勒

1863年，洛克菲勒与其合作伙伴克拉克成立了一家炼油厂，并招揽英国工程师安德鲁斯加入。1865年，因与克拉克在经营理念上发生分歧，洛克菲勒买下了克拉克的全数股权。1867年，能够带来富商资金的弗莱格勒加入，成为三人合伙。但是，很快需要进一步融资。

1870年重组为俄亥俄州标准石油公司时，洛克菲勒家族成员持股50%。具体股权分布情况为：洛克菲勒持2667股（26.7%），任董事会主席；弗莱格勒持1333股（13.3%），任秘书兼财务主管；安德鲁斯持1333股（13.3%），洛克菲勒的弟弟威廉和弗莱格勒的亲戚哈尼克斯二人也各持有 1333 股（13.3%），威廉·洛克菲勒的连襟詹宁斯持有 1000 股（10%），以前的股东持有 1000 股（10%）[①]。

1878 年，公司股东增加到 37 人，但洛克菲勒家族仍持有 30% 的股份。由于主要持股人的股份转让，标准石油公司的股份结构已经变得相当分散，洛克菲勒持股比例变为 25.7%，其他主要股东的持股比例均下降到了 10% 以下。

1879 年的信托协议，通过名义上由三位公司中层员工持有各地的标准石油公司股份、实际要将所获股息按俄亥俄标准石油公司股权比例分配给真正股东的方式，绕过了俄亥俄州公司法不允许公司跨州经营和持有其他公司股份的问题。这种方式下，公司控制权完全掌握在了洛克菲勒一人手中。

三年之后的 1882 年，美国当时著名的公司法律师多德受聘为标准石油公司重新设计了一套法律结构。第一步是先在拥有大宗业务的各个州建立一家独立的标准石油公司。于是，洛克菲勒出任新生的新泽西标准石油公司总裁，威廉·洛克菲勒出任了纽约标准石油公司总裁，等等。

法律上，注册于各个州的公司都需要有自己的董事会，同时也有一个权力分配问题。多德的解决方案是——“你们可以有共同的名字，有共同的办公室，有共同的董事会，有共同的管理层。公司的股份可以交给托管人，由他们签发信托财产证明书，其中将注明各人应得的红利”。这样就意味着形成持股

① 兰德尔·莫克主编：《公司治理的历史：从家族企业集团到职业经理人》，上海人民出版社2011年版，第582页。

人的联合体而非企业的联合体。根据一份新签署的委托协议，9 名住在纽约的托管人（每天中午在百老汇 26 号共进午餐的 9 个人，标准石油控股公司事实上的董事会成员）组成一个理事会，掌管着法律上的俄亥俄标准石油公司和其他 40 家公司的股份（其中完全控制 26 家，部分控制 14 家），有权任命其管理人员。这是一个拥有 7000 万美元资产、控制全美 90% 炼油厂和输油管网的巨大企业。洛克菲勒占有不到 1/3 的份额，价值 1900 万美元。

这份 1882 年标准石油公司信托协议，标志着美国商业组织结构从自由竞争经过松散联合的卡特尔，发展到了组织严密的托拉斯，这是洛克菲勒在创建现代企业制度方面的历史性贡献。在面临无数法律束缚的状态下，洛克菲勒成功地将众多风格迥异的企业整合为天衣无缝的整体，一个原本笨重的庞然大物在他手中化身为精巧的工具。

1892 年，俄亥俄州法院判定标准石油公司的信托协议违法，俄亥俄标准石油公司宣布解散，代之以新组建的新泽西标准石油公司——新泽西州已于 1889 年通过了《控股公司法》，准许该州公司持有外州公司股份，托管证书换为相应比例的公司股份。新公司的 97.25 万股股份中，洛克菲勒持有 25.6854 万股。新泽西标准石油公司买下原标准石油公司各下属公司全部或部分股份，成为一个既经营具体业务又控股其他公司的现代型公司。

1911 年美国最高法院解散新泽西标准石油公司，并使洛克菲勒家族在后续分散存在的石油公司中，也不敢再试图进行统一协调和控制，洛克菲勒对美国石油业的掌控宣告结束。进步主义政治运动和反垄断，结束了美国第一代强势家族通过表决权信托、控股公司和企业联合等方式进行的产业控制。随后，标准石油公司股权开始高度分散。1912 年，105 位股东（占所有股东数的 1.8%）持有新泽西标准石油公司 75% 的股份。1950 年，2142 位股东（占所有股东数的 0.9%）持有新泽西标准石油公司 62% 的股份。

政治压力和反垄断政策

马克·罗伊认为，政治原因导致了美国没有大量持股的存在。美国喜爱竞争、讨厌垄断，民粹主义和进步运动的政治力量使金融资本家和大股东过不上好日子，使大规模持股得不偿失。在美国的文化和政治中，凡是集中性的都将成为众矢之的。何不避免成为目标并从分散投资中获益？即使代价是所有者与经理人之间产生委托代理问题。中国也许正与此相反，大一统惯了，人们喜欢和信任集中性的控制。集中控制者不仅不会受到攻击，反会受到追捧，从中得到好处。

政治压力和缺乏分散投资是巨大风险，范德比尔特家族率先遭遇和认识到了这一问题。1879 年，威廉·范德比尔特决定出售从其父亲手中继承来的纽约中央铁路公司控制性股份。“我们受到了国会、法律以及公众的踢打，我觉得我宁愿让其他人替我承受一部分，也不要独自承担”（《公司治理的历史》第 588 页）。

政治压力和反垄断政策贯穿在美国巨型公司发展的整个历史之中，是塑造美国现代巨型公司控制形态的重要力量。1911 年美国最高法院判决标准石油公司解散，1912 年美国国会普诺委员会调查货币托拉斯，1914 年布兰代斯抨击货币托拉斯的权力，美国国会通过了克莱顿法案，其第 7 条禁止公司持有竞争公司的控股股权。1933 年的格拉斯—斯蒂格尔法案分离了商业银行和投资银行，1935 年的公用事业控股公司法案根除了金字塔公用事业帝国建成的任何可能。

1957 年联邦最高法院判决当时通用汽车公司的大股东杜邦公司出售其所持股份，是反垄断政策直接导致一家美国巨型公司从存在大股东集中持股状态转变为广泛分散持股状态的鲜明例证。

一战之后，杜邦的前财务主管拉斯柯布说服杜邦公司对通用汽车公司投资 2500 万美元，以期为杜邦公司的人造织物、油漆和塑料制品在汽车领域打开市场。杜邦于 1920 年成为通用汽车公司董事会主席。1920 年代，杜邦公司在通用汽车公司的股份比例达到了 1/3，两个公司合作开发了冷却剂和汽油添加剂等产品。杜邦支持了斯隆的重组计划，使通用得以赶超福特而成为首屈一指的汽车公司。

1940 年代，美国政府开始考虑解散通用汽车公司以增加汽车工业的竞争性。最后政府决定不解散通用汽车公司，但是要调查由于大量持股造成的杜邦化学工业公司和通用汽车公司之间的密切联系。1949 年，美国政府指控杜邦持股通用汽车违反了克莱顿法案第 7 条，1957 年最高法院最后裁决杜邦持股违法，股份于 1961 年售出。法院认为，杜邦购买通用汽车公司股权，是为了在向通用汽车公司出售其产品时，获得相对其他竞争者的非法优先权。确实，通用汽车管理者购买杜邦产品，至少部分是为了讨好其大股东。

资本市场因素

发达的资本市场能够以令人满意的价格收购控制性股份，引导美国公司走上了股权分散的伯利—米恩斯模式。

托拉斯发起人和投资银行家将大量股份出售给更为广泛的投资人的能力是所有权分散的一种重要的驱动因素。美国人偏爱公司股权，人们相信可以通过投资于牛市而迅速致富。1879 年范德比尔特家族所持纽约中央铁路公司的大部分股权出售给了公众，1901 年卡内基将其钢铁公司出售，重组后成立美国钢铁公司的大量股权为公众持有。古根海姆家族在 1908 年和 1909 年将其所持美国炼制公司的大量股权出售。

范德比尔特家族所持铁路公司股份的出售，是第一次将一家大型公司的控制性股份对外出售。当时美国公司大规模融资的主要来源是富有的英国。如何让英国投资者相信美国铁路公司能够良好运营？连接着英国资本市场和美国公司的摩根父子起到了决定性的作用。英国投资者与摩根签订委托书，摩根在纽约中央铁路公司的董事会上代表他们。摩根因而可以很有底气地训诫那些铁路公司老板：你的铁路是我的客户的！

为什么美国企业不是主要依靠债务融资和留存收益进行投资，而是采用会稀释创始人股份的股票融资方式呢？由于政府管制因素，美国的银行业高度分散，无法跨州建立分行，甚至通常就无法建立分行。美国政策鼓励养老基金成为被动投资者，而银行持有公司股份受到严格限制。对小股东的强力保护加上经理层的权力，使得大量持股的相对收益大幅减少，而分散投资的相对收益更大。

最初的公司创始人和托拉斯发起人出售其控制性股权的根本原因是美国资本市场给出的价格诱人。卡内基的股份出售就是这种情况，摩根让卡内基自己开价后，没有还价就直接接受了。政府政策和市场价格的双重影响，使范德比尔特出售了其铁路公司股票。古根海姆家族难抵价格的诱使，且相信通过董事会可以保持对公司的控制。

美国股市能够给出诱人价格并非完全是欺骗中小投资者们上当，摩根和他的合作者们（第一国民银行的贝克尔、花旗银行的斯蒂尔曼和范德卢普等）能够通过介入公司治理保证这些股票成为良好的投资选择。创始人对特别股或是优先股的信任，兼并竞争者，在董事会占有席位，并将摩根的名字用在新建多元化企业上，这一切都抬高了创始人可以拿到的其控制性股份的价格。

董事会的角色

美国公司创始家族在出售公司股权时，没有想到会失去公司控制权吗？

范德比尔特家族放弃铁路控制权，是因为美国政府政策不准许私人家族持有控制性股权。在摩根收购卡内基钢铁公司、组建美国钢铁公司时，卡内基不看好美国钢铁公司，选择了新公司的债券而不是股票。

另外一些企业所有者选择出售其所持股份，但试图通过支配董事会的方式，保住其对公司的控制权。1937 年时，美国最大的 200 家企业中，几乎没有一家是家族持有主要表决权的，但很多是由家族支配董事会的。古根海姆家族在律师和银行家的劝说下，认为出售大量股权之后，仍然可以通过控制董事会而控制公司。古根海姆家族在出售了美国炼制公司控制性股份后的一段时间内，确实保持住了对董事会的控制。美国钢铁公司也是，摩根的四位合伙人成为了董事。但是，随后的发展并没有满足这些创始家族的一厢情愿。今天，只有福特家族和福特汽车公司是个例外。这是因为，老福特为了保持对公司的控制权，选择了一条与当时主流思维不同的道路，把本来股权比较分散的福特汽车公司变成了家族集中控股。

多元化和分散投资是企业家族分散所有权的一个诱因，控制权则是其阻力。出售股权所得，可以投资于更多的领域。但是，有办法可以实现分散投资而保留集中性的控制权，如通过金字塔控股结构,以及设置具有超级表决权的特殊类型股票等。为什么美国的企业家族在分散股票所有权的时候，没有采用这些保持企业控制权的手段，而是直接寄希望于控制董事会这种方式？金字塔结构被日本财阀企业用到了极致，而双重股票制度则在欧洲大陆国家以及美国的邻居加拿大都普遍存在。

由于强力的反垄断，美国 19 世纪盛行的表决权信托在 19 世纪末被控股公司所取代，反垄断机构还一直在极力控制控股公司和金字塔持股结构的发展。但更重要的因素，也许是美国资本市场的自我约束作用。由于新大陆缺乏欧洲国家那样的传统贵族资本，美国公司融资要更倚重于大众资本，对资本的竞争也更为激烈，设置多种等级股票的公司在公开上市方面有障碍。

美国公司制度直接继承于英国，董事会制度是其文化和历史传统中内生的一种集体组织的控制机制，这使美国的企业创始家族天生倾向于通过公司董事会来控制公司。美国公司的董事会控制权也不是创始家族拱手相让给职业经理人的。董事会从实业大亨—创始家族控制，发展到金融大亨控制，再到经理人控制，经历了长达几十年时间的演化过程。创始家族可能认为，他们能够维持对于董事会的支配，分散的股东能够跟随他们的领导，并在董事选举时投他们一票。

在很少或没有所有权的情况下控制公司的关键是董事会选

举规则。德国无记名股票上的表决权通常会落在托管银行手中。美国通过信件和电话进行代理表决，这些表决权通常落到了现任董事手中。股东通常有三个选择：他可以不进行投票；可以参加年会并个人进行投票（或指定一个个人作为其代理人）；或者可以签署一份委托书，将其投票权委托给公司的代理投票委员会，而该委员会成员是由公司管理层选出来的。这就使名义上的股东选举任命管理层继任者，变成了事实上的管理层自己任命继任者。这与罗马天主教的教皇产生机制很相似：罗马教皇选任红衣主教，反过来再由红衣主教团选择继任的罗马教皇。

在有关公司发展方向和对管理层继任问题的决策上，现任管理人员的权力上升，而所有者的权力下降了。现任股东出售股份，是看到了分散投资的价值，这比在公司年会上具有控制性发言权的价值要更高，除非想要挑战或替换现有管理层。改变公司治理结构的成本很高，收益的可能性则是未知数。这样，美国公司的控制权就从大股东手里转移到了资本市场上，靠公司控制权市场这样一种机制，而不是靠稳定持股的大股东，来矫正公司管理层的行为。

“美国例外”的几个因素

总体来说，美国公司股权分散的原因有托拉斯发展、反垄断政策、发达和充分竞争的资本市场、成熟和广被接受的公司董事会机制，以及慈善和公益捐赠文化等。

托拉斯发展是企业联合的需求所致，并催生控股公司制度的产生，进而发展出大型工业企业。只有大型企业才有通过分散股权而获得更多资本的内在需求，中小型企业则可以依靠家族资本生存。但是，这种自主和融资导向的股权分散往往会停留在创始家族能够保持住公司控制权的界限之内，从而不会进一步走向股权高度分散和职业经理人掌握公司控制权的阶段，如同德国、意大利以及中国公司目前的状态一样。

美国公司能够进一步走向高度股权分散则是政治和市场两方面共同作用所致。政治方面，最主要的因素是反托拉斯政策。美国是这个世界上拥有最多大型公司的国家，也是公司可以以最快的步伐从初创发展到巨型企业的国家，同时美国又有一个世界上最为积极和坚决地站在大公司的对立面、与之作战的政府。正是美国政府强力的反垄断政策，迫使那些巨型托拉斯企业或拆分，或将主要股权出售给公众，由此导致美国巨型公司股权走向高度分散。

反垄断政策是重要的促发因素，没有这项政策的作用，那些巨型公司可能世代掌握在创始家族或金融机构手中，控制权收益和股权分散融资两头兼得，如日本二战前的家族财阀公司。

资本市场的自由和高度发达，是一些美国公司创始家族放弃控制性股份的重要诱因，也是强力的反垄断政策之下依旧不断涌现出大量巨型企业的原因。J. P. 摩根这样的投资银行家能够成功地将巨型公司的大量股份卖给广泛的投资者，并参与公司治理，发展和维持了资本市场的规则和秩序，才出现了无控制性股份存在情况下，美国公司依旧能够保持良性和有效发展的局面。

摩根参与公司治理的方式是，以普通股方式拿报酬从而与公司股东站在一起，坐镇公司董事会、聘用合适经理人并给予充分授权，正是这一套做法开启了美国公司的职业经理人制度。如果没有充分发达的资本市场、坚实可靠的董事会机制，美国公司的创始人及其后代们，可能也会与其他国家的企业家族一样选择双重股份制度和金字塔控股结构等方式，以同时获得股权分散和保持控制权的双重好处。

最后，美国镀金时代上流社会向慈善和公益事业的转变也是一个重要的原因。用卡内基的话说，握着财富死去是羞耻的。随着创始人家族将其兴趣转向慈善和公益等别的方向，控制权一点一点地滑入了经理人的手中。今天美国的企业大亨，在没有放手自己所创企业并还年富力强时，就已经把相当大的财力和精力都转向了慈善和公益事业。欧洲和日本的企业家族通过家族基金会继续控制企业，但是美国严格禁止家族基金会和企业之间保持联系。

4. 股东表决权规则的历史演进

从公司制度的发展历史来看，股东凭借股权控制公司，这是 1860 年代以后的现代公司中才有的现象。严格说，今日公司的股东投票权是股份投票权，不是一种人的权利，而是货币的权利，是货币在说话。但是，早期公司中并不是这样。

在一人一票和一股一票之间

早期公司的决策更为民主，董事选举及其他公司事务决策中，实行无论持股多少都是一人一票的纯粹民主规则，而不是一股一票这一完全由金钱说话的富豪规则。实际上，如果没有在公司章程中明确规定其他的表决权计划，英国普通法的默认规则就是一人一票。

公司股东会决策规则从按股东数一人一票到按股份数一股一票的演变不是一步到位的。即使今天，也存在着一人一票和一股一票这两者之间的中间状态，如限制大股东的投票权和分级股份制度等。

汉密尔顿在 1790 年为美国银行提出的股东表决权计划就是限制大股东的投票权。他认为，一股一票导致了一些主要股东之间的联合，可以轻易垄断银行的权力与利益。另一个极端，一人一票也是错误的。因此需要一种审慎的方法。

汉密尔顿 1790 年《关于设立国民银行的报告》提出："每个股东所应被赋予的票数应该根据他所持有的股份数的比例，即一股到两股是一股一票；两股以上不超过十股的部分，两股一票；十股以上三十股及以下的部分，四股一票；三十股以上不超过六十股的部分，六股一票；六十股以上不超过一百股的部分，八股一票；一百股以上的部分，十股一票；但任何个人、公司或政治团体都不能赋予三十票以上的票数。"

1784 年，汉密尔顿作为律师，在纽约协助创办了纽约银行，为其起草了章程，并是其 13 位董事之一。该章程第 5 条规定："每个持有一到四份股票的股东，应该一股一票。六份股票的认购者应有五份表决权；八股六票；十股七票；十股以上，每五股一票。"该银行章程在 1791 年获纽约州立法机构批准通过，其中保留了汉密尔顿设计的表决权计划。并且该章程大体上是 1825 年之前所有纽约州通过的银行章程所依据的模式。

1836 年马里兰州对其特许成立的一家收费高速公司的表决权分配作了如下规定：一股以上但不超过三股的，每一股一个表决权；三股以上但不超过十股的，五个表决权；十股以上但不超过五十股的，七个表决权；五十股以上但不超过一百股的，十个表决权；在一百股以上，每增加一百股增十个表决权，但是三十个表决权是任何股东的最高限额。

分级股份：从富豪特权到创始人特权

19世纪开始，工业化对资本的巨大需求使资本更为稀缺，对资本的竞争更为激烈，股东会按人投票演变为了按股投票，居于一人一票和一股一票之间、人股兼顾的汉密尔顿模式（少数股份者每股所拥有的投票权比例高，大额股份者每股所拥有的投票权比例受到限制）没有兴盛起来。

美国率先在19世纪中叶开始采用了一股一票这一富豪规则，从民主规则的股东资本主义发展为富豪规则的股份资本主义。进入20世纪之后，美国又从金融资本主义发展为了管理资本主义。20世纪欧洲的股东表决权紧随美国，也变成了富豪规则，但在管理资本主义的发展上相对落后。

20世纪里，按股投票的“富豪规则”甚至得到了进一步的扩张，产生了分级股份制度。所谓分级股份制度，就是将公司股份设立成不同的级别，对不同级别的股份赋予不同权重的投票权。最初，这种投票权分级的做法是用在优先股中的。优先股通常具有优先的资产留置权、优先的收益留置权以及累积股息的权利，相应地在投票权上受到限制。优先股发行时有完全表决权、无表决权，或是有条件表决权，只有当满足（或不满足）某些条件时才能获得表决权，例如股息没有支付。

对普通股进行分级，赋予不同权重的投票权，从1917年才开始使用。普通股分级，通常做法是分为每股10个投票权和每股1个投票权这两类，因此也被称作双重股份结构。

双重股份结构在丹麦、挪威和瑞典十分普遍。在荷兰和英国则存在特别股，这种股份带有特别的董事提名权。德国法律规定公司最多可以发行 50% 比例的无表决权股，保时捷公司就用足了这一政策。欧洲国家中，实现双重股份制度的著名公司很多，如 LVMH、阿斯利康、沃尔沃、ABB、爱立信、伊莱克斯、斯道拉恩索等。

英国对于无表决权股和表决权股的比例没有限制。美国法律也没有禁止公司发行无表决权股、有限表决权股、条件表决权股或者多重表决权股等。在这方面，美国比英国宽松，但是比加拿大严格。加拿大很多公司实行双重股份制度。

美国公司中实行双重股份结构的比例相对很低，这主要是因为纽约股票交易所曾长期拒绝双重股份结构的公司在该所上市。纽约股票交易所支持一股一票，不支持偏离“一股一票”以及其他违反纽交所有关“企业民主、责任、诚实与对股东的责任”标准的做法。从 1926 年开始，一直到 1986 年，纽约股票交易所都拒绝无表决权的普通股上市。美国证券交易所和纳斯达克没有这种限制，这使纽约股票交易所最终放弃了这一做法。

1937 ~ 1939 年，美国 200 家最大的公司发行了 404 只不同类型的股票：208 只普通股和 196 只优先股。在这些优先股中，61 只有条件表决权，只有 21 只没有表决权。在普通股中，有 8 只无表决权普通股。1994 年美国 100 家双重股票公司，至少有一个级别的股票是上市交易的，2001 年这类公司上升到 215 家。通常的表决权比例为 1 ：10，但在很多情况下这个比例可以更高。知名双重股票公司包括：伯克希尔—哈撒韦公司、维康公司、福特汽车公司、箭牌和好时食品。

21 世纪以来，维护欧洲富豪特权（创始家族后代可以通过持有投票权比例高的少数股份而继续保持着对公司的控制权）的分级股份制度，被美国高科技公司用来保护公司创始人。公司创始人团队保有一种具有更高投票权比例的股份，对外公开发行的则是投票权比例较低的股份，采用这种制度的公司如谷歌和脸书等。

大股东投票权限制：近代中国的探索

中国从1904年在国家立法层面上正式引入公司制度以来，一直在对股东投票权进行着探索，特别在是否对大股东的投票权进行限制的问题上，存在着明显的摇摆不定。

1904 年的清《公司律》和 1912 年的中华民国《公司条例》，准许公司通过章程自行设定对一人持有十股以上股份的表决权做出限制，具体是否限制及如何限制没有规定。1904 年清《公司律》第 100 条规定：“（股东会）会议时有一股者得一议定之权（如一人有十股者既有十议决权，依次类推）。唯公司可预定章程，酌定一人十股以上议定之权之数（如定十股为一议定之权或二十股为一议定之权，依次类推）。”1912 年中华民国《公司条例》第 145 条规定：“公司各股东，每一股有一议决权，但一股东而有十一股以上者，其议决权之行使，得以章程限制之。”这是对清《公司律》第 100 条的继承。

1929 年颁布的中华民国《公司法》则对大股东的表决权直接提出了硬性限制：“每股东之表决权及其代理他股东行使之表决权，合计不得超过全体股东表决权五分之一。”1946 年颁布的中华民国《公司法》又取消了这一硬性的比例限制，将公司是否需要及具体如何限制其最大股东的投票权比例，重新交给了公司自己，通过其章程自行做出。1946 年《公司法》的这一改变，背后可能有保护国有资本控制权方面的考虑，因为该法同时取代了 1929 年《公司法》和 1940 年《特种股份有限公司条例》，但是毕竟没有再像以前那样对主要是民营资本的普通股份有限公司硬性限制大股东投票权比例不得超过 20%，而主要是国有资本的特种股份有限公司可以例外。

1929 年《公司法》还规定，股东会议应有“认股人过半数”和“代表股份总数过半数”这两个过半数出席才能召开，这意味着仅仅几大股东出席，即使代表股份过半数也不能召开股东会。该规定与限制单一股东的最高投票权比例不能超过 20% 一样，有“节制资本”含义，并从制度设计上就避免了“股东大会成为大股东会”。但是 1946 年《公司法》改为代表股份总数过半数出席，以出席股东表决权过半数之同意，便可形成决议。

在一国公司制企业以及一个具体公司的发展初期，难免有大股东的存在，也需要大股东以股东会上的投票权以及以董事身份更为积极地参与公司治理。在公司股权分散到一定程度、公司董事会的独立性也达到一定程度之后，公司会产生通过限制大股东投票权来保持独立性的内在需求，公司法上准许这些公司自己通过章程决定是否以及如何对大股东的投票权进行限制就可以了。

5. 连锁董事：从大亨工具到精英网络

伯利和米恩斯认为，现代公司中所有权和控制权相分离，所有者靠边站了。无视投资者利益、为自己服务并自我延续的管理者控制着现代公司。金融经济学者们提出质疑，认为并购活动和公司控制权市场有效地终结了管理主义公司时代。但是，一些制度主义者则坚持认为，一个管理者精英集团控制着大型公司，并进而统治着整个经济以至社会，他们的一个主要根据就是连锁董事会。

所谓连锁董事会是指公司之间通过一个人出任两个以上公司董事而形成的关系网络。出任多个董事职位的人被称作“多重董事”（multiple director）。两个公司共同拥有同一个人做董事，或者一个公司的经理人员出任了另一个公司的董事，都会形成直接的连锁董事关系。在两个公司都有董事共同出任了第三个公司董事的时候，这两个公司之间则形成了间接的连锁董事关系。

自布兰代斯指出“连锁董事会这种做法是许多邪恶的根源”，是少数商业银行和投资银行控制绝大多数大型公司的一种最重要手段之后，连锁董事会成为了一个重要的研究领域。

早期的连锁董事：大所有者们的控制工具

根据多姆霍夫（G. William Domhoff）在《谁统治美国》中的说法，美国最早的连锁董事出现在 18 世纪 90 年代注册成立在新英格兰地区的纺织公司中。这些公司通常由属于一个大的富人集团中的小群人所有。比如，甲、乙、丙三人拥有公司 A，甲、丁、戊拥有公司 B，乙、丙、己拥有公司 C，如此往下，这些公司通过共同的董事和股东而形成连锁关系。到 1845 年，波士顿商会中的 80 人控制了 31 家纺织公司，占有全美 20% 的市场份额。这些人中有 17 人是占有该市银行总资本 40% 份额的波士顿银行的董事，20 人是六家保险公司的董事，还有 11 人出任了五家铁路公司的董事。很明显，这些连锁董事关系被用来协调这些公司的运作，照看这一所有者利益集团的共同利益。

根据大卫·邦廷（David Bunting）在《美国公司网络的形成》一书中所做的研究，到 1816 年，纽约市的主要银行和保险公司已经紧密地通过董事互相连锁在一起了。10 家最大的银行和 10 家最大的保险公司，通过连锁董事关系紧密地结成了一个网。1836 年，纽约市 18 家主要银行、10 家保险公司和 10 家铁路公司通过连锁董事关系结成了一个共同网络。这 38 家公司中有 12 家公司之间存在着高达 11~26 个连锁董事，有 10 家公司存在 6~10 个连锁董事，有 16 家之间存在着 1~5 个连锁董事。连锁程度最强、出任董事职务最多的董事是那个时代的主要资本家，通过他们的董事席位最大程度地保护他们的利益。

进步主义时代的变化：董事连锁程度下降

20 世纪初期，大型银行、保险公司、铁路公司和工业公司，都是一个大的公司网络的一部分。但是随后，事情开始变得复杂了。

首先，禁止竞争性公司之间存在连锁董事关系的法律获得通过。1914 年颁布的反垄断法案克莱顿法（Clayton Act）禁止同行业公司之间的董事连锁，这些公司合为一家公司有可能触犯反垄断法（尽管有此禁律，当前美国公司的连锁董事关系中还是约有 1/8 的比例是存在于具有竞争性的公司之间的）。其次，开始有越来越多的雇佣经理，并且雇佣经理开始进入公司董事会。如洛克菲勒那样的富有家族，开始雇佣别人代表他们坐镇公司董事会。

在 1900 ~ 1920 年之间，由于反垄断法的实施和进步主义运动，以及随着美国第一代实业大亨和金融大亨们的离去或逝去，他们的后代或者他们选定的其他接班人，都无法完全承继他们那么大的影响力和控制力。相应地，董事连锁程度在下降。根据邦廷等在《大公司中控制权的转移：1905—1919》一文中所做研究：1905年时，165家美国大公司中有145家存在连锁董事；到1919年，则是167家公司中有143家存在连锁董事。1905年时，165家公司中有2542个董事席位被1944人占据，人均1.31个，董事任职人数占董事席位数的比例为76.5%。到1919年时，167家公司中有2834个董事席位被2262人占据，人均1.25个，董事任职人数占董事席位数的比例为79.8%。在存在连锁董事的公司中，连锁程度也有所下降。1905年时，有312位多重董事占据910个董事席位，人均2.92个，人数占席位数比例为34.3%。到1919年时，有347位多重董事占据919个董事席位，人均2.65个，人数占席位数比例为37.8%。

此外，从进步主义时代开始，美国还出现了一个新的变化，就是银行家开始倾向于较少出任工业公司的董事。与此同时，一些成功爬到顶层的工业公司领导人，开始到银行董事会中就职。对此，著有《美国公司网络1904—1974》的米兹鲁奇认为，银行可能从权力中心，变成了一个利益协调场所。同时有人认为，这些大公司已经与那些商业银行和投资银行同样具有权势。

到了1980 ~ 1990年代，银行开始逐渐失去其中心位置。尽管银行依旧要比绝大多数公司更有“经济中心”的地位，但是它们不再拥有过去那种密集的与大公司之间的连锁董事关系。大所有者和大金融家不再是主要的董事会席位占据者，而高层经理们则依旧相互坐在对方的公司董事会中。

董事会多样化之后，连锁董事性质发生变化

从 1960 年代开始，特别是到了 1980 年代，公司受到了巨大的社会压力，要求通过增加女性和其他种族成员，而使董事会成员多样化。即使如此，美国公司董事会仍然是白人男性的天下。2004 年，在最多样化的 100 家美国公司董事会中，白人男性占 71%，女性占 17%，非裔占 10%，拉丁裔占 4%，亚裔占 1%。与历史上的董事来源不同，这些新增加的女性和非裔董事一般不是大金融家或大公司高管，而是通常来自政府部门、政治团体、体育或娱乐界，或者拥有他们自己的小公司。

虽然公司董事会里仍然坐着所有者、金融顾问和法律顾问，但是现在增加了公司高管、前政府官员、妇女和有色族群人员。公司圈子的“小世界”是由人际联系和已经加入一个或多个公司董事会的人的专业能力相结合所构成的。这产生了一个不是因为要加强公司间联系（实现某种战略意图）而是因为拥有解决董事会所面临的那些问题的经验而加入两个以上公司董事会的连锁董事圈子。判断连锁董事产生于董事个人关系还是公司关系的一个标准是，一位董事去世或离职之后是否会有从同

一联系密切公司中选聘一位新董事来承接这种关系。在美国公司中，当前已经罕有这种情况。

对连锁董事会的研究，加深了我们对董事会如何运作的理解。最近的研究，还得出了一些与100多年前迥然不同的结论。因为连锁董事在当前的意义和过去有很大不同。历史上，连锁董事旨在达成战略目的，把公司联结在一起实现所有者的经济利益。今天，连锁董事往往是董事会多样化和选择合适与有能力的人出任董事所带来的一种附带结果。还有一点值得注意的是，当今绝大多数的公司董事都不是连锁董事。统计显示，大约只有15% ~ 20%的公司董事是担任两个或两个以上董事职务的。

连锁董事会价值何在

在没有了大所有者和银行控制因素之后，人们为什么会成为两家及更多公司的董事？收入是一个重要原因吗？高额的董事薪酬只是最近这些年才有的现象，出任董事可以得到很多无形的东西，如声望、信息和新的关系。

很多公司领导人，并不仅仅是坐在他们自己的公司，参与他们自己的事务。通过在诸多董事会的会议中相聚，这些连锁董事们发展出了一种社会关系和凝聚力，形成了一种有关运用他们经济权力的共享观念。

迈克尔·尤西姆（Michael Useem）在《内部圈子：美国

和英国的大公司与企业政治活动的兴起》一书中提出，出任两个或更多公司的董事会成员，可以扩展公司高级管理人员的视野。有些学者认为，多重董事往往在不同产业的企业里拥有利益，因此会更多地从整个企业界的利益角度出发考虑问题，较少限定在具体一个公司的视野之中。但是，另一方面，这些人往往来自于富裕阶层，交往的也是上层社会人士，因此其价值观更为阶层内部化，个人倾向上更为支持工商企业界的利益。多重董事往往会比其他董事更多地出任政府顾问委员会、非营利组织和基金会董事会成员等职务，作为公司阶层的“内部圈子”人员，他们具有更大的影响力。

即便绝大多数董事可能不是因为公司之间要相互合作的战略原因而被选来的，但是连锁董事网络仍然具有一定的组织间效应。连锁董事会所构成的关系网络，是公司间相互学习的通道，使各董事会之间可以通过那些能够获得多家公司内部信息的多重董事共享信息，使一种新思想或新方法很容易地从一个公司传递到另一个公司。连锁董事会还使公司能够通过联合使用权力而提高影响力，采取一致行动，追求共同目标。帮助公司通过减少竞争和增加协调，从而获得对工人和消费者的更大权力。相比托拉斯、卡特尔和其他垄断形式，连锁董事会还具有更为灵活、更少透明从而也更少受到公众质疑的优势。

6. 公司治理的四种模式与两条转型路径

公司从创立、成型到成熟过程中，公司控制权从创始人到职业经理人的转移和传承问题，是所有公司发展都不可回避的一个重要问题。

由于所处环境和公司发展阶段不同，从公司控制模式看，大致可以分为创始人控制、家族控制、大股东控制和市场控制。所谓市场控制就是股权分散和董事会独立之下的职业经理人控制。

公司能否以及以多快的速度引入职业管理和发展到股权分散、市场控制阶段，创始人和投资者的公司发展模式和路径选择，公司所处行业、公司注册地和股票上市地等，都是重要影响因素。

公司治理基础规则与公司治理转型

公司治理转型，是公司制企业在按照公司治理基本规则，应对自身及外部各种条件变化而进行的一种适应性的调整过程，包含两层含义。

一是建立健全真正的公司治理，真正按公司制企业的基本规范去做。这个层面上的“公司治理转型”，或者更准确地说是现代公司治理机制的有效建立，是真正公司治理转型的基础。二是规范运作的公司制企业，随其规模扩张或各种因素变化而自然演进出来的公司治理转型问题。

没有上述第一个层面上的公司制企业基本治理规范为基础，就谈不上第二个层面上的公司治理转型。第二个层面上的真正的公司治理转型，已经无关法律规定，无关公司治理运作的一些基础规则。公司治理转型，是公司制企业在按照公司治理基本规则，应对自身及外部各种条件变化而进行的一种适应性的调整过程。正是公司治理基本规则，为公司制企业提供了进行这种适应性调整的可能。

简单说，公司治理的基础规则就是股东有限责任和董事会集中管理这两条。公司治理转型的核心内容和两条主线则是股权分散和职业管理。如果没有有限责任和董事会集中管理，公司股权很难分散，股东不可能退出公司管理，职业管理也就无从谈起。因此说，公司治理基础规则是公司治理转型的前提条件，没有公司治理基础规则，就谈不上公司治理转型。

当前，中国很多公司在公司治理基础规则缺位的情况下，追求公司治理转型，是皇帝还在的情况下搞丞相负责制，无论如何都还是人治，是关键人治理，而不是法治，不是公司法人治理规则下的职业管理。

公司股权和控制的四种形态

在我们深入研究过的近百家企业案例中，最重要和普遍的两条主线是，公司从创立、成型到成熟过程中，公司股权从集中走向分散，公司控制权从创始人转移到经理人。不是所有的公司都能走到股权分散、职业管理这一步，股权分散、经理管理也并非就是公司治理先进，但是，随着公司规模扩大和公司历史增长，股权分散和职业管理往往是多数公司所必然面临的选择。

股权分散和职业管理往往相伴发生、同步发展，但是二者之间并没有必然和必须一致的联系。从逻辑和历史两个角度上看，股权集中还是股权分散，股东管理还是职业管理，都有如下四种组合：（A）股权集中，股东管理；（B）股权集中，职业管理；（C）股权分散，股东管理；（D）股权分散，职业管理。

这里的股权集中和股权分散，我们大致可以按第一大股东持股比例 20% 左右为分界。股东管理就是主要股东直接出任主要经理人职位，职业管理则是职业经理人出任主要经理人。即使职业经理人因股权激励或是并购等因素而持有公司少数（非控制性）股份，也可以看作是职业经理人。如，老沃森出任 IBM 前身公司总裁职位时，获得了 5% 的分红权，但他是职业经理人角色。斯隆因其所创办的轴承公司被通用汽车收购而加入通用汽车，陈晓因其所创办的永乐电器被国美电器收购而加入国美电器，但二人后来成为承继公司主要经理的角色，都是职业经理人。

A、B、C、D 四种公司治理模式都有典型代表。

A 类：股权集中、股东管理的公司就是古典型企业，是绝大多数公司的起点，也是绝大多数中小企业的现实状态，创始人拥有、控制并直接管理企业。

B 类：股权集中、职业管理的企业，则是主要发达国家之外的世界大多数国家的公司治理状态。中国的绝大多数公司，无论国有还是民营，都可以归入到这一类里。世界著名公司中，德国的贝塔斯曼集团可以说是这类公司的一个典型代表。

C 类：股权分散、股东管理的企业，典型代表是欧洲的一些传统家族企业和美国的一些新兴高科技企业，前者如意大利的菲亚特和法国的米其林，后者如谷歌、脸书、亚马逊，以及比尔·盖茨退出公司管理之前的微软和下市之前的戴尔电脑。腾讯和阿里巴巴也可以归入此类。

D 类：股权分散、职业管理的企业，是目前世界顶尖大公司的主流模式，最为典型的是美国的通用电气、IBM、苹果，瑞士的雀巢，日本的索尼等。中国公司中，新浪下市前曾是这种状态，金山和 2017 年深圳地铁入股前的万科都已经比较接近，但还都不能完全算是。

公司治理转型的两条主要路径

在上述公司股权和控制的四种形态中，我们大致可以把股权集中、股东管理作为起点，而把股权分散、职业管理作为目标来界定公司治理转型的过程。这样的公司治理转型过程，理论上就有三种路径：①从股权集中、股东管理直接转变为股权分散、职业管理；②从股权集中、股东管理转变为股权集中、职业管理，再转变为股权分散、职业管理；③从股权集中、股东管理转变为股权分散、股东管理，再转变为股权分散、职业管理。

但是，在现实中，上述第一种路径很难实现，成功的案例很少。1901 年摩根财团收购卡内基钢铁公司后组建美国钢铁公司，以及 1892 年摩根主导下的爱迪生通用电气公司和汤姆森—休斯敦公司合并后组成通用电气公司，可以算是两个比较靠近的例子。但是，这两个案例的共同特点是，虽然法律上公司股权是一步到位似地分散了，但是摩根及其合伙人作为股权分散后众多股东（也就是摩根的客户们）的代理人，在很长时间内都拥有公司的控制权，也就是我们说的金融大亨取代了实业大亨。与此同时，这两个企业在实业大亨时代的后期，都很大程度上引进了职业管理。卡内基作为占其钢铁公司一半股份的大股东，主要通过信件方式对公司管理提出建议和意见。实际上，向摩根提出收购卡内基钢铁公司、组建美国钢铁公司建议，并且出任了美国钢铁公司首任总裁的人，正是时任卡内基钢铁公司总裁的斯瓦布。因此，我们也可以把从卡内基钢铁公司到美国钢铁公司的治理模式转型路径，近似地归结为上述第二种路径，即先实现了股权集中、职业管理，再实现了股权分散、职业管理。

如果不考虑理论上存在、实践上很难也很少发生的上述第一种公司治理转型路径的话，我们可以把上述第二种和第三种路径看作公司治理转型的两条主要路径或说是两种模式。第一种模式是保持股权的集中和稳定，优先实现职业管理，这是欧洲家族企业的主要模式，可以称之为欧洲家族企业模式。第二种模式是优先实现股权的分散和流动，这是美国企业所普遍采用的模式，可以称之为美国上市公司模式。出现这两种公司治理转型模式上的分野，主要原因在于欧洲和美国在企业资本积聚和资本市场发达程度上的差异。

由于长期的封建历史，欧洲有很多贵族和富裕家族存在，在工业化开始和发展现代公司的时候，这些富裕家族可以提供相对充裕的原始资本供给，企业对资本市场的依赖程度不高，可以在保持股权集中和稳定的情况下发展和壮大起来。随企业规模的扩大，人才方面的需求迫使这些企业不得不引入职业管理。美国继承了欧洲的思想文化，但是没有欧洲那样的贵族和富裕家族。从工业化和现代公司起步时期起，美国企业就需要通过资本市场融资，才能很快地发展和壮大，这使美国形成了很好的股权文化，对股权分散持开放心态，甚至是积极拥抱股权分散。

需要指出的一点是，虽然我们在总体上把公司治理转型归纳为从股权集中、股东管理开始，通过先股权分散再职业管理和先职业管理再股权分散两种路径，走向股权分散、职业管理的过程，但就具体一个企业来说，不能教条地认为这是一个单向、直线和必须的过程。

作为适应性调整过程的公司治理转型，是企业根据自身条件及外部环境变化而进行的一种相机选择，就是说，虽然公司治理转型的总体大势是从股权集中到股权分散、从股东管理到职业管理，但是具体到一个企业或一个具体时点上，也存在着反向选择的合理性。分散了的股权可以重新集中，退出了管理的股东可以重新回归公司管理，至少在一定的时间期限内，这可以是一个企业在公司治理上的有效选择。

能够实现股权分散化并成功建构起一套职业经理人体制的公司虽然不少，但是规模已经大到难以有新的控制性大股东产生，或者如通用电气和雀巢那样坚持立足于高度分散的股东基础并从公司内部治理制度安排上做出了限制新大股东（控制性投票权）产生的战略性选择的公司，还是凤毛麟角。有公司在经过了股权分散、经理人主导之后，因为业务发展不顺或公司陷入困境需要救助等原因，又回到了新的大股东控制模式。

1903 年福特汽车公司成立时有 12 个股东，亨利 · 福特持股 25.5%。因为股东之间的矛盾和纠纷，福特公司经过 1906 年和 1919 年的两次收购，到 1919 年变成了亨利 · 福特本人持股 58.5%、福特的儿子持股 41.5% 的完全家族企业。

创建于 1886 年的西尔斯公司，早在 1920 年代就实现了股权分散、职业管理，甚至是经理人主导。可是，2005 年高盛出身的兰伯特作为对冲基金经理和投资人，推动凯玛特和西尔斯—罗巴克的合并，出任董事会主席掌控公司。2013 年兰伯特进一步任职到了经理层，董事会主席兼首席执行官，本来要保持距离的投资人变成了所有权与经营权融合的股东—经理人。

2013 年 10 月，戴尔公司私有化完成，迈克尔 · 戴尔以其原有戴尔公司 16% 的股份和新投入资金，控制了私有化后戴尔公司 75% 的股份。戴尔公司从股权分散、股东管理的公司反向转型为股权集中、股东管理的公司。出现这种选择的主要原因，是公司创始人、主要股东和华尔街在对公司潜在价值和最佳战略方向的看法上出现差异。

7. 大股东陷阱和短视的代价

从长期来看，不能以管理能力为公司控制基础的企业都会陷入失败。大股东陷阱和短视导致公司不能成功转型，失去创新能力和新业务机会，也会失去优秀经理人。

大股东陷阱

公司能否相对顺利地完成治理模式转型和公司控制权的转移与传承，既取决于公司外部的公司法律体系完善程度和资本市场深度，也取决于公司内部的治理机制安排、公司创始人的偏好与选择、创始人的家庭和家族情况，以及公司业务发展机遇等。

资本市场越发达，社会和法律对中小股东的保护越充分，公司在股票市场上的价值越大，股权融资比债权融资更容易并且成本更低，公司股权就会越分散。这种情况下，阻碍公司走上股权分散进程的就是大股东。如果大股东限于其自身的眼界或者偏好，宁愿公司发展缓慢也要把公司牢牢掌控在自己手中，公司就会停在“大股东陷阱”之中，走不上股权分散之路。

阻碍公司转型的大股东陷阱不仅仅表现在拒绝股权分散上，也可以表现在拒绝职业管理上，或者说是把职业管理限制在一个有限的范围之内，拒绝进一步走上“市场控制—经理人主导阶段”。这类公司很多，特别是在欧洲大陆国家。从瑞典沃仑堡集团到德国的汽车家族，从法国的米其林到意大利的菲亚特，大股东或创始人家族都对公司管理层人选有相当大的控制权。美国也存在这种情况，不过程度要比欧洲大陆轻很多，性质也有所不同。美国主要是在新近成长起来的高科技企业中，存在通过投票权信托和分类股份设置等手段维持的创始人控制。但由于美国资本市场和职业经理人市场高度发达，这些企业在创始人离去之后，基本不会继续存在严格的创始人家族控制。

中国主板上的很多公司，虽然已经上市，但是仍然处在大股东陷阱之中，难以自拔。创业板公司相对要好一些，已经出现了很多创始人和大股东持股低于 20% 的公司，进入到了“股权分散、股东管理”的阶段。康佳集团为我们提供了一个大股东陷阱的最新案例。康佳公司中小股东提名董事占多数的董事会仅仅运作了4个月之后，2015年9月29日，中小股东推荐当选的董事、监事辞职，康佳集团董事会和监事会都重回大股东控制状态。

大股东陷阱导致公司错失重大发展机会的最好案例当属肖克利半导体实验室老板肖克利否决诺伊斯等人的集成电路研究项目，以及仙童半导体公司大股东菲尔查德回购诺伊斯等人的股权并最后没有留住诺伊斯，失去了他们本可以拥有的半导体行业领军者地位。

1955年，晶体管发明人之一、诺贝尔物理学奖获得者肖克利在硅谷建立了肖克利半导体实验室。包括诺伊斯和摩尔在内的八位年轻科学家从美国东部陆续到达硅谷，加盟肖克利实验室。尽管满怀发财的愿望，但科学天才肖克利毫无管理和经营才能。一年之中，实验室没有研制出任何像样的产品。1957年9月18日，以诺伊斯为首，包括摩尔在内的叛帮八人组，决定一起出走并共同开创新事业——将他们在肖克利实验室里被否决了的集成电路研究项目进行下去。

1957年，在投资银行家洛克的撮合下，八人组与发明家谢曼·菲尔查德达成了协议，在仙童摄影器材公司旗下创建仙童半导体公司。菲尔查德提供150万美元资金，由八人组成立一家半导体子公司，八人组每人只需出资500美元，享有公司部分股权。但协议中有一个附加条款，如果公司成功了，菲尔查德有权在五年内用 300 万到 500 万美元的预定价格买回八人组的公司股权。

1959 年，菲尔查德以 300 万美元价格行使了对八人组股票的购买权，八人组每人获得了 25 万美元的收益。创始人股权被母公司回购之后，自主权相应被削弱，利润也被转移到母公司，公司发展开始无力。1961 年，八人组中的 3 人离职。1968 年，因为诺伊斯没有如愿升任母公司的首席执行官，八人组中剩下的最后两人诺伊斯和摩尔一起离开了仙童半导体公司。

1968 年，英特尔公司创立。肖克利的半导体实验室经过两次转卖后于 1968 年关闭，仙童半导体最后于 1985 年被美国国民半导体公司以 1.22 亿美元收购。

失去新业务机会

公司处于大股东陷阱之中，往往会因为短视失去一些重大的创新机会，也会失去优秀人才。企业不能自我革命，就要被别人革命。雅虎错失谷歌和四通失去 WPS 出于同样的原因——割舍不下现有业务模式。

1998 年，佩奇和布林研究出互联网搜索引擎。通过网景公司发了财的天使投资人施拉姆（Kavitark Shriram）建议佩奇和布林出售技术。他们接洽了几家公司，但是没有成功，其中包括创立于 1995 年、当时已经上市了的雅虎公司。较之改进搜索，当时雅虎更想成为一个门户网站。谷歌致力于快速提供令用户满意的搜索结果，使用户能最快地离开谷歌；而雅虎想要的是把用户更长时间地留住，从而可以有更多的广告收益。

在获得张旋龙支持、创建珠海金山公司之前，求伯君曾向其原就职公司四通提出开发一个能在电脑上使用的中文文字处理软件，但是四通公司当时以其电子打字机占有了 80% 的中文文字处理市场份额，怕这一市场地位受到影响为由，拒绝了求伯君的提议。

很多公司是源于已有公司中经理人的发明没有得到公司支持而后自行创业的，杰夫·贝佐斯创立亚马逊、松下幸之助创立松下、舒尔茨创立星巴克以及沃兹决定与乔布斯共创苹果都是这种情况。丰田佐吉曾经两度与三井合作，都因为三井短视不愿意支持研发而离开，而后创立了自己的公司。

1984 年，时任 D. E. Shaw 公司副总裁的杰夫·贝佐斯，在为公司探索新市场机会的过程中，发现了从图书入手创建网上商店的商业机会。可是在他把研究结果报告给公司老板戴维·肖后，得到的是非常明确的否定。对于 D. E. Shaw 公司来说，从金融交易系统跳到图书销售太不可思议了。杰夫·贝佐斯向戴维·肖递交了辞职信，创立了亚马逊。

松下幸之助在大阪电灯公司做检查员时，醉心研究新型灯泡插座，但当他把自己做出来的新型插座拿给公司主管看时，被否决了。大阪电灯公司失去了一个重要的由内企业家驱动的公司成长机会，但由此诞生了一个新的企业——松下电器。

1918 年 3 月 7 日，松下幸之助在大阪创立了“松下电气器具制作所”，准备自己生产灯泡插座。

舒尔茨作为原星巴克咖啡店经理人出差到意大利，被咖啡馆模式吸引，提议公司从咖啡烘焙发展到咖啡馆，被老板拒绝后自行创业，创立了今日星巴克前身的天天咖啡馆，而后收购了星巴克。

沃兹在利用业余时间独自开发出苹果 I 型电脑后，曾极力说服其所任职公司惠普投资生产，在遭遇惠普公司明确拒绝并给出对该项发明没有任何权利的法律意见后，才同意与乔布斯创建苹果公司。

1899 年三井公司看上了丰田佐吉的发明，买断了“丰田式木制动力织布机”的 10 年专营权，设立了专门生产这种丰田式织机的公司，聘丰田佐吉为总工程师。但是因为随后日本纺织业的萎缩影响织机的生意，公司砍掉了研究经费。1902 年，丰田佐吉失望地辞职了，回去继续打理自己于 1895 年设立于名古屋的丰田公司。1907 年，在三井公司的要求之下，丰田佐吉解散了自己的丰田公司，加入三井公司主导投资的“丰田织机公司”。但是，又因经济萧条，丰田佐吉希望保留大量研究经费而与其他投资者发生冲突，于 1910 年辞去了公司职务。对外来资本失望的丰田佐吉用自有资金创建了“丰田自动纺织公司”。

失去优秀经理人

公司处于大股东陷阱之中，拒绝转型，会失去对企业至关重要的企业家型经理人。从 1828 年吉本斯家族的联合交通公司失去范德比尔特，到 1991 年斯沃琪集团家族化管理，斯沃琪手表缔造者、经理人托姆克出走，相似的一幕不断重演。

1818 年，范德比尔特卖掉了自己的帆船，加入了托马斯·吉本斯的联合蒸汽船航运公司，从帆船主转身成为了蒸汽船公司的职业经理人，月薪 60 美元外加其所驾驶船上酒吧净收益的一半分成。

托马斯·吉本斯 1826 年去世之后，所有的财产都传给了他唯一在世的儿子威廉·吉本斯，范德比尔特继续为威廉·吉本斯工作到 1828 年。1828 年初，威廉·吉本斯未经与范德比尔特商议就自行把所持公司股份在公开市场出售，要价 40 万美元。此时，范德比尔特自己已经积累了约 30 万美元，他也可以再轻松地融到资金，购买这些股份，但是他咽不下这口气。他一直卖力为吉本斯的公司工作，而没有接受竞争对手公司的挖角，是期望有朝一日能够以折扣和合理的价格从吉本斯家族购买到公司股份。他没有参与投标竞购，同时放出风声：如果公司老板换人，就立刻考虑另寻出路。纽约的蒸汽船圈子知道范德比尔特在公司中的重要性，这使威廉·吉本斯的公开出售宣告失败，唯一的结果就是伤了范德比尔特这位船长——“职业经理人”的心。

1828 年底，范德比尔特离开了联合交通公司。联合交通公司因为缺乏能干而忠心的管理人员，陷入经营困境，到 1929 年 6 月只能以原来 40 万美元要价的零头将公司贱卖了。

海耶克入主 SMH 获得成功的一个重要因素是看到了其中所潜藏着的金子和有待挖掘的潜力，这就是今天占瑞士出口手表数量一半多的斯沃琪手表。斯沃琪手表缔造者是 1978 年进入组成 SMH 集团的两大企业之一的原 ASUAG 旗下机芯公司 ETA 担任总裁的昂斯特・托姆克。

托姆克不顾瑞士钟表业的卡特尔限令——不许机芯企业生产成品表，下令 ETA 公司技师研制出了超薄型手表。托姆克不是工程师，但他从消费者角度提出了产品要求，很像乔布斯要求工程师按他认为理想的电脑所应具备的尺寸和厚度来设计。

1986 年 6 月，海耶克正式出任 SMH 公司董事会主席兼首席执行官，托姆克出任总裁，负责机芯制造及所有的成品表品牌。在斯沃琪这个低端市场品牌获得成功之后，托姆克又将欧米茄重新打造为瑞士钟表的领航品牌，并对浪琴品牌进行了重整。托姆克领导下，集团所有成品表品牌均业绩突出，他满心希望能够出任集团首席执行官。1991 年，在出任集团首席执行官的希望落空之后，托姆克离开了 SMH 公司。托姆克离职的原因，除托姆克的强人个性和海耶克的强人个性存在“两强冲突”外，还有重要投资人斯密德亨尼看不惯托姆克有些“粗野无理”的个性。

但是，斯密德亨尼与海耶克之间的伙伴关系也没有持续多久。斯密德亨尼一直敦促海耶克确立公司接班人，海耶克却迟迟不表态。斯密德亨尼在把自己持有的记名股票与海耶克交换成不记名股票后，悄悄地退出了公司，包括其董事会席位。海耶克成为了公司最大股东，并按自己的意志重新提名了公司的董事会成员（包括他的女儿）。

2010 年 6 月 28 日，海耶克在斯沃琪集团总部办公室工作时心脏衰竭猝死，享年 82 岁。海耶克不相信职业经理人，把他的企业帝国交给了他的子女。海耶克家族现持有 39% 的斯沃琪集团股份，他的女儿和儿子分别出任了斯沃琪集团的董事会主席和首席执行官。

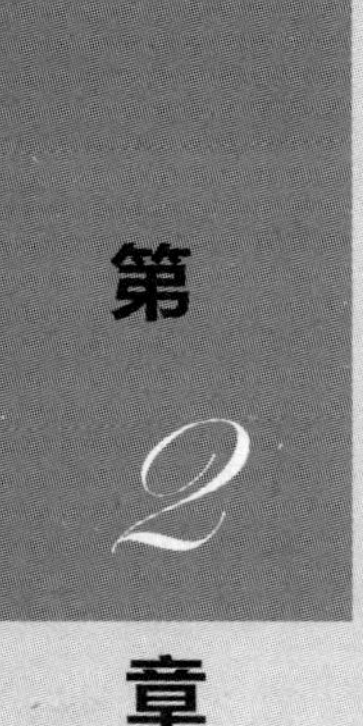

第2章 职业经理人制度的起源

美国由于缺少欧洲国家（包括英国）那种传统贵族和富有家族，从工业化早期就主要从资本市场融资，走在了公司股权分散的前沿。到 1930 年代，美国公司的主流模式就已经是股权高度分散，公司实际控制凭据从所有权演变为管理能力了。

19 世纪末，美国各州在公司法上的竞争、控股公司法和股票融资法案的出台引发了并购浪潮，现代巨型公司由此诞生。与此同时，金融大亨替代实业大亨成为公司主导者，为职业经理人开辟了道路。

金融大亨从职业习惯和本性上要比实业大亨更倾向于放手和放权，启用职业经理人管理公司的具体事务，并且很快（在约 20 年内）进一步放松控制，从公司董事会退出，使这些巨型公司掌握在了职业经理人的手中。

在此过程中，摩根和摩根的敌人——布兰代斯，共同为美国公司治理的进步和职业经理人制度的发展做出了贡献。

1. 摩根式治理：职业经理人制度的起源

在美国的大规模工业化、企业重组和产业整合时代，摩根挽救铁路公司、整顿钢铁行业和支持工业企业发展时所采用的一些公司金融和治理安排——“摩根式治理”，既奠定了美国工业和金融业的一些基础结构，也开启了美国职业经理人登上企业舞台的历史进程。

摩根崛起

约翰·皮尔庞特·摩根（John Pierpont Morgan），伴随着美国的崛起而崛起，推动着纽约替代伦敦成为国际金融中心，可以说是美国有史以来最伟大的银行家。摩根从事的主要是投资银行业务，但那个时代美国的投资银行和商业银行业务没有严格分离。摩根并不是白手起家，他是在父亲朱尼厄斯·斯宾塞·摩根（Junius Spencer Morgan）的全力栽培和支持下走上舞台的，但是他在投资银行业务领域里的表现，却比他的父辈辉煌无数倍。

摩根的爷爷就是一个成功的商人，经营过酒馆、咖啡厅和家庭旅馆等，并是安泰保险公司的创始人之一，1847 年去世后留下了 100 万美元的财产。摩根的父亲经营纺织品贸易，1854 年起与乔治·皮邦迪（George Peabody）合伙经营银行业务。皮邦迪是一位在英国取得了巨大成功的美国人，但是没有孩子，他选中了摩根的父亲做其银行合伙人。他们虽然也做一些投资银行业务，但主要从事的活动还是商业银行业务。到 1859 年，摩根的父亲已经完全掌管了其与皮邦迪的合伙生意。与此同时，摩根也结束了他在其父银行的纽约代理人处的两年期学徒生涯，开始为父亲打理在纽约的生意。

1862 年摩根成立了自己的公司——J. P. 摩根公司，由摩根和其表兄弟古德温合伙。1864 年 11 月 15 日，J. P. 摩根公司解散，达布尼—摩根公司成立。35 万美元股本金的投入情况是摩根 10 万、摩根的父亲 10 万、古德温 7.5 万、古德温的父亲 5 万、达布尼 2.5 万；利润分配比例是摩根和达布尼各占 40%，古德温占 20%。达布尼是老一代银行家，摩根父亲的朋友，是摩根父亲找来“带领”摩根的。但是在经过几年历练、羽翼丰满之后，摩根不满意在达布尼手下缺乏自主权的状态，清算了达布尼—摩根公司，并于 1871 年 7 月 1 日重新成立了德雷克塞尔—摩根公司，摩根作为高级合伙人负责管理公司。1895 年德雷克塞尔—摩根公司更改为 J. P. 摩根公司，摩根开始全权掌管摩根金融王朝。

摩根于 1913 年去世之后，他的儿子杰克·摩根（Jack Morgan）继续领导摩根银行，直到 1943 年去世。此前的 1934 年，由于美国立法分离了投资银行和商业银行业务，摩根银行的投资银行业务分离出来成立了摩根—士丹利，由摩根银行的一位合伙人哈罗德·士丹利（Harold Stanley）和杰克·摩根的儿子亨利·S. 摩根（Henry S. Morgan）领导。1986 年，摩根—士丹利为了补充资本金，拿出 20% 的股份首次公开发售，成为上市公司。1999 年高盛由合伙制转为上市公司之后，大型投资银行均已成为上市公司，投资银行家们把无数企业搞上市而自己保持合伙制企业的历史宣告终结。

坐镇董事会，严格监控融资企业

摩根得益于他父亲的栽培，但却成长为与他父亲完全不同风格的人。他的父亲属于传统型的银行家：回避风险，拒绝投机，保守谦逊，甘居人后，一直把罗思柴尔德等老牌银行家族供在前面。摩根则狂傲、强硬，不仅在承销美国国债的业务中敢于甩掉罗思柴尔德，自己当老大，更是大胆地对各种他认为混乱无序、恶性竞争的行业进行并购重组和摩根化的整合。

摩根式治理的核心内涵是为了对投资者负责，严格监控融资企业。摩根并不像卡内基、洛克菲勒等工业大亨那样富有（卡内基在得知摩根去世后留下了 6700 万美元遗产后不由得感叹摩根“并不特别富裕”），并且他铭记着他父亲的忠告：不要让人觉得摩根家的银行家关心自己的享乐胜过客户们的利益。为了对自己客户（投资者）的利益负责，摩根严格监管着资金使用者——投资对象企业。他监管的范围十分广泛：从提供财务和金融建议、清理不良项目，到解雇不称职的经理人员和任命新主管。

在摩根所处的时代，私人投资银行家担任客户公司董事、介入公司治理的现象很常见，但是摩根把这种方式做到了极致，并因此引人注目。根据美国国会针对“金融托拉斯”行为进行调查的普若委员会的报告，1912 年，摩根、花旗等纽约的 5 家大银行的管理人员在 112 家美国公司中拥有 341 个经理职务，摩根及其合伙人共在 72 家董事会任职。普若委员会试图指控摩根的网络是一种“货币阴谋”，指控摩根银行利用自己的实力剥削客户。但是委员会列出的一长串受害者名单中，无人认为自己“受害”，他们反而都向调查委员会作证说，他们因成为摩根的客户感到骄傲，而且认为摩根的介入对他们的公司有利。

摩根不仅坐镇被其拯救公司的董事会，也受邀出任很多其他重要公司和机构的董事职务。摩根的父亲曾认为摩根摊子太大，让他辞去一些董事职务，而摩根辩解说，他每接受一个董事职务，就已经拒绝了十个，而且他从不接受对自己公司业务发展不利的董事职务。作为董事，摩根愿意履行职责，并且“从来不愿意当摆设”。他认为出任这些董事，“对我们的业务大有裨益，而且还可以与地位显赫、势力广大的绅士们结交”。在老摩根眼里似乎是浪费时间的事情，到了小摩根手里则成了监控企业运营和金融局势的重要工具。

与投资者站在一起，以普通股方式拿报酬

摩根式治理是从铁路行业开始的。由于铁路建设的周期很长，美国铁路公司需要从资本市场上不断地融资。成千上万的股票和债券持有人分散在各地，他们“拥有”大大小小的铁路公司，但是无法参与运作，对实际管理公司的经理们也缺乏有效的控制。摩根这样的银行家乘虚而入，他会告诉不听招呼的铁路公司主席：“你的铁路是属于我的客户的。”

重组凯罗—温塞尼斯铁路是摩根式治理的早期范例。1872 年摩根银行曾为这家铁路公司发行了 70 万英镑的债券，把它从破产边缘拯救出来。为了他们的客户——债券持有人的利益，摩根银行要求在这家公司的董事会中“我们的朋友”必须占到大多数，必须要保证“毋庸置疑的绝对控制”。摩根出任总裁，摩根的几位合伙人及朋友成为董事，把公司带入破产境地的原总裁波恩塞德成为“一直置于我们朋友的控制之下的名誉总裁”并“根据我们的指示”进行投票表决。

1879 年秋天，时年 58 岁的美国铁路大亨范德比尔特想要兑现自己的财富（1877 年从其父亲手里继承下来的纽约中央铁路公司 75% 的股份），委托摩根公开发售。摩根就此将这

家铁路公司的控制权从范德比尔特手中转移到了董事会的手里，摩根自己也在董事会中占了一席。

1885年摩根通过发行债券重组了费城—里丁铁路公司。为了保证重组后各种整顿措施的实施，摩根拒绝把重组后的公司交给那些将公司带入破产境地的人员手中。他任命了一个三人管理委员会和一个为期5年的投票信托委员会。管理委员会的主席是费城的一位银行家，但实际是摩根负责。摩根也是投票信托委员会的主席。这个掌握实权的投票信托委员会由摩根的合伙人和由摩根挑选出来的铁路公司人员组成。

摩根整顿铁路公司的主要财务手段是用股票（主要是优先股）替代债券，减少公司的利息支出。摩根自己也坚持用股票（普通股）而不是现金的方式获取重组工作的酬金，他认为这样可以担负起一种“道义上的责任”。在1895年重组伊利铁路公司之后，摩根及其合作者们从两年的重组工作中获取了以每股5美元的价格支付的总计50万美元的报酬。合作者想要现金，而摩根表示：“我们一直以普通股的形式赚取报酬，首先是因为普通股适合我们的需要，本身更具有价值”，而且这样还公开表明了“公司经过整顿后，我们对资产的信心”。

组建美国钢铁公司，启用职业经理人管理

1898年，摩根接受了伊利诺伊钢铁公司首席律师加里的合并建议，把伊利诺伊钢铁公司、罗兰钢铁公司和明尼苏达铁

矿公司合并在一起，成为联邦钢铁公司。摩根不同意原伊利诺伊钢铁公司总裁管理新公司，启用了加里出任联邦钢铁公司总裁。加里对炼钢一无所知，但是熟知法律和法人组织运作，他和摩根都相信可以通过加强行政管理、协调产量及价格，来使过度竞争、重复建设的产业结构更为合理。在摩根的支持下，加里完成联邦钢铁公司的整合工作之后，又组建了国家钢管公司（由 14 家企业合成）和美国大桥公司（由 25 家公司合成）。

完全靠提高生产效率、降低产品价格和留存利润再投资占据美国钢铁业霸主地位的卡内基 1898 年时评价说："我认为联邦钢铁是世界上迄今为止最大的股票证券制造商，但他们将在钢铁生产上面临惨败。"但是两年后，面对联邦钢铁公司和国家钢管公司，卡内基坐不住了，让时任卡内基钢铁公司总裁斯瓦布着手新建立一家投资额达 1200 万美元的大型钢管工厂。卡内基喜欢用"你死我活、适者生存"的硬碰硬竞争方式解决问题。但是斯瓦布却有另外一套想法：通过联合解决问题。斯瓦布认为，卡内基公司通过一些强硬的手段使钢铁的生产成本大大降低了，但是销售方面却仍然有很大的节约空间，可以通过横向及纵向的整合来挖掘。

斯瓦布在一次晚宴上关于钢铁行业整合前景的演讲打动了在座的摩根，摩根决定收购卡内基钢铁公司。由斯瓦布牵线，摩根以卡内基开口所要的价格同意了收购。当时卡内基公司年利润 4000 万美元，卡内基按 12 倍市盈率开出了 4.8 亿美元的总价。卡内基本人占有卡内基公司股份的 50%，进账 2.4 亿美元，成为世界上最富有的人。从斯瓦布在晚宴上的演讲到 1901 年 3 月 3 日摩根宣布组建世界上最大的公司——美国钢铁公司，只有 12 个星期。除联邦钢铁公司、卡内基钢铁之外，摩根还按斯瓦布提出的名单一一照价收购了其他一些公司，组建了在新泽西州注册、总资本达 14 亿美元的美国钢铁公司。1901 年的 14 亿美元，相当于当年美国国民生产总值的 7%。

美国钢铁公司这个庞大企业的权力全部集中在由摩根任命的少数人手中。原卡内基钢铁公司总裁斯瓦布出任美国钢铁公司总裁，原联邦钢铁公司总裁加里出任美国钢铁公司执行委员会主席，摩根的合伙人培根出任财务主管。摩根坐镇 24 人组成的董事会，他的朋友——第一国民银行总裁贝克尔与他一起在财务委员会任职。组建美国钢铁公司发行了大量股票和债券，为了取得这些投资者的信任，1901 年秋天，美国钢铁公司发布了季度财务报告，开启了上市公司定期发布财务报告的先河。

斯瓦布于 1903 年辞去了美国钢铁公司总裁职务，其助手科里接替他出任总裁，但是此后的 25 年里，美国钢铁公司真正的经营决策者一直是加里。加里非常害怕触犯反垄断法，没有沿袭斯瓦布的区域优化和联合销售等措施，也没有秉承卡内基的降低成本、低价销售策略，而是使美国钢铁公司发展成了一个松散的控股公司。斯瓦布离开美国钢铁公司之后，接手了一家小型钢铁公司——伯利恒钢铁公司，10 年后，这家企业发展成为美国第二大钢铁公司，成为美国钢铁公司的最大竞争对手。

摩根式治理催生美国职业经理人制度

摩根在对一家企业进行财务重组的同时，总是进行配套的管理重组，在自己或合伙人坐镇董事会的同时，还要替换管理层，挑选和任命更为优秀的经理人。在对一些企业进行重组的关键阶段，摩根会毫不犹豫地出任董事，掌管公司的管理委员会，任命自己所信任的人，让他们得到应有的职位和权力，并为以后规章制度的建立提供可靠的保证。然而一旦危机过去，他又会努力避免明显的利益冲突。

可以说，摩根对现代公司制度中经理人价值的认识是超越时代的，其对经理人的启用和任用都堪称楷模。组建联邦钢铁公司时，最初加里因为不愿意放弃自己 7.5 万美元的律师职业收入而拒绝了摩根让其担任总裁的提议，摩根告诉他“这个我们会处理好，会体现你的价值”。当加里进一步问到谁来担任新公司的董事时，摩根答道：“你可以自己选择董事会成员，任命执行委员会，挑选自己的工作人员，决定自己的工资。”

只要管理者个人工作干得出色，摩根就不会干涉他们。摩根曾明确地声明：“放手让属下工作，这已成为我的原则，除非他们犯的是原则性错误，否则我不会干涉他们的工作。我不喜欢那些循规蹈矩、惟命是从的人。”由卡内基钢铁公司总裁升任美国钢铁公司总裁的斯瓦布评价摩根时说：“卡内基在批评我的时候，根本就听不进我的任何解释，但摩根先生不同，他有着博大宽广的胸怀，我愿意听从他的任何指挥。”

摩根式治理，作为投资银行家以管理重组实现企业财务和资产重组效益的关键手段，在帮助所有者—创业者退出的同时，也催生和推进了美国公司中引进职业经理人管理的制度革命。

今天，人们喜欢把日德的银行控制、内部人主导和英美的市场控制、外部人主导作为并列和平行的两种公司治理模式。但这种形象上的对比，不仅没有加深我们对公司治理问题的理解，反倒可能造成很多误解。摩根式治理的案例表明，与其说银行控制和市场控制是公司治理的两种模式，不如说是公司治理体系发展的两个阶段。美国发展出了一套职业经理人主导的现代公司治理做法，率先走出了公司治理体系发展的大股东和银行控制阶段，日德还没有完全跟上，而其他的很多国家，可能甚至还没有很好地发展起来一套能够通过银行和大股东实施有效且公平的控制的公司治理体系。

2. 别人的钱：布兰代斯终结摩根式治理

利用资本市场力量控制公司、银行家出任公司董事、启用职业经理人管理，是摩根式治理的历史贡献。终结摩根式治理、把公司从银行家手中解放出来、交由市场控制和职业经理人管理，则是摩根的敌人——布兰代斯的历史贡献。布兰代斯对货币托拉斯的指控和对银行控制公司不合理性的分析，推动银行家们退出了公司。

布兰代斯与《别人的钱》

路易斯 · 布兰代斯（Louis D. Brandeis）1856 年出生，以优异成绩考入哈佛大学法律系，毕业后与人合伙开了一家律师事务所。在很快赚足生活所需之后，布兰代斯转身成为“人民律师”，在许多涉及公共利益的案件中担任免费律师，是最早提供无偿公益服务的律师之一，被誉为“在林肯之后，再没有人比路易斯 · 布兰代斯更理解人民大众”。1916 年，威尔逊总统任命布兰代斯为美国最高法院大法官。创立于 1948 年的布兰代斯大学就是以这位人民律师和大法官而命名的。

“阳光是最好的消毒剂，灯光是最好的警察。”这句罗斯福总统时常引用来谈论股票市场的话，出自布兰代斯的著作《别人的钱》（中文版由法律出版社 2009 年出版，胡凌斌译）。这本由布兰代斯在 1913 ~ 1914 年之间发表在《哈泼斯周刊》上有关货币托拉斯的系列文章编辑而成的小册子，系统论述了金融寡头统治的危害和解决问题的办法。

布兰代斯主张产业民主，推崇合作社。《别人的钱》一书最后一章提出的试图以合作社制企业取代其所谓工业寡头的想法，已被历史证明是没有太大成功可能的。主张消费者主权或者员工主权的合作制企业的理想主义者很多，包括一些亲自试验的企业家，但是实践中，无论是消费者主权还是员工主权的合作制企业，都没有股东主权的公司制企业竞争力强、发展快、规模大。

很多国家都对消费者合作社或员工合作社有着优惠政策，但是没有哪个国家的消费者合作社或者员工合作社成为主流和主导性的企业组织形式。股东主权的公司制企业能够在各种企业组织形式之间的竞争中胜出，是因为其有内在制度上的优势。并且，公司制的这种制度优势，是商人们在实践中创新和发展出来的，它不是出自哪位伟大理论家的系统设计。

转折点：纽黑文铁路公司破产

布兰代斯理想中的合作社，并没有成功发展壮大，达到取代公司制工业寡头的目的。布兰代斯对工业寡头和货币托拉斯的批判，却是实实在在地推动了公司治理制度的发展，迫使摩根这类金融大亨从铁路和工业公司董事会中退出，加速了现代公司治理模式从金融大亨控制阶段发展到了职业经理人控制阶段。

摩根式治理终结，或者说美国能够走出银行家控制产业公司的状况，有多种历史原因，其中，布兰代斯对纽黑文铁路公司及货币托拉斯的指控有着重要影响。摩根式治理开始于铁路公司，也终结于铁路公司。1913 年 3 月 31 日，在美国议会开庭调查金融托拉斯控制美国企业一事刚过几星期后，76 岁的约翰・皮尔庞特・摩根在欧洲旅行途中去世。1914 年摩根财团控制下的纽黑文铁路公司濒于破产，是金融大亨退出公司董事会、放弃公司控制的转折点。约翰·皮尔庞特·摩根的接班人、他的儿子杰克・摩根被迫辞去纽黑文铁路公司董事职位，与此同时，还从纽约中央铁路以及多家银行的董事会中退出。金融大亨控制美国公司的摩根式治理开始衰微。到 1930 年代，美国联邦立法禁止投资银行和商业银行混业经营，摩根财团一分为二：J. P. 摩根和摩根—士丹利。摩根式治理也随之彻底终结。

1911 年，由于债台高筑，纽黑文公司开始解雇员工、降低工资、推迟维修铁路轨道。1913 年 6 月，纽黑文公司的火车发生事故，7 人丧生；3 个月后又一起事故发生，21 名乘客遇难。司法部长对纽黑文铁路公司提出起诉，州际商业委员会发表报告，对纽黑文铁路公司的财务管理状况提出了批评，并建议剥夺该公司在有轨电车公司和轮船公司中的股份。

时任纽黑文铁路公司总裁查尔斯・梅林是约翰・皮尔庞特・摩根于 1903 年聘请的。梅林对摩根言听计从，甚至曾对记者说"如果摩根先生叫我明天去西伯利亚，我会拿上行李拔腿就走"，"当他（皮尔庞特）不想再听反对意见时，便会拳头向下一挥，说'表决吧'，这时董事会成员就会乖乖地向他屈服"。这些言论为布兰代斯等指控货币托拉斯、银行家控制企业提供了证据。

最初，杰克・摩根选择了牺牲掉公司总裁梅林。但是情况继续恶化，1913 年底，纽黑文公司 40 年来第一次没有分发红利，公司濒于破产。那个时代的美国公司，为了维持投资者的信心，都是每年固定发放红利。红利时常超过公司净利润，要靠进一步融资来支撑。但是，这一次不行了。

国会调查发现，纽黑文铁路公司与其连锁商业公司一起，在融资过程中利用种种不正当手段搞金融掠夺和投机，在经营中大肆挥霍、浪费公司资产，导致公司破产。1914年《克莱顿反托拉斯法》通过，重申保持铁路公司之间竞争的必要性，并根据对纽黑文铁路公司破产案的调查结果，制订了一些管制铁路及与其有连锁利益的商业公司进行交易的条款。

银行控制公司的不合理性

在布兰代斯看来，纽黑文铁路公司中银行家管理的失败不能以个人的缺点来解释。这场失败不是出于偶然，也不是特例。这场失败是制度性的，是银行家职能和商人职能混淆的必然结果。银行家参与公司管理失败的原因包括：个人利益破坏了商业判断的完善性，损害对公司应有的忠诚度，同时因为银行家职业习惯方面的原因而应用错误的评价标准——总是过于关注股票市场的反应。

银行家的职能是向其他企业授信或拒绝授信，购买或拒绝购买其他企业的证券，以及向客户出售证券。恰当地行使银行家的职能要求银行家同他所考虑授信或投资的企业完全分离。银行家授信或拒绝授信、购买或不购买证券的决定，包含着对企业管理效率和完善程度的判断。他不应当对他自己进行判断——以银行家的身份来判断自己作为一名公司董事或管理人员所做的计划和行动是否明智。

银行家出任董事，参与公司管理，违背了人类局限性的基本法则：第一，没有人能够同时服侍两个主人；第二，没有人能够同时做好许多事情。投资银行家出任公司董事，对公司和中小投资者两个方面都是不利的。

投资银行家作为公司董事参与决定公司的证券发行，再把这些证券卖给作为投资银行家的自己。这会给公司带来双重损害——一是要承受发行不应该或不必要发行的证券所带来的风险，二是要承受以低于应有价格来发行证券的风险。中小投资者需要投资银行家的客观建议。投资银行家出任董事，成为公司管理层的一分子，参与向投资者发行证券的过程时，他做出的建议不可能是不偏不倚的。

布兰代斯也分析了银行家控制公司导致的商业交易行为扭曲。公司用别人的钱来经营，银行家则用别人的钱来控制别人——公司。银行家控制公司的具体手段包括直接持股、投票权信托、对客户委托投票的控制、连锁董事会等等。连锁董事会是万恶之源。连锁董事会下普遍存在的关联交易是无法做到公正的。当买家和卖家由不同的人来代表时，谈判结果才是最佳的。

当时美国法院的判例法规则是，当公司和其董事之间，或是拥有共同董事的两家公司之间订立合同时，如果公司由独立董事所代表，并且通过决议无须关联董事投票，满足董事会会议法定人数也无须关联董事出席，则合同是有效的。如果共同董事积极参加了两个公司间的合同订立，则该合同是可撤销的，撤销选择权属于公司。布兰代斯对此批评道，法院假设董事的影响只局限于投票行为，这忽视了人性的规律，因为最有效的工作是在投票之前以微妙的、难以察觉的方式完成的。

在对银行家控制公司发起的指控中，布兰代斯开创性地提出了诸多改进公司治理机制的建议，如：竞争或者潜在竞争的公司之间，不应该有共同的董事；一家公司不得订立涉及其管理层私人利益的合同；公司董事会中要有少数派股东的代表。布兰代斯还在那个尚没有信息披露规范的时代里提出了通过强制信息披露保护投资者的见解。这些建议和见解，都在现代公司治理和证券监管规则中得到了应用。

3. 卡内基：带着金钱死去是耻辱的

卡内基钢铁公司向董事会为中心、职业经理人管理的真正现代公司转变，是在出售给摩根、重组为美国钢铁公司之后完成的。在此之前，卡内基一直只是其钢铁公司的大股东，主要通过信件方式提出建议和意见。实际从事管理工作的是他的合伙人和聘任的经理人。对于优秀的经理人，往往都要给予股份，并最终将其晋升为公司的合伙人。在出售了钢铁公司之后，卡内基转向了慈善事业。

从电报员到铁路公司经理和投资人

1848年，13岁的卡内基随父母靠借来的20英镑移民到了美国。1849年，卡内基得到了一份匹兹堡电报局信差的工作。卡内基努力记住各家企业所处街道和那些企业家及政府领导人的名字。他不仅可以顺利完成送电报的工作，还经常因为在大街上遇上收报人的时候彬彬有礼地喊出他们的名字送上电报而得到小费。

1851年，16岁的卡内基晋升为正式的电报员。卡内基继续努力，很快成了全大西洋—俄亥俄电报公司仅有的3名听电报机声音就能把信号翻译成文稿的电报员之一。这项本领不仅让卡内基得到了加薪，还使他成为了一个“名人”，引起了电报公司访客的注意。好运开始眷顾卡内基。

宾夕法尼亚铁路公司总督办托马斯·A. 斯科特是电报公司的常客，在他想要挑选一名私人秘书兼电报员的时候，看上了卡内基。1853年2月1日，18岁的卡内基加入了宾夕法尼亚铁路公司。在斯科特的指导之下，卡内基学到了管理和金融交易技能，以及构建一个企业帝国所需要的政治手腕。

那是一个充满内幕投资和关联交易的时代，斯科特精于此道，他把卡内基带入了这一领域，让后者积累了第一桶金。

1856 年 5 月，卡内基得到邀请，在一家依靠宾夕法尼亚铁路公司获得业务的包裹快递公司入股 500 美元。这是卡内基从打工者向资本家转型所迈出的第一步。为了进行这笔投资，卡内基先是从斯科特那得到了为期半年的借款，后来为偿还斯科特又向其他人借款，并为此把自家房屋抵押了出去。

由于深得斯科特的赏识和信任，卡内基成为斯科特一些秘密投资的名义代理人，同时也有其个人投资在里面，这些对以自家公司（宾夕法尼亚公司）为主要客户的企业的投资，是稳赚不赔并且利润丰厚的。这些投资中包括对卡内基非常重要的对伍德拉夫公司（后更名为中央运输公司）的投资。伍德拉夫从马车制造商学徒开始职业生涯，是铁路客运车厢的发明人，于 1856 年获得了硬座车厢和卧铺车厢两项专利，创立了专门生产铁路客运车厢的伍德拉夫公司。在宾夕法尼亚铁路公司决定大量订购伍德拉夫公司的客运车厢时，斯科特、卡内基和宾夕法尼亚公司总裁汤姆森都成为了伍德拉夫公司重要的新股东。

除了参与这类投资积累个人财富之外，卡内基还在宾夕法尼亚公司学到了现代大型公司的管理。铁路是最早出现的大型现代公司，诸多现代大型公司的管理原则都是最先出现在铁路公司中的。1858 年 1 月 1 日，宾夕法尼亚铁路公司引入了伊利铁路公司两年前开始实施的开现代企业之先河的“分散权力、分业务部门管理”模式。整个铁路公司划分为数个运输部门，每个运输部门负责公司的一段铁路线路，企划部门负责协调各个运输部门之间的运营。

1859 年 12 月 1 日，年仅 24 岁的卡内基升任宾夕法尼亚公司匹兹堡分部督办，年薪 1500 美元。卡内基单独掌管一个部门之后，开始尝到了权力的滋味。为了巩固自己的地位，卡内基把可以信任的人安排在身边，他聘任一位好友出任电报部门督办，另一位童年好友出任列车长，并聘一位表妹担任一个货运车站的电报员，已经上完学并学会了收发电报的弟弟汤姆·卡内基担任自己的秘书。但是，在管理上，卡内基却是一视同仁，并不给亲朋好友以特殊优待。

1860 年，美国南北战争爆发。铁路成为运输物资和人员的主要工具，卡内基全力发挥出了自己的管理才能。与此同时，卡内基也抓住了几个最好的投资机会，完成了从经理人向资本家的转型。

把鸡蛋放在一个篮子里，看好篮子

在成为钢铁大王之前，卡内基已经是一个成功的投资人，不过他的投资领域不是华尔街，而是与自己所从事工作（先前是宾夕法尼亚铁路公司，后来是自己控股的钢铁公司）有关联的领域，如快递、桥梁、焦炭，或者明显利润丰厚的创新性事业，如石油开采。尽管做过一段时间的债券推销人，但是卡内基的主要兴趣仍在实业领域，他甚至非常歧视那些纯粹的金融交易和投机活动。

1863 年，卡内基共在 12 家企业中有投资，这些投资给他带来的红利收入，使他在铁路公司的区区 2400 美元年薪成了一碟小菜，他在铁路公司的任职已经不是赚薪金，而是赚生财机会。卡内基开始想要拥有一家自己的公司。向一家钢铁公司投资 1 万美元，成为卡内基在美国内战期间的三笔最重要投资中的最后一笔，也成为卡内基走向钢铁大王的起点。

卡内基进入钢铁业，可以说既是偶然，又是必然。事情的缘由要从 1861 年说起。当时匹兹堡已经有 50 多家钢铁企业，竞争很激烈。安东尼和安德鲁·克洛曼两兄弟凭借自己拥有专利的生产流程，经营一家规模很小的锻造厂，生产车轴。为了扩大规模、应对竞争，克洛曼兄弟邀请自己的一位客户、福特韦斯—匹兹堡铁路公司的米勒出资 1600 美元，购买其工厂 1/3 的股份。米勒自身在一家铁路公司工作，和在宾夕法尼亚铁路公司工作的卡内基又是朋友，还与其他多家铁路公司有着良好关系，铁路公司是车轴锻造厂的客户，这桩生意应该是稳赚。为了隐匿自己的名字，米勒拉来了亨利·菲普斯（他因事故去世的哥哥是卡内基少年时代的一位铁哥们）并借给菲普斯 800 美元入股资金，四人达成合作协议，于 1861 年 11 月 16 日成立了名为“铁城铸造厂”的新公司。

公司生意非常好，利润丰厚，安东尼·克洛曼开始整天在酒馆里混。安德鲁·克洛曼提出让米勒买下安东尼的股份，经过讨价还价，米勒以 2 万美元的价格购买下了安东尼的股份。可是随着生意进一步向好，安德鲁·克洛曼欲望膨胀，联合菲普斯，欲将米勒挤出公司。1863 年秋，米勒请卡内基出面调停和仲裁。在听完双方陈述、感觉无法让他们达成合作之后，卡内基提出了一个重组企业以增加资本并达成新的权力平衡的方案。公司资本额增加到 6 万美元，克洛曼占 50%，米勒的股份只能限于 1/6。由于菲普斯无力单独吸纳剩余的 2 万美元股份，卡内基就坚持让其弟弟汤姆买下其中的一半（1/6 的股份，1 万美元），并辩称汤姆的介入可以带来权力平衡，并有助于实现更好的管理。这样，卡内基通过借钱给弟弟，在钢铁行业进行了第一笔投资。

但是没过多久，米勒和克洛曼、菲普斯之间还是闹翻了。无奈之下，卡内基决定和米勒一起再开一家钢铁厂。1864 年 10 月 14 日，他们的新企业，总资本为 10 万美元的塞科洛普斯钢铁公司正式成立。但是由于缺少技术和经验，这家新企业并不成功。卡内基需要克洛曼的技术，克洛曼需要借助卡内基得到客户。这样，两家企业决定合并，取名联合钢铁厂。卡内基主外，弟弟汤姆和朋友弟弟菲普斯主内，克洛曼提供技术，卡内基走向钢铁大王的征程就这样开始了。

1865 年 3 月 28 日，不满 30 岁的卡内基从宾夕法尼亚铁路公司辞职，结束了他 17 年的打工者和经理人生涯，转型为投资人和企业主。

联合钢铁厂最初的大股东是米勒，但是米勒执意不愿与叛徒菲普斯共事。那个时代有一个商业惯例，不能参与管理并给公司做出贡献的人不能享有大额股份。1868 年 3 月，米勒决定退出，并只愿意把股份出让给卡内基，这样卡内基以72148.25美元的价格买下了米勒的2203股，成为联合钢铁厂的控制性股东。

但是，直到1872年，钢铁只是与车厢制造、石油、桥梁和电报等一样，是卡内基所投资的众多行业之一，投资人卡内基还没有“把鸡蛋都放在一个篮子里，然后把篮子看好”。现在卡内基认识到，分散自己的努力，试图在短期内大发横财，不是建立商业帝国的正确途径。1872年春天，拜访英国人贝西默（贝西默炼钢法的发明人）的炼钢厂时，飞溅的火焰和熔化的铁水让卡内基“找到了感觉”。回到匹兹堡之后，卡内基向他钢铁生意的合伙人们提出要建立一家巨型钢铁厂，按贝西默炼钢法进行生产的方案。

1872年11月5日，“卡内基—麦坎德利斯公司”正式成立，公司的钢厂借用了宾夕法尼亚公司总裁的名字，命名为“埃德加·汤姆森钢厂”。公司总资本额为70万美元，卡内基出25万美元，科尔曼（汤姆·卡内基的岳父）出10万美元，汤姆·卡内基、哈里·菲普斯、安德鲁·克洛曼、戴维·麦坎德利斯（很受尊敬的一位本地商人，他的加入可以提高公司声望）、戴维·斯图尔特（和麦坎德利斯一样是新加入的成员）和约翰·斯科特等6人各出5万美元，剩下5万美元将由负责管理这家公司的人出。当时钢铁厂的平均资本规模约20万美元，起步就是70万美元的资本规模彰显出了卡内基进军钢铁业的雄心。

1874年10月，在宾夕法尼亚州通过法律允许组建有限责任公司之后，合伙制的卡内基—麦坎德利斯公司宣告解散，重组成立了股东承担有限责任的埃德加·汤姆森钢铁公司。担任公司董事会主席的是戴维·麦坎德利斯，直到其 1879 年去世之后，由汤姆·卡内基接任。1881 年 4 月 1 日，埃德加·汤姆森钢铁公司和另外两家卡内基等人都持有股份的相关公司合并重组为卡内基兄弟有限公司，公司资本总额增加到 500 万美元。7 位合伙人及其股份金额为：卡内基 273.8 万美元，汤姆·卡内基和哈里·菲普斯各 87.8 万美元，戴维·斯图尔特和约翰·斯科特各 17.5 万美元，加德纳·麦坎德利斯 10.5 万美元，约翰·范德沃特 5 万美元。

克洛曼，这位卡内基钢铁帝国从技术和源头上来说的一位创始人，在 1876 年因个人破产失去了股份和合伙人身份，因有技术专长，还留在公司工作。克洛曼背着其他合伙人，举债在一家制铁公司和一家铁矿石公司进行秘密投资，两家企业倒闭后，债主欲追讨其在埃德加·汤姆森钢铁厂的股份抵债。为了不让陌生人进入公司，卡内基让克洛曼宣布破产，然后按评估价格收购了克洛曼的股份。

极端与妥协，带着金钱死去是耻辱的

卡内基能够成为钢铁大王，得益于他在宾夕法尼亚铁路公司所积累起来的管理经验、投资机会和第一桶金，但是更重要的是他具有“极端与妥协”的双重个性与能力。

狭路相逢勇者胜，在追求生产效率、通过竞争消灭对手方面，卡内基是毫不手软并勇于走极端的。作为社会达尔文主义理论创建者斯宾塞的朋友和仰慕者，卡内基的宗教就是“适者生存”。卡内基热衷捐赠公共图书馆，而不是简单地救济穷人，也体现了他的这种哲学——帮助那些自强者。

另一方面，卡内基也善于妥协。为了避免不必要的恶性竞争，卡内基甚至可以让出公司名字而与竞争者联合。从进入钢铁行业开始，卡内基就是一个战略方向指引者和冲突化解者。在自己团队中发生无法化解的矛盾、合伙人退出转让股份价格发生分歧时，卡内基都在最后关头妥协，以对方开出的价格达成和解，以避免走上法庭、两败俱伤。

钢铁大王卡内基一直只是其钢铁公司的大股东，主要通过信件方式提出建议和意见。卡内基几乎一直在周游世界，介入美国、英国以及国际政治活动（争取世界和平），在杂志上发表文章，还出版了《成功的民主》和《环游世界》等多部著作。实际从事管理工作的是他的合伙人和聘任的经理人。优秀的经理人，往往都会得到股份，并最终晋升为公司的合伙人。卡内基钢铁公司向董事会为中心、职业经理人管理的真正现代公司转变，是在出售给摩根、重组为美国钢铁公司之后完成的。

1901 年出售了钢铁公司之后，卡内基的使命从赚钱（创造财富）彻底转到了如何更好地花钱（分配财富）上。在对待财富的观念上，卡内基深受其朋友库珀的影响。库珀于 1871 年在他建立的“库珀联合学校”（美国第一所免费的成人教育学校）对学生发表的演讲中说："物质财富的生产不是任何一个人单枪匹马就可以做到的。没有许多人的协作，个人就无法获得巨额财富。因此，这些获得财富的个人，应该永远不要忘记，他们只是通过成文法所表述的社会意志才握有这些财富。因此他们应当作为受托人管理这些财富，使其按照道德法条的要求造福于整个社会（国际文化出版公司《卡内基传》第250页）。"

1919年8月11日，卡内基因病去世。据估算，他的财富总计在5亿美元左右，大约相当于现在的1000亿美元，仅次于洛克菲勒（10亿美元，大约相当于现在的2000亿美元）。卡内基认为作为一个有钱人死去是耻辱的，因此，他几乎将全部财富都捐赠了出去，捐赠对象主要是图书馆、大学和科学研究。

4. 通用电气的职业管理与公司治理

爱迪生是伟大的发明家，但不是合适的公司管理者。在爱迪生发明灯泡14年之后，以摩根为代表的投资者们发现，由合适的专门人才来管理已有产业，对于取得长远的成功是至关重要的。爱迪生并不是能将电气工业带入20世纪的人，而科芬正是这样的人才。

从科芬到威尔逊：通用电气的集体领导体制

通用电气公司成立之初，就采用了集体领导的方式。集体领导方式避免了高度专制和支配型个人领导对其他人创造力和工作热情的压制。

1892 年，爱迪生通用电气公司与汤姆森—休斯敦公司合并成为通用电气公司，在摩根的支持下，原汤姆森—休斯敦公司的总裁科芬出任通用电气公司第一任总裁。20 年之后，科芬选择了赖斯继任他的首席执行官职务，科芬继续担任公司董事会主席。赖斯是汤姆森—休斯敦公司的技术骨干，1892 年成为通用电气公司的第一位技术总监，1896 年成为主管技术和制造的副总裁。科芬作为董事会主席负责公司外部关系，赖斯作为首席执行官负责公司内部管理。两位领导人分享权力，联合执政，成为通用电气公司此后很长时间里的一种领导模式。

科芬和赖斯在 1922 年同时退休，公司首席律师和主管政策事务的副总裁欧文·扬出任董事会主席，公司国际部门负责人施沃普出任公司总裁。两人的分工也和他们的前任一样很明确，总裁作为公司首席执行官和人事管理者，负责日常运营和内部管理，董事会主席负责长期发展战略和公司外部关系。

1940 年，欧文·扬和施沃普将通用电气的领导权交给了里德和威尔逊。里德是律师出身，1926 年加入通用电气法务部，

40 岁时成为通用电气公司的董事会主席。威尔逊 12 岁时从通用电气下属公司的办公室职员开始干起，到 1940 年出任公司总裁前是主管消费品部门的副总裁。1942 年到 1945 年间，里德和威尔逊都曾离开公司，为政府服务，欧文 · 扬和施沃普受邀返岗，领导了通用电气公司在三年战争时间里的多元化发展。1945 年里德和威尔逊回到公司时，通用电气已经从先前仅仅涉足三个产业变成了涉足 21 个产业。二战之后，通用汽车、福特汽车等其他在战时变成多元化的公司又回归到了原来的主业，但是通用电气保留了其多元化的业务领域。

科迪纳：通用电气的公司治理领先实践

1950 年，威尔逊选择他的助理科迪纳来接替他的通用电气总裁职务，自己又到了政府部门就职。科迪纳和里德共同领导了通用电气在 1950 年代的蓬勃发展。推销员出身的科迪纳（1950~1958 年任总裁，1958~1963 年任董事会主席）通过引入目标管理，奠定了通用电气的多元化业务管理模式。

科迪纳时代的通用电气选择发展自身业务，而不是通过收购和合并的分散化战略成长，因此需要培养和保留多层次的职业经理人和不同类型的管理者。战略规划体系使其能够系统性评估公司的业务组合，决定哪些业务是应该得到投资支持的，哪些业务的收益率应该提高，哪些业务领域需要退出。

科迪纳积极倡导扩大股东基础，并确立了每当公司股价达到 100 美元时就进行拆分的公司政策，以便中小投资者购买，避免公司股票被大股东控制。通用电气还通过对 1 美元补贴 50 美分的办法，鼓励员工购买公司股票，这比 1980 年代兴起于美国的 401K 计划领先了 40 年。

1950 年代，科迪纳建立了通用电气公司的投资者关系部，帮助证券分析师对公司利润水平形成合理的预期。这个在今天的大公司中已经很普遍的做法，在当时却是独一无二的。通用电气有一个每年进行现金分红的长期政策，甚至在大萧条时期也坚持执行。

通用电气也是美国公司中较早引入外部董事会做法的公司。科迪纳表示："为了确保所有者的利益受到保护，通用电气公司董事会的 19 名成员中，仅有 2 人（主席和总裁）是公司管理人员。其他人都是公司外部人员，来自各行各业，包括教育、食品、农业、矿业、制造业、银行业和交通运输业。"科迪纳认为，通用电气的管理者是"由股东通过董事会聘任的雇员，这些雇员要在综合平衡所有相关者利益的基础上来管理公司的业务"。

从琼斯到卡尔普：通用电气的CEO继任

1963 年，审计出身的博尔奇被任命为通用电气公司总裁。博尔奇（任期 1968 ～ 1972）领导通用电气创立了业务组合管理体系。博尔奇的继任者琼斯（任期 1972 ～ 1981）修正和完善了通用电气的业务组合管理体系，并建立了一个继任规划体系，为通用电气选出了“天才 CEO”韦尔奇（任期 1981 ～ 2001）。琼斯毕业于沃顿商学院，1939 年加入通用电气，1968 年出任公司 CFO 之前，历任公司消费者业务部、公用事业部以及工业、建筑业和分销业务分部等众多部门的总经理。从琼斯开始，通用电气公司的董事会主席和首席执行官由一人兼任，但是建立了一个新的总裁办公室，成员包括公司总裁、战略规划部总裁和 CFO。

琼斯 1972 年出任通用电气首席执行官，1973 年就开始了筛选下一任首席执行官的继任计划行动。候选人名单上有包括韦尔奇在内的 13 人，到 1976 年剩下 6 人。公司创立了战略业务单元（SBU），每个候选人都被派到一个不同的、他们先前没有业务经验和背景的新的战略业务单元。此前在塑料业务部度过了整个职业生涯的韦尔奇被派到了消费品部门。四年之后，韦尔奇胜出，成为琼斯的接班人。韦尔奇的个性与琼斯完全不同，是通用电气公司历史上最不正统的一位首席执行官，但是他的出现却正当其时。1980 年代，世界商业环境发生了颠覆性的改变，通用电气公司自身也要改变。在韦尔奇时代，通用电气从产品导向型的公司转变为综合服务型的公司，金融服务成为其最大的收入来源。

韦尔奇无疑是一位成就卓著的首席执行官，这证明琼斯的 CEO 继任规划体系取得了好结果。但是程序复杂、耗时过长、竞争失败者流失等，负面效应也不小。切身经历了这一痛苦过程的韦尔奇从 1994 年开始挑选继任者时，修改了琼斯的继任规划体系。韦尔奇为挑选继任 CEO 设定了 8 个标准：诚实和价值观，经验，有远见，领导力，敏锐，地位，公平，有活力、均衡和勇气。还有下述特征：要足够年轻，可以服务 10 年；经过通用电气的培养，有通用电气的遗传基因；出众的个人经历；有并购整合以及使企业繁荣的能力。杰夫·伊梅尔特（Jeffrey R. Immelt）从最初确立的 23 人名单中获胜，于 2001 年成为了韦尔奇的继任者，通用电气公司的第 9 任董事会主席和第 10 任首席执行官。

通用电气的惯例是首席执行官在事业顶峰时期退休。首席执行官退休时，也会退出公司董事会，并彻底离开公司，以使继任者免受前任领导的干扰。功勋卓著如韦尔奇者也无法恋权不放。

伊梅尔特，1956 年出生，毕业于达特茅斯学院数学系应用数学专业。1982 年获得哈佛大学工商管理硕士学位后，加入通用电气市场部。在担任通用电气董事会主席兼首席执行官 16 年后，2017 年，61 岁的伊梅尔特退休。1962 年出生、1987 年加入通用电气的约翰·弗兰纳（John Flannery）成为通用电气公司的第 10 任董事会主席和第 11 任首席执行官。弗兰纳只在位一年多时间，就被董事会换掉。

2018 年 10 月，拉里·卡尔普（H. Lawrence Culp, Jr.）出任通用电气公司第 11 任董事会主席和第 12 任首席执行官，是通用电气公司自 1892 年正式创立 126 年以来第一位不是由内部培养起来的公司首席执行官。卡尔普 1963 年出生，华盛顿学院经济学学士，哈佛商学院 MBA，2018 年 4 月以独立董事身份加入通用电气董事会，并担任领导董事。领导董事是在公司董事会主席兼任首席执行官的情况下，为增强董事会中独立性而设立的职位。在卡尔普出任董事会主席兼首席执行官后，托马斯·霍顿（Thomas W. Horton）担任通用电气董事会领导董事。

科芬时代就确立的组织原则是，通用电气公司最重要的产品不是灯泡，也不是变压器，而是管理人才。在此原则下，通用电气一直都由内部成长和自己培养的职业经理人掌控。2018 年聘任曾任以创造股东价值闻名的丹纳赫公司（Danaher Corporation）总裁兼首席执行官卡尔普出任董事会主席兼首席执行官，是通用电气公司转型的需要。通用电气不再是领导型公司，“公司需要贷款时找银行，需要首席执行官时就找通用电气”的时代结束了。

5. 花旗银行：从股东经理人到职业经理人

花旗银行的 200 多年历史中，从“所有者管理型企业”到“经理人管理型企业”的治理结构演变过程清晰可辨，其中最重要的三点是：自始至终不变的以董事会为中心和对股东及利害相关者负责的治理原则，业务管理上股东退出与经理人接手的有序推进，以及企业、股东和经理人三方共赢的激励机制。

从一群商人的银行转变为一个商人的银行

花旗银行的前身是成立于 1791 年的美国第一银行（First Bank of the United States）纽约分行。1812 年，曾任美国第一任邮政署署长的塞缪尔·奥斯古德（Samuel Osgood）接管了因营业许可证到期而要关闭的美国第一银行的纽约分行后，将其重组为“纽约城市银行”（City Bank of New York）——花旗银行早期的正式名称。1812 年 6 月 16 日，花旗银行以 200 万美元授权资本和 80 万美元实收资本在纽约州注册成立。

创立时，花旗银行的董事会成员都是一些大商人，银行是他们为自己的生意进行信用融资的工具，银行董事关联贷款“规模大、违约多”。以 1814 年 2 月为例，花旗银行全部 750 个客户中的 12 个（即 12 位董事），从银行获得的贷款占银行全部贷款总额的 1/4。花旗银行这种“由一群商人拥有，为一群商人服务”的状态一直持续到了 1837 年，一场金融危机使花旗银行濒临破产，当时的全美第一富豪、曼哈顿的房地产投资商阿斯通（John Jacob Aston）救助了花旗银行，并派其代表摩西·泰勒进驻花旗银行，出任董事。

泰勒是那个时代白手起家从赤贫到暴富的一个典范。泰勒缔造了一个融工业和金融业于一体的庞大的商业帝国体系，有 1 家商业企业、5 家铁路公司、包括花旗银行在内的 3 家金融企业、2 家公用设施企业和 1 家通讯公司。泰勒从 1837 年到 1856 年担任花旗银行董事，1856 年到 1882 年担任花旗银行总裁。作为商人和实业家，泰勒将花旗银行变成了"一个商人拥有，为一个商人服务的银行"。1856 年泰勒将花旗银行由纽约州银行转变成了美国的国民银行，正式名称也相应地由"纽约城市银行"改为"纽约国民城市银行"（National City Bank of New York）。泰勒 1882 年去世后，他的女婿、1869 年开始担任花旗银行董事的佩恩（Percy R. Pyne）接替他，担任了 9 年的花旗银行总裁，直到 1891 年生病后，又转任董事到 1895 年。

所有权和管理权的双重传承

1891 年 11 月 17 日，花旗银行董事会选择了一位 41 岁的商人詹姆斯·斯蒂尔曼（James Stillman）担任花旗银行总裁，他是花旗银行成立 79 年来的第 10 位总裁。直到这时花旗银行的管理结构还很简单，十几名各有自己生意的商人构成董事会，专职高管只有一位总裁和一位出纳。斯蒂尔曼和泰勒的相同总是都把花旗银行当作支持其个人商业王国发展的工具，不同的是，泰勒是个实业家，像个实业家一样地经营银行；斯蒂尔曼是个金融家，以金融家的方式干实业。也许正是这一点不同，使斯蒂尔曼成为启动职业经理人管理花旗银行的第一人。

斯蒂尔曼的父亲是花旗银行的客户，他父亲的合伙人都灵从1870年开始担任花旗银行的董事，1890年都灵去世后，斯蒂尔曼替代他成为了花旗银行的董事。斯蒂尔曼担任花旗银行总裁之后，开始通过从其他股东手中购买和为花旗银行增资两种方式持续不断地增加自己持有的花旗银行股份，从105股（1.1%）起步，到1892年2月就增加到了616股（6.6%）。这些股份中的多数可能都是从佩恩手中购买的，因为同期佩恩持有花旗银行的股份数量从1245股减少到了753股。

在那个没有成熟的职业经理人制度的时代，所有者管理公司，新管理者从原所有者手中购买大量股份，并从而变成新的所有者兼管理者，是一种很流行也很合理的公司治理模式。要退休或者退位的企业所有者兼管理者能够兑现自己企业的价值，企业的新任所有者兼管理者也能够得到对企业有控制权的股份比例。这种所有权和管理权的双重过渡与传承，使企业的新管理者要照顾好原所有者的利益，同时把自己的利益与所管理的企业连接起来。

首位董事会主席，打造花旗职业管理结构

在1891～1909年，斯蒂尔曼担任花旗银行总裁的18年时间里，花旗银行在其起步很晚的投资银行业务领域里奋起直追，领导和参与了大量的证券承销和企业重组活动。斯蒂尔曼在扩展花旗银行业务范围、像摩根一样重组了很多其他公司

并坐镇其董事会的同时，也“重组和扩展”了花旗银行自己的董事会，用美国产业界的巨头替代了泰勒—佩恩家族企业的代表。

1909 年，公司创立的第 97 个年头，花旗银行董事会首次设立了董事会主席职位。斯蒂尔曼从总裁位置退下，转任董事会主席。可以说，花旗银行的董事会主席就是斯蒂尔曼为自己退居二线而创设的头衔。弗兰克·范德利普（Frank Vanderlip）当选花旗银行总裁。范德利普是已近百岁的花旗银行的第 11 任总裁，是花旗银行第一位钱德勒概念的“现代支薪经理（modern salaried executives）”——职业经理人。花旗银行此前的历任总裁都是以所有者的身份来担任，他们都持有花旗银行一定的股份，甚至就是第一大股东，因而都不在银行拿薪水。

范德利普上任花旗银行总裁，董事会主席斯蒂尔曼移居巴黎，二人通过电话和每周一次的信件保持联系。这个时候的整个美国商界，那些创业起家的产业大亨都开始逐步退出了对公司的日常管理，公司经理开始替代公司所有者做出财务决定，维系商业交易的大亨间的个人关系逐渐变为机构之间的关系。

范德利普作为总裁领导花旗银行十年，在美国国内发展中小企业客户，并为了给大客户（当时美国的实业公司开始大举进行海外扩张）提供良好服务而建立国际性的分行网络。1919 年，花旗银行成为美国第一家总资产达到 10 亿美元的银行。1919 年 6 月 3 日，因为获得花旗银行控制性股份的希望落空，范德利普辞职，斯蒂尔曼的儿子——1918 年被董事会推选为花旗银行第二任董事会主席的詹姆斯·A. 斯蒂尔曼继任花旗银行的总裁。小斯蒂尔曼任职到 1921 年时因为花旗银行在古巴遭遇重大损失而辞职。

企业、股东和经理三方共赢

1921 年，花旗内部成长的经理人、43 岁的查尔斯·米切尔（Charles E. Mitchell）当选为花旗银行这个美国最大商业银行的总裁。聘任米切尔担任花旗银行总裁时，花旗银行董事会同时推选史文森（Eric P. Swenson，德州的一个大地主和大企业家）担任董事会主席，但是明确了米切尔是花旗银行的“行政一把手”，董事会主席只是董事会的召集人。1929 年，花旗银行成为世界最大的商业银行，这一年，米切尔从总裁位置退下后转任董事会主席到 1933 年。

范德利普因为不能像以前的银行总裁那样成为拥有控制性股份的所有者而离开，小斯蒂尔曼因为能力不足同时运气也不佳而没能像他父亲那样长期领导花旗银行。在不能拥有控制性股份而成为所有者的情况下，如何激励有能力的职业经理人为股东创造价值，成为花旗银行继续前进面临的一个重要问题。为此，1923 年花旗银行推出了一个名为“管理人员基金（management fund）”的奖金计划。计划的主要内容是对银行利润进行如下三个部分的分配：先按银行股东权益 8% 的比例提取银行超额储备，再按每股 16% 的比例对股东进行红利分配，最后按剩余利润 20% 的比例提取管理人员奖励基金，分配给副总裁及以上的高级管理人员。这一计划均衡考虑了所有者和管理者之间的风险与利益：所有者给管理者提供了薪水形式的报酬下限，管理者给所有者提供了一份最低分红比例的保障，然后再由所有者和管理者双方按 80∶20 的比例分享剩余利润。

自米切尔开始，除 1933 ~ 1940 年之间帕金斯（James H. Perkins）担任董事会主席之外，花旗银行的董事会主席总是由退下后的前任首席执行官担任，首席执行官也都是由职业经理人担任。在有力的董事会领导和有效的激励机制之下，领导花旗银行的职业经理人们为股东创造了连续稳定的回报。

6. 西尔斯：从职业经理人到股东经理人

尽管沃尔玛后来居上，但西尔斯才是美国近现代商业景观的象征。从 1886 创立，到 2018 年申请破产保护，132 年的西尔斯历史发展，是一部商业连续剧，一场从创始人到经理人再到投资人的轮回表演。

罗森沃德：从经理人到接班人

1886 年，理查德 · 西尔斯（Richard W. Sears）创建了西尔斯钟表公司，从事钟表邮购业务。1887 年，西尔斯雇用了钟表匠罗巴克负责维修。虽然公司业务发展不错，但是西尔斯于 1889 年卖掉了西尔斯钟表公司。1892 年，理查德 · 西尔斯又与罗巴克两人合伙组建了罗巴克公司，1893 年更名为西尔斯—罗巴克公司（Sears, Roebuck and Co.）。但是仅仅两年之后，罗巴克就因为个人兴趣转变而要求理查德 · 西尔斯买下了他的股份，不再是西尔斯—罗巴克公司的股东，并于 1899 年辞职离开了公司。

1895 年，由于罗巴克退股，理查德 · 西尔斯向纳斯鲍姆（Aaron Nusbaum）出售了一部分公司股份。纳斯鲍姆作为公司的新股东把他的内弟罗森沃德招进了西尔斯—罗巴克公司。罗森沃德（Julius Rosenwald，1862 ~ 1932）出身于一个服装店之家，1885 年与堂兄弟合伙创建了一家男装厂，理查德 · 西尔斯很偶然地成为了该工厂的客户，因此也较为了解罗森沃德。

罗森沃德和理查德 · 西尔斯能力互补，相辅相成。销售、广告和推销是理查德 · 西尔斯的强项，但他不擅长管理公司。他了解农民，理解他们的需求，更会写广告语。具有办厂经验的罗森沃德可以更有效地处理订单，给理查德 · 西尔斯的感性销售添加上了理性管理。1895 ~ 1907 年，公司的年销售额从

75 万美元高速增长到了 5000 万美元。

1908 年，由于健康状况，理查德 · 西尔斯退出了公司的日常管理活动，不再担任公司总裁，只任公司董事会主席。1896 年开始担任副总裁的罗森沃德成为公司的第二任总裁。1914 年 9 月 28 日，理查德 · 西尔斯去世。

虽然西尔斯和罗巴克是公司的创始人，但是领导西尔斯—罗巴克公司发展壮大并给予了公司第二次生命的是罗森沃德。1906 年，因为需要额外资本，理查德 · 西尔斯和时任副总裁兼司库的罗森沃德决定进行 IPO，公开出售公司普通股和优先股，使西尔斯—罗巴克公司成为了公众公司。

第一次世界大战之后，西尔斯—罗巴克公司一度陷入严重的财务困境中。罗森沃德用其总计价值 2100 万美元的个人财产将公司从破产的边缘拯救了出来。1922 年，西尔斯—罗巴克公司恢复了财务健康。罗森沃德 1924 年从总裁位置退下，将主要精力用到了慈善事业上。凯特（Charles Kittle）接任了罗森沃德的总裁职务，罗森沃德继续担任董事会主席，直到 1932 年去世。罗森沃德的长子雷辛 · 罗森沃德（Lessing Rosenwald）接任了董事会主席职务，直到 1939 年。

伍德：职业经理人塑造现代西尔斯

罗伯特 · 伍德（Robert E. Wood，1879 ～ 1969），1900 年西点军校毕业。1919 年退伍后，加入了当时的邮购巨人蒙哥马利·沃德公司，从商品部经理做到公司副总裁。1924 年，伍德转投西尔斯—罗巴克公司，担任副总裁，从此开始了作为职业经理人塑造现代西尔斯的 30 年历程，把西尔斯从主要面向农村人口的美国最大邮购商，转变为世界最大的零售商。

在理查德·西尔斯创业的时代，美国 2/3 的人口生活在农村，邮购是他们购物的主要途径。但是，随着汽车和公路的发展，西尔斯的农村顾客不再限于通过邮购购买物品。与此同时，农民也开始进入工厂。1900 年美国农村人口仍然大于城市人口，但到 1920 年则已经反过来了。连锁商店的发展开始侵蚀西尔斯的邮购业务。1914 年全美有 2.4 万家连锁店，15 年后超过了 15 万家。

伍德推动西尔斯从邮购商扩展为零售商，是西尔斯的实体店零售业务之父。1925 年伍德在西尔斯公司位于芝加哥的邮购工厂旁边试验性地开了一家零售店，大获成功，随后在当年就迅速开了 7 家新店。到 1927 年，伍德已经开设了 27 家零售店。西尔斯的零售店面随后逐年迅速增加，1928 年 192 家，1929 年 319 家。1931 年西尔斯的实体店零售销售额首次超过了邮购销售额，实体店销售额占公司 1.8 亿美元总销售额的 53.4%。

由于实体零售店的巨大成功，伍德于 1928 年 1 月在公司第三任总裁凯特去世之后，坐上了西尔斯—罗巴克公司总裁的宝座。1939 年，伍德接替了罗森沃德长子雷辛，出任第四任董事会主席，领导公司度过了第二次世界大战。在许多公司都在节省每一分钱的二战原料配给制期间，伍德领导西尔斯研究和预测战后的人口和经济形势。公司 1945 年销售额超过了 10 亿美元，1946 年开始在城市郊区兴建大型商店。从 1945 年至 1953 年，销售额增长了近三倍。1954 年伍德因身体原因不再担任董事会主席职务，但仍留任为公司董事。1968 年，伍德从公司董事职位退下后，被聘为董事会名誉主席。

在伍德领导期间，西尔斯—罗巴克公司于 1916 年开始设立的雇员储蓄和利润分享退休基金得到大力发展。伍德视此为一生商业作为上的最大骄傲。伍德于 1969 年去世时，该基金已成为西尔斯的最大股东。西尔斯—罗巴克公司对员工权益和福利的重视始自其创始人理查德·西尔斯，他在 1907 年就建立了雇员带薪休假和折扣购物制度。1931 年，伍德设立公司全资的全州保险公司（Allstate Insurance Company）时，又设立了公司雇员的团体生命保险。

伍德之后西尔斯的管理传承与业务发展

伍德之后，西尔斯—罗巴克公司再没有产生能够在位几十年的卓越领导人，进入了公司领导人平稳接替的状态。从 1886 ~ 1954 年的 68 年中，西尔斯—罗巴克公司共有过 4 位董事会主席，平均在位 17 年。从 1954 ~ 2005 年与凯玛特合并这 51 年中则共有过 10 位董事会主席，平均在位 5 年。缺少强势人物持久领导，5 年左右换届，前任唱罢后任登场，整个公司呈现出了一部庞大机器的自我惯性运转状态。

1969 年，山姆·沃尔顿将其 32 家商店重组为沃尔玛公司准备上市并大展宏图，雷·克洛克以公司 22.5% 股份为代价获得 150 万美元助推麦当劳公司起飞，彼时让西尔斯—罗巴克公司领导者们兴奋的事情却是兴建新总部大楼。耗时四年最终于 1973 年落成的西尔斯大厦，20 世纪世界第一、至今仍是世界第八的高楼，成了这家公司从因时而变、锐意进取转为骄傲自大和故步自封的象征。幸好，1992 年，西尔斯—罗巴克公司因危机而清醒，决定搬出这座大厦，开始整顿、重组和自我救赎。

西尔斯—罗巴克公司在 1990 年代初期陷入困境有两个方面的原因：一是，沃尔玛等新兴零售商的崛起夺走了一定的市场份额；二是，西尔斯—罗巴克公司自身过于热衷并购、扩张和发展金融等其他业务，忽略了在其传统主营的零售业务领域里随时代变化进行业态创新。

1980 年，西尔斯—罗巴克公司开始进行集团重组，零售业务划入西尔斯商品集团。1981 年，保险业务归入全州保险集团。随后，随着一系列并购活动，西尔斯—罗巴克公司旗下陆续形成了添惠（Dean Witter）金融服务集团，Coldwell 银行和房地产集团等等。1985 年，公司推出了发现（Discover）卡。

1993 年西尔斯将其全资子公司添惠金融公司 20% 的股份进行了 IPO，并将留持股份分配给了西尔斯—罗巴克公司的股东，使添惠金融分离出去，成为独立的添惠发现公司（Dean

Witter，Discover & Co.）。同年，西尔斯—罗巴克公司又对其全资子公司全州保险的20%股份进行了IPO，这是到当时为止美国历史上最大的IPO。1995年，西尔斯—罗巴克公司又将其所持全州保险的剩余股份分配给了公司股东，使全州保险也分离了出去。经过这些运作之后，西尔斯—罗巴克公司的股东们拥有了三家独立的、互无关联公司的股份：西尔斯—罗巴克公司、全州保险公司和添惠发现公司（后成为摩根士丹利添惠公司）。此外，公司还卖出了Coldwell银行和西尔斯抵押银行等等一系列其他业务，重新回到了其主营、核心的零售业务上。

1992年，决定重回零售业务后，西尔斯商店开始接受维萨、万事达和美国运通等主流信用卡。1993年，停止印发100多年历史的邮购产品目录"大书"，并启动了西尔斯的柔性一面（Softer Side of Sears）运动，开始从传统的以硬性产品为主、主要面向男性顾客的定位，向同时经营柔性产品、兼顾女性顾客的定位转变。1999年网络商店Sears.com开通，完全可以视为现代网络版的邮购产品目录，西尔斯—罗巴克公司再一次实现了因时而变。

兰伯特：投资人变股东—经理人

2005年，经过两个公司股东会的批准，西尔斯—罗巴克公司与凯玛特公司合并成为西尔斯控股公司（Sears Holdings

Corporation）。虽然合并后公司名称采用了西尔斯，但实际由凯玛特方面的人士主导新公司。凯玛特的董事会主席兰伯特（Edward S. Lampert）出任合并后新公司西尔斯控股公司的董事会主席，凯玛特的总裁兼首席执行官埃尔文·B. 刘易斯（Aylwin B. Lewis）成为合并后西尔斯控股公司的总裁兼首席执行官。2011 年 2 月，此前担任了 6 个月西尔斯控股公司董事会顾问的刘易斯·丹布罗西奥（Lewis D'Ambrosio）被任命为公司总裁兼首席执行官，2013 年 3 月就离职了。兰伯特成为西尔斯控股公司的董事会主席兼首席执行官。

1962 年出生的兰伯特是西尔斯和凯玛特合并的幕后推动者。他通过自己的 ESL 投资公司，持有凯玛特 53% 的股份和西尔斯—罗巴克 15% 的股份。兰伯特出生于律师家庭，但因父亲早逝，要和理查德·西尔斯、罗巴克一样早早地勤工俭学，帮助维持家计。1984 年兰伯特从耶鲁大学经济学专业本科毕业后，作为实习生到了高盛，然后进入高盛的企业风险套利部门，直接在鲁宾（曾任克林顿政府财政部长）手下工作。1988 年，兰伯特从高盛离职，创建了 ESL 投资公司。兰伯特的投资风格是“集中价值”，被称为下一个巴菲特。他通常选择 3 到 15 只股票，持有几年时间。合并凯玛特和西尔斯，使兰伯特声名大振。

兰伯特入主凯玛特的途径是在凯玛特陷入破产境地时购买其债务，然后以债权人身份帮助凯玛特进行破产重组，在 2003 年凯玛特以美国破产法第十一章的重整方式新生之后，成为公司董事会主席。兰伯特随后对凯玛特进行了业务重整，实现盈利。凯玛特股价从 15 美元上涨到 109 美元，兰伯特的投资获利颇丰。

兰伯特作为对冲基金经理和投资人，推动凯玛特和西尔斯—罗巴克合并，出任董事会主席掌控公司，聘请职业经理人打理公司，效果不佳后进一步在经理层任职，出任董事会主席兼首席执行官，本来要保持距离的投资人变成了所有权与经营权融合的股东—经理人。

很可惜，兰伯特没有能让西尔斯走出困境。2018 年 10 月 15 日，西尔斯控股向纽约南区破产法院申请破产保护，按破产法第十一章进行重组。10 月 24 日，西尔斯控股公司股票从纳斯达克退市，退市前的最终报价为每股 0.36 美元。西尔斯普通股（SHLDQ）开始在场外市场（OTC）交易，2022 年 2 月 10 日股价为 0.018 美元，市值 323.7 万美元。

20 世纪公司发展的主流模式是创始人成为产业大亨后让位给投资人和职业经理人，这样一来，生成了一批股权高度分散、缺乏核心人物持久掌舵的企业。这给 21 世纪的一种公司发展新模式提供了机遇：投资人能否入主那些业绩不佳、股价低迷的股权分散企业，进行管理和业务整合，继而成为新型的产业大亨？现在看来，虽不能说不可能，但是很难。已经习惯于资本市场运作、成为了金融大亨的人，往往很难做回实业大亨。

7. 金佰利：150 年的创新、转型与管理传承

由五位合伙人创立于 1872 年的金佰利，在三十几年的股东经理人时期之后，进入职业管理，从此一直坚持着与兴盛时期的 IBM 以及 2018 年以前的通用电气一样的 CEO 内部培养模式。

第二代开始引入职业管理

1906 年，创立 34 年后，金佰利公司的四位创始人只剩下了约翰・A. 金佰利一人。原始股权由约翰・A. 金佰利和另外三位创始人的儿子掌握。另外三位创始人的儿子和三名经理人成为了公司董事，三位经理人也都拥有公司股份。

1907 年开始，约翰・A. 金佰利虽然名义上还在担任公司总裁，实际上已经逐渐地不再参与日常管理，金佰利公司进入了第二代。约翰・A. 金佰利的儿子詹姆斯・C. 金佰利出任公司副总裁。1889 年进入公司、从簿记员开始的森森布雷纳（Frank J. Sensenbrenner）成为总经理。

以詹姆斯・C. 金佰利和森森布雷纳为主的新高层管理人员，改变了过去由公司创立者个人操作业务的模式，代之以负责采购、原料和销售的正式部门。1908 年正式建立了会计部

和采购部，引入专业人士，采用复式记账法。1914 年建立了物资部和技术部，聘请了从德国达姆施塔特纸浆造纸技术学院毕业的马勒（Ernst Mahler）。马勒建立了金佰利公司的研究实验室，为金佰利公司不同于其他造纸公司的未来发展前景奠下了基石。美国其他大多数的纸业公司实验室很少进行研究和开发，其活动局限于测试纸浆和产出纸张样品。马勒开发出了新型磨木纸浆工艺，以及后来成为高洁丝卫生巾基本成分的纤维素材料。

纤维棉：子公司方式运作，股权奖励发明者

1914 年，詹姆斯 · C. 金佰利和马勒等造访了化学研究领先的德国。回到美国不久，马勒就研制出了能够替代棉质医用绷带的纤维素产品，并为其注册了"纤维棉（Cellucotton）"商标。一战产生了对医用绷带的空前需求，但是金佰利公司并没有从中赚钱，而是按成本价向红十字会和美国陆军部提供纤维棉医用绷带。一战结束之后，红十字会将其剩余的医用绷带发放给了医院，而军队则将其过剩的库存投放到了市场上，这使金佰利公司的纤维棉生产线于 1919 年时，几乎全线停产。1919 年 2 月，詹姆斯 · C. 金佰利和马勒拜访了西尔斯—罗巴克公司在芝加哥地区的一位销售代表沃尔特 · 鲁埃克（Walter Luecke），商讨纤维棉商用的可能方案。1919 年 3 月 1 日，鲁埃克受聘金佰利公司，任务是为纤维棉寻找销路。

美国的赴法作战伤残人士基金会最先向金佰利公司提出了用纤维棉生产卫生巾的建议，该组织收到军队护士的来信，声称她们使用纤维棉医用绷带做临时卫生巾。鲁埃克抓住了这一想法，得到了詹姆斯·C. 金佰利和马勒的支持，公司决定恢复纤维棉生产用以制造卫生巾，并取了高洁丝（Kotex）这一名字。1919 年 9 月 23 日，生产出了第一批高洁丝。为避免卫生巾这种私密产品在当时可能带来的名声上的不利影响（毕竟公司名称和创始人家族姓氏相同），1920 年，金佰利公司特别成立了一个全资子公司，取名为纤维棉产品公司（Cellucotton Product Company，CPC，后来改称为国际纤维棉产品公司）。在做出这项决策的董事会会议上，公司的财务总监投了反对票，这是金佰利公司历史上为数不多的在战略决策上无法达成一致意见的事项。

金佰利公司的主要高层管理者和两位广告业专家组成了纤维棉产品公司董事会。纤维棉发明者马勒出任总裁，但日常管理由总经理鲁埃克负责。仅有纤维棉的技术还不够，高洁丝的推广需要克服巨大的文化障碍。从不能做广告到能做广告，再到采用真人做广告，从被藏到货架的最后面和角落处，到摆到货架明显处和采用自助售卖方式，可谓是披荆斩棘。1923 ~ 1924 年，金佰利公司两次奖励了纤维棉和高洁丝发明者马勒 1 万美元，并许可马勒得到纤维棉产品公司利润的 2%，但每年不超过 2.5 万美元总额。1926 年，董事会又同意以每股 400 美元的价格转让给了马勒 100 股纤维棉产品公司股票。

基于纤维棉开发出来的另一项重要产品是“舒洁（Kleenex）”纸巾，1925 年取得了舒洁的注册商标。市场主导地位属于那些能够最快从“草根”获得创新灵感的公司。最初的舒洁纸巾产品定位是面霜卸妆纸，但是消费者们更喜欢用它来擦鼻子。1930 年，总经理鲁埃克说服董事会其他成员，进行了一次消费者调查。调查表明 61% 的消费者把舒洁当作纸手帕使用，39% 的消费者把舒洁当作卸妆纸巾。此次调查后不久，纤维棉产品公司展开了一轮新的广告投放，把舒洁重新定位为一次性纸手帕，名称也从舒洁一次性卸妆纸巾改为了舒洁一次性纸手帕。

新投资者进入董事会，正式进入职业经理人时代

1928 年 1 月 21 日，约翰 · A. 金佰利去世。最后一位创始人离世后，金佰利公司很快放弃了股份封闭状态，转为公开公司。1928 年 6 月 30 日，为了公开募股和上市，公司第四次重组并改名为“金佰利—克拉克公司（Kimberly-Clark Corporation）”，在特拉华州注册。7 月，金佰利公司首次公开募股。1929 年 5 月 8 日，金佰利公司股票在纽约股票交易所上市交易。

新公司的董事会有 14 名成员，包括主要的投资者代表（其中最著名的是雷曼兄弟公司的约翰 · 汉考克），和 7 位金佰利公司的老股东和管理者。弗兰克 · 森森布雷纳任总裁，马勒、

约翰·森森布雷纳（弗兰克·森森布雷纳的亲戚）、弗兰克·沙塔克等任副总裁。这种人事安排保留了金佰利公司原来的管理结构，使得该公司能够避免1930年代常见的管理者和董事会之间的分歧。

森森布雷纳正式出任公司总裁，金佰利公司进入了名副其实的职业经理人时代。此前，出于对约翰·A. 金佰利的尊重，实际担负着总裁职责的森森布雷纳一直不肯接受总裁头衔。森森布雷纳任职到1942年退休，领导金佰利公司顺利度过了大萧条时期。森森布雷纳的接任者科拉·帕克（Cola G. Parker）毕业于芝加哥大学法学院，1937年以副总裁身份加入金佰利公司，此前是律师事务所合伙人，为各大造纸公司担任法律顾问。

董事会主席、总裁和执行副总裁分工负责制

在经历了两任职业和外姓经理人领导之后，1953年科拉·帕克退休后，公司创始人约翰·A. 金佰利的孙子约翰·R. 金佰利（John R. Kimberly）接任总裁职务。约翰·R. 金佰利出生于1902年，1926年从麻省理工学院毕业，获化学工程学位。进入公司后从公司基层干起，在1930年代后期成为生产经理，1943年出任销售副总裁，1952年升任执行副总裁。

1955年，金佰利公司吸收合并了其主营高洁丝和舒洁等消费品业务的子公司国际纤维棉产品公司。1930年代金佰利

曾转让了一部分纤维棉产品公司股票给其管理者和雇员。用金佰利公司股票交换了这部分员工持股后，金佰利公司把纤维棉产品公司整合了进来。始自纤维棉的高洁丝、舒洁以及后来的纸尿裤成为金佰利的当家产品，也使金佰利最终从一家造纸企业顺利转型为一家消费品公司。

1959 年金佰利公司重整了组织结构，建立了董事会主席、公司总裁和执行副总裁各直接负责一部分业务的高层分工结构。这是时任执行副总裁凯利特（William Kellett）的建议。约翰·R. 金佰利不再担任总裁，但作为董事会主席并实际上兼任 CEO，负责总体领导职责，并直接负责加拿大公司、施伟泽公司和库萨帕因斯新闻纸工厂。凯利特接任了约翰·R. 金佰利的总裁职务，负责行政部、研发部、工程部、人事部以及新成立的工业用品部和消费用品部。接任凯利特执行副总裁职务的克劳维尔（Kenneth Crowell）负责财务和法务部、国际部。新产品开发部门之前是中央管理，现在改由高级副总裁领导，由工厂直接管理。

“好奇”项目负责人成为董事会主席兼CEO

“好奇（Huggies）”的推出，使金佰利在纸尿裤市场上超越了雄霸几十年的宝洁公司。1950 年代，纸业公司忙于掠夺其他公司的市场份额，没能开发出一次性纸尿裤这样的革新产品；与此同时，宝洁公司 1957 年开始开发纸尿裤，推出了“帮宝适（Pampers）”。

1980年代，金佰利的好奇品牌夺得了这一市场的头把交椅。从宝洁公司这样的消费品市场上的营销王者和霸主企业手中夺得市场领导者的宝座，是惊人的成就。金佰利不是通过收购，而是通过重新部署自身资源、开发新产品而获得这一成功的。

金佰利公司向纸尿裤市场进军是从1960年代后期开始的，最早推出的纸尿裤品牌是“金贝贝（Kimbies）”。1971年6月，在决定将公司铜版纸业务清盘前不久，在米纳德的推动下，公司董事会为金贝贝纸尿裤项目批准了1750万美元的拨款。但是金贝贝没有维持住市场地位，1975年被强生公司夺走了纸尿裤市场的第二把交椅。这时，金佰利公司的大多数管理人员都准备放弃纸尿裤市场。虽然对这个从前任继承的项目感到失望，但是史密斯还是决定再尝试一次。他将1975年出售金佰利造纸工厂所得的1450万美元主要投入了纸尿裤项目，研究和开发一种新的高端产品，甚至减少了一部分的卫生巾产品广告费用，用于纸尿裤项目。这次努力的结果就是1978年推出的好奇纸尿裤。这种“与舒来自同一家公司的防侧漏纸尿裤”，很快从强生公司手中夺回了市场占有率第二的位置，以至于强生在1981年时退出了这一市场。1988年，好奇超过了帮宝适，成为全美排名第一的纸尿裤品牌。

为了巩固市场龙头地位，金佰利公司于1989年进一步推出了好奇儿童成长裤。这种将纸尿裤和内衣结合在一起的儿童成长裤，可以将传统纸尿裤的使用时间缩短两个月，其他的纸尿裤生产商因此陷入犹豫、举足不前。金佰利在 1980 年代中期就开始了这一秘密项目。1989 年 5 月，好奇儿童成长裤上市，此后三年都没有遇到宝洁公司的挑战，每年销售额 2 亿美元，获取了纸尿裤市场 9% 的份额。负责这一项目的经理桑德斯（Wayne R. Sanders），1992 年接任金佰利公司董事会主席兼 CEO 职务。

董事会主席兼CEO，经理人领导公司大转型

1968 年，约翰 · R. 金佰利到了公司规定的 65 岁退休年龄，米纳德（Guy M. Minard）接任，出任董事会主席兼首席执行官。米纳德 1907 年出生，1928 年加入公司，1951 年升为副总裁，1960 年代接替凯利特成为总裁。

1968 年接任时米纳德已经 61 岁，但他坚持出任首席执行官后要履行总裁的职务，而不是指派一名年轻的经理接手运营管理职责。但是，过于繁重的工作使他不得不在 1969 年末委任 44 岁的史密斯（Darwin Smith）为公司总裁。1971 年底，史密斯接任了董事会主席兼 CEO 职务。史密斯 1926 年出生，哈佛法学院毕业后在一家为金佰利公司打理法律事务的律师事务所工作，1958 年加入了金佰利公司法务部。

史密斯领导金佰利公司 20 年，实现了金佰利从纸业公司向消费品公司的大转型。1970 年代前半期，金佰利公司进行

了有史以来最大的资本优化：卖掉一直作为主营但业绩不佳的造纸资产。史密斯时期，金佰利出售造纸工厂，向纸质消费品公司转型，得到广泛赞赏。但事实上，是其前任米纳德 1971 年退休前在公司战略报告中提出了这一想法。也可以说，从 1920 年代开始，金佰利公司就开始了从造纸商向消费品公司的转型。

1970 年 11 月，米纳德指派公司成立了一个由执行副总裁谢林担纲、9 位经理组成的特别小组，研究公司的铜版纸业务问题。1971 年 8 月，研究小组向董事会提交了报告，建议卖掉公司的几个造纸工厂以及林地和林产品加工企业。董事会接受了这一建议。不过，1971 年 10 月，米纳德就退休了，这一庞大的资产剥离任务落到了他的继任者史密斯身上。到了 1976 年，金佰利出售了起家时期的关键工厂金佰利工厂，从杂志纸市场上完全退出了。

1985 年，金佰利公司又实施了组织结构上的重大改变，设立了董事会主席办公室和几个新的业务部门，把公司总部搬迁到了得克萨斯州达拉斯市郊的欧文镇，并在其位于佐治亚州罗斯维尔市的运营总部设立了公司科学与技术中心。

1992 年史密斯退休，韦恩 · 桑德斯（Wayne R. Sanders）接任公司董事会主席兼 CEO。桑德斯 1948 年出生，伊利诺伊理工学院理学学士，马凯特大学 MBA，在福特汽车工作两年后，1975 年加入了金佰利。桑德斯接任以后，进一步领导金佰利进行了战略转型。这期间，金佰利公司的一个大动作是 1995

年以 94 亿美元的价格收购了同样历史悠久的斯科特纸业（Scott Paper）。

2002 年，托马斯 · 福尔克（Thomas J. Falk）接替桑德斯出任金佰利公司 CEO，并于第二年成为董事会主席。与桑德斯一样，福尔克也是在金佰利内部成长起来的。福尔克 1958 年出生，1980 年毕业于威斯康星大学会计专业。在一家会计师事务所工作两年后，25 岁时加入了金佰利公司内审部。福尔克领导金佰利公司到 2019 年，着重推进了金佰利的国际化。

治理特色：CEO内部成长

金佰利公司的自觉转型，远远早于杠杆收购和公司掠夺者的时代。1970 年代重组的动力来自公司高级管理层，而不是来自收购者的威胁或愤怒股东的压力。是 1960 年代晚期和 1970 年代的盈利危机，警示公司管理层剥离业绩不佳的铜版纸业务。金佰利之所以能够做到这一点，与其领导人的内部成长模式高度相关。

2019 年接替福尔克出任金佰利首席执行官，并同样于第二年接任董事会主席的迈克尔 · 许（Michael D. Hsu），是金佰利 150 年历史上第一位不是完全在金佰利公司内部成长起来的首席执行官，但也不能算是外聘首席执行官。他只是不像几位前任那样很年轻时就加入了金佰利，从金佰利开始了正式职业生涯。迈克尔 · 许 1964 年出生，2012 年加入金佰利，担任北美消费品业务总裁。在加入金佰利之前，曾任卡夫食品公司执行副总裁、亨氏公司食品服务部门总裁以及博思艾伦咨询公司的消费者业务合伙人等。

不算这位刚上任的现任首席执行官（第9任），从1872～2019年的147年时间里，金佰利一共只有8位首席执行官，平均任期为18.4年。即使除去创始人约翰·A.金佰利亲自管理（1872～1906年）和监督领导（1907～1928年）的总计56年时间之外，从1928～2019年这86年时间里，7位继任CEO的平均任职时间也高达13年，比通用电气公司从1892～2018年的126年里11任CEO的11.5年任期长度还长1.5年。CEO稳定长期任职，保证了金佰利公司历任领导人拥有长期眼界，能够抵御短期压力，从战略导向上把控公司决策。

与此同时，金佰利公司坚持内部培养模式，历任CEO都是从公司内部成长起来的。继任CEO是前任CEO管理时期的重要项目负责人，也是前任CEO管理时期公司重大战略决策的参与者，这使公司能够坚持战略决策和方向上的连续性，继任者会选择推进而不是推翻前任的一些重大战略决策。

1960年代和1970年代公司战略中有一个流行的谬误：稳定技术行业的主导公司将精力集中于兼并和收购，忽略了对核心业务能力的投资，或错误分配了投资经费。这些公司中，制订利润规划和资金预算的内部体系，倾向于抵制对长期生存所需的核心能力进行投资。在提出这样投资的中层管理人员看来，高级管理层和他们所代表的资本市场，常常过分专注于短期财务结果。金佰利公司的内部培养模式，使其能够摆脱这种流行谬误。中层管理人员能够通过挖掘和利用公司的现有资源与能力，创造出新的产品和业务领域，进而走上公司的最高领导岗位。也是这种机制，使金佰利公司能够造纸业务中一项附带性的创新（纤维棉）中开发出一系列新产品领域（从高洁丝、舒洁到好奇），并最终通过这种自主开发而不是并购，实现了向业务领域的顺利转型。

在这一点上，金佰利和 IBM 很相似。除郭士纳外，IBM 也一直遵循内部成长 CEO 模式。这种 CEO 内部成长模式，加上对研发的一贯注重，使金佰利也和 IBM 一样，在其原有业务基础上生长出更高端的业务。强有力的研发机构是金佰利公司最重要的竞争优势来源，它雇用的科学家和工程师比其他纸业公司都要多。1946 年，金佰利公司把技术部改组为相互独立的研发中心和工程部。IBM 卖掉了其传统的电脑业务，走上价值更高的 IT 服务业务。金佰利卖掉了其传统的印刷纸业务，走上了价值更高的纸质消费品和医疗护理用品业务。

治理特色：领导董事和执行委员会

金佰利公司董事会下设四个委员会：执行委员会，审计委员会，管理开发和薪酬委员会，提名和公司治理委员会。除董事会主席（兼 CEO）为内部董事外，其他董事均为外部董事，并且都是退休或在职的其他企业董事会主席或高管。由于董事会主席兼任首席执行官，为保证公司董事会的独立性，金佰利公司董事会设立了领导董事职位。

领导董事负责公司股东和其他各种利益相关者与董事会之间的沟通。领导董事决定，由公司的股东服务部门接收寄给董事会的信件，并先由公司秘书办公室做出评估。在领导董事的指示之下，公司秘书具体负责以下事项：就影响公司的不恰当的会计、内部控制和审计事项，向公司总顾问（General Counsel）如实报告，以按审计委员会确立的流程进行处理；就影响公司的其他不恰当行为，向公司领导董事和总顾问如实报告；就有关公司产品和人力资源的问题向公司内相应主管部门提出，并取得回复；就公司一般性的治理问题以及类似的沟通问题，向领导董事做出报告；就来自股东和其他利益相关方的重要沟通信息，在董事会的定期会议上，向董事会提出建议和意见。

金佰利公司董事会执行委员会的成员构成情况是董事会主席兼 CEO、领导董事和另外三个董事会委员会的主席。金佰利公司管理细则第 29 条规定，执行委员会由至少三人构成，CEO 因其职责所在而自然入选。董事会负责从董事中挑选执行委员会的其余成员并任命委员会主席。在董事会休会期间，执行委员会拥有董事会指导公司业务和事务的全部权力，包括但并不限于宣布分红、批准股票发行，除非公司管理细则将此等权力授予了公司的其他常务委员会，或者是法律、公司章程或管理细则对该委员会的此等权力做出了限制。

8. 3M 的职业管理与创新机制

3M 公司提供了企业自主和自然地从股东（投资者）—经理人逐步发展到职业经理人的经典案例。

从股东经理人到职业经理人

1902 年 6 月 13 日，五位合伙人创立了 3M 公司，首任总裁由五位投资者中的布赖恩担任。由于对于采矿前景估计错误，公司陷入困境。1904 年底到 1905 年，建议公司脱离采矿、转向砂纸和砂轮制造的奥博和他的富商朋友奥德威进入，同时有几位创始人兑换掉了他们的股份，奥博和奥德威合计持有 60% 的股份，奥博出任 3M 公司第二任总裁。

最初奥德威是以为不需要介入日常运营才投资的，但是，1906 年，他也开始介入公司日常管理，出任公司总裁，亲自批准每一笔付款。奥德威虽有心退出，但是找不到合适的人能够购买他所占的绝大部分股份。1909 年，还是由对公司前景更有信心的奥博重新出任总裁，并且一直任职到 1929 年。

奥博和奥德威除了在财务上挽救了 3M 公司之外，还设定了公司的新发展方向和基础制度架构，引入了3M公司的实际缔造者威廉·麦克奈特（William L. Mcknight, 1887.11.11～1978.3.4）。1929年，由公司内部成长起来的麦克奈特接替奥博，成为3M公司第一位由职业经理人担任的总裁。

麦克奈特出身于南达科他州的一个农民家庭，在3M公司所在地的德卢斯商学院就读。由于家境贫寒，1907年5月，未满20岁的麦克奈特在还差半年毕业的时候，就受聘于3M公司担任助理簿记员。1909年麦克奈特成为3M公司的第一位成本会计，两年后出任芝加哥销售办公室主任。1914年，奥博提升麦克奈特为主管公司生产和销售的总经理。1916年，29岁的麦克奈特出任公司副总裁，创建了公司第一个质量实验室，由此开启了3M注重产品质量、创新和研发的成长历程。

麦克奈特担任总裁20年之后，到1949年转任董事会主席。麦克奈特担任董事会主席到1966年，期间有卡尔顿（1949～1953年在任）、赫伯特·比托（1953～1963年在任）和伯特·克罗斯（1963～1966年在任）等三任总裁。此后麦克奈特担任董事会名誉主席，1972年卸任。

从1966年开始，3M公司领导层进入了5年左右一届的有序更替时代。这些人在出任最高职位之前，多数都是前任总裁，职业升迁路径基本是总裁、运营总裁或美国业务总裁——总裁兼首席执行官——董事会主席兼总裁及首席执行官。

麦克奈特在3M公司服务59年，把3M公司发展得声誉卓著，他自己却默默无闻。麦克奈特不是3M公司的创始人，但他是 3M 公司创新机制的缔造者，以他终生的 3M 职业生涯塑造出了一家将创新变成系统和可重复过程的公司，成为 2003 年《财富》杂志选出的美国有史以来十位最伟大的 CEO 之一。

卡尔顿：研究就有回报

奥博启用会计和销售出身的麦克奈特，奠定了 3M 的管理架构；麦克奈特启用理查德・卡尔顿（Richard P. Carlton）则奠定了 3M 公司的研发架构。1921 年，麦克奈特雇用卡尔顿到公司质量实验室工作。卡尔顿是 3M 公司第一个拥有大学学历的技术人员，很快就把质量实验室那种反复试验的简单做法转变成了科学测试方法。1925 年，卡尔顿编写了《技术信息手册》，系统阐述了 3M 的技术和研发策略。卡尔顿认为，每一种新思想都应该有证明自己价值的机会，研究就有回报。

在麦克奈特的支持之下，卡尔顿的这些想法最终在 1937 年成为公司的战略宗旨：研发是公司得以发展的唯一因素。此时，3M 已不再满足于只做具体实用产品的研发，开始实施大规模的研究计划，在向各部门的实验室增加拨款的同时，还建立了进行长期研发的中央实验室。随后，又相继成立了旨在调查新思想的新产品部和旨在提高生产技术的产品制造实验室。1949 年麦克奈特转任公司董事会主席之后，卡尔顿成为 3M 公司总裁，任职到 1953 年。

卡尔顿说：“我们犯过许多错误，但也有过非常幸运的时候。你也许会说，我们的一些产品只不过是偶然发现的；但是如果你原地不动，就永远发现不了。”从防水砂纸（1921 年）、遮蔽胶带（1925 年）到不干胶贴（1980 年），3M 诸多大获成功的产品都是“在行动中偶然发现”而诞生的。一次、两次是运气和偶然，反复出现则不仅仅是运气，而是一种能力，一种公司组织的内在机制，一种存在于偶然背后的必然。

为了纪念卡尔顿在研发和技术创新上的贡献，1963 年 3M 公司成立了卡尔顿学会。加入这个学会，是 3M 员工的至上荣誉，标志着他们在 3M 公司作出了杰出和创见性科技贡献。

谁有想法就听谁的：3M的创新机制

100 多年的公司历史中，3M 员工为何能有层出不穷的创新性想法？在偶然表象背后的是从奥博到麦克奈特和卡尔顿为 3M 公司确立的文化、体制和机制：对员工授权、尊重、宽容，鼓励并支持员工的创新性想法。

在那个“只要员工有手脚，不要员工有头脑”的泰勒主义盛行时代，3M 公司却把员工当作家人一样对待。1916 年奥博在公司重要职员中实施了利润分享计划，1939 年麦克奈特将这一计划扩大到了公司全体员工。麦克奈特还于 1932 年建立了公司员工失业保险制度。

麦克奈特提出“谁有想法就听谁的”，可以说是遥遥领先于时代的知识经济企业家和知识型员工的领导者。1948 年，在麦克奈特从总裁职位退任的前一年，起源于经验和适应性调整而形成的委托责任、授权员工及鼓励个人创新理念写入了 3M 公司章程，公司组织结构也进行了调整，按业务划分为各自独立经营的事业部。同一年，3M 正式决定，允许员工将 15% 的时间花在自己的项目上。3M 的这一“15% 政策”已经成为今天众多创新型公司的样板，最有代表性的就是谷歌公司——谷歌允许其工程师把 20% 的工作时间用来做自己感兴趣的项目。

除“15% 政策”之外，3M 还有一系列鼓励创新的机制：“30%”政策——每个业务部门 30% 的业务收入应该来自过去 4 年中的创新产品和服务；创新奖励基金——分配给开发原型及做市场试销的研究人员，一笔最多给付 5 万美元；自营事业机会——3M 员工成功推出一种新产品后，根据产品销售规模，可以组建独立部门自主运营；双轨并行职业路径——专业技术人才可以不必转到管理岗位而得到升迁等。

9. IBM 的传承与职业管理

尽管有人把 IBM 称作“沃森王朝”，但是 IBM 从来就不是沃森家族的企业。沃森父子缔造 IBM 帝国的身份是职业经理人。

沃森父子：职业经理人缔造IBM

IBM 由 C–T–R 改名而来，1911 年由弗林特通过收购而创建。组成 C–T–R 的三家企业原领导人相互不合作，公司很快陷入困境。但是弗林特年事已高，并且有自知之明，他积极主动地寻找职业经理人帮他管理企业。

1914 年 5 月，C–T–R 公司董事会聘请老沃森出任总经理，待遇是年薪 2.5 万美元，价值 3.6 万美元的 1200 股 C–T–R 公司股票（占公司股份比例不足 1%），和公司完税及分红后利润的 5%。

小托马斯·约翰·沃森是老沃森的长子，在老沃森进入 C–T–R 公司的同一年（1914 年）出生。青少年时期是个纨绔子弟，学习成绩很差，1937 年勉强从布朗大学毕业后进入 IBM 公司工作。但是经过二战时在美国空军服役的历练，彻底变了一个人。小沃森于 1946 年初重返 IBM，从执行副总裁柯克的助手做起，1951 年担任执行副总裁，1956 年 5 月担任总裁，开始全面执掌 IBM，直到 1971 年因心脏病住院时接受医生建议，辞去 IBM 的总裁和董事会主席职务。

表面上看来，小沃森似乎是很平常的子承父业。但是 IBM 不是家族企业，老沃森不断买入 IBM 公司股票，但其持股比例一直没有超过 5%。

小沃森在 IBM 的工作是从推销员做起的。面对着紧抓权力不放、顽固甚至偏执的老沃森，小沃森在 IBM 的每一次升迁和权力获取都要靠斗争才能得来。沃森父子之间争执最严重的事项有三个。最大的争执是二战后 IBM 业务主攻方向的战略选择问题，老沃森要坚持传统的打卡机（他认为全世界对计算机的需求量不会超过 5 台），小沃森决意要进军电子计算机领域（当时刚刚起步的电子计算机领域由推出了世界第一台电子计算机“埃尼亚克”的雷明顿—兰德公司领先）。与这一战略选择相关的一个争执就是 IBM 要不要增加负债来为计算机开发融资。老沃森一向执行财务保守战略，只用利润进行再投资，但是这远远不能满足电子计算机业务开发的需要。小沃森要积极为计算机业务发展融资。第二个主要争执是关于美国政府起诉 IBM 的打卡机业务垄断市场，要求 IBM 向其他企业授权生产可以与 IBM 打卡机兼容的卡片，老沃森不愿意和解，小沃森愿意和解。第三个主要争执是老沃森将 IBM 的海外业务全部整合到 IBM 世界贸易公司独立运作，交由小儿子迪克·沃森管理直接向老沃森汇报，小沃森认为这影响了 IBM 公司的整体协调运作。

后来的结果证明，小沃森是对的。小沃森坚持推动的电子计算机业务，最终使 IBM 站在了电子计算机行业的制高点。也正是因为对电子计算机业务前景的更为看好，使小沃森不像老沃森那样把打卡机业务看作是 IBM 的命根子，从而乐于与政府和解，尽快结束反垄断诉讼，使公司能够全力向电子计算机领域进发。迪克 · 沃森后来被小沃森调回 IBM 负责计算机制造部门，想要培养他接班。但是因为工作不力，迪克 · 沃森退出了对 IBM 最高职位的竞争，1970 年从 IBM 离职，出任美国驻法大使。

1956 年底，小沃森召开高层经理会议，制定了著名的威廉斯堡计划，为 IBM 建立起了正式的组织结构，实施适当的分权管理。老沃森跟老福特一样，坚决反对公司存在任何书面和正式的组织结构图，喜欢把一切大权都掌握自己手中，亲身走到车间和工人身边发现问题，随时发出命令。小沃森不像老沃森那样大权独揽，把副手当作秘书使用，而是与其副手们分享权力，并且同时拿出其所得公司利润分红的 2/3 与副手们分享。IBM 从此不再是由一个“总裁”来管理，而是由一个 13 人组成的高层经理团队来管理。

在接下来的 15 年中，小沃森领导下 IBM 成为了“蓝色巨人”，为股东们创造了前所未有的财富。1999 年《财富》杂志把小沃森评选为 20 世纪最伟大的商业领袖之一。

沃森之后IBM的内部经理人成长

本来在迪克·沃森离开 IBM 之后，弗兰克·克里（Frank. Cary）是小沃森培养的 IBM 接班人，但是意外的心脏病发作使小沃森要在 1971 年年仅 57 岁时提前辞去总裁职务，打乱了他的接班人培养计划。时年 58 岁的公司首席副总裁、成功领导 IBM 公司大型机 360 系统项目的里尔森（V. Learson），在距离 60 岁退休还有 18 个月时，接任了小沃森的总裁和董事会主席职务。小沃森仍然担任 IBM 董事会执行委员会主席到 1979 年。

里尔森哈佛大学毕业，1935 年加入 IBM 公司，从推销员干到总裁。里尔森制定出 IBM 公司的领导退休制度，并且在 1973 年，他 18 个月任期届满后主动辞职，把 IBM 公司总裁和董事会主席职位交给了弗兰克·克里。弗兰克·克里是斯坦福大学企业管理硕士出身，担任 IBM 总裁和董事会主席到 1981 年。接替弗兰克·克里的是约翰·欧佩尔（John Opel），欧佩尔与比尔·盖茨相识，把为 IBM 开发个人电脑操作系统（DOS）的任务交给了刚起步没几年的微软公司。欧佩尔任期内，IBM 推出了 IBM PC（1981 年 8 月 12 日），并且对外开放技术标准，放弃了 IBM 长期坚持的独自制造所有硬件软件的策略，催生了一个 IBM PC 兼容机产业。

1986 年艾克斯（J. Akers）接替欧佩尔担任 IBM 总裁和董事会主席。艾克斯任内，IBM 受到了其开放技术标准所催生的兼容机企业的围剿，面临危机。1987 年 IBM 重走“封闭技术标准”路线，推出 IBM PS/2 电脑应对兼容机，结果遭遇惨败。1993 年艾克斯提出辞职，危机中的 IBM 首次从公司外部也是 IT 行业外部请来了郭士纳。

郭士纳之后，IBM重回内部炼成经理人之路

郭士纳（Louis V. Gerstner），1942 年出生于纽约，1963

年获达特茅斯学院工程技术学士学位，1965 年获哈佛商学院 MBA 学位。1993 年 4 月 1 日，郭士纳就任 IBM 董事会主席兼首席执行官。就职 IBM 之前，郭士纳的从业领域是战略咨询（麦肯锡）、旅游服务与信用卡（美国运通）和食品烟草（RJR 纳贝斯克），全无 IT 行业经验。

经过与 200 家 IBM 重要客户的接触和对 IBM 问题的深入调查，郭士纳否决了此前艾克斯提出的把 IBM 分解为几家小公司的方案，并改变了 IBM 的业务模式，使其经营重点从硬件制造转向提供服务。1995 年 IBM 以 35 亿美元的价格收购了莲花（Lotus）软件公司，成功进入企业服务市场。两届任期之后，2002 年，功成名就的郭士纳又从 IBM 内部挑选了自己的接班人彭明盛（Samuel Palmisano）。

彭明盛，1951 年出生，1973 年从霍普金斯大学毕业后就进入了 IBM，从销售员做起。21 年的历练之后，1994 年彭明盛到 IBM 全球服务（IBM Global Services）部门的前身——IBM 的外包业务子公司 ISSC（集成系统解决方案公司）担任负责人。这个部门帮助大型客户管理整个 IT 系统，是郭士纳拯救 IBM 的一个关键。全球服务部门以客户利益为最高宗旨，经常使用 IBM 竞争对手的产品，这使 IBM 其他部门期望通过服务业务增长带动销售的愿望受挫，产生抵触情绪。为此，IBM 重新安排了经理层的薪水，让他们的收入更多地与公司整体业绩挂钩。

全球服务业务的成功使彭明盛登上 IBM 总裁、首席执行官和董事会主席的宝座，也使 IBM 的业务成长不再依赖自身的硬件制造。2004 年 IBM 把其全球个人电脑业务整体卖给了联想，这使联想当年一跃成为全球第三大电脑生产商，但却只使 IBM 2005 年的销售收入（911 亿美元）比 2004 年（965 亿美元）减少了 5.6%（54 亿美元）。

2012 年 1 月 1 日，罗睿兰（Ginni Rometty）接替彭明盛，成为 IBM 历史上第一位女性董事会主席兼 CEO。罗睿兰 1957 年出生，获美国西北大学计算机和电子工程学士学位，1981 年入职 IBM，成为一名系统工程师。罗睿兰主导了 IBM 在 2002 年对普华永道咨询部门的收购，推动 IBM 全球企业咨询服务部（IBM Global Business Services，缩写为 IBM GBS）成为全球最大的管理咨询机构。

2020 年 4 月 6 日，Arvind Krishna 接替罗睿兰出任 IBM 第 10 任首席执行官，并于 2020 年底接任董事会主席，罗睿兰正式退休。Arvind Krishna 1962 年出生于印度，1985 年从印度理工学院本科毕业后赴美，1990 年从美国伊利诺伊大学获得电子工程博士学位，随即加入 IBM。

罗睿兰、Arvind Krishna 和彭明盛一样，都是从 IBM 开始职业生涯，经过三十年历练之后，升任到最高职位——董事会主席兼首席执行官。彭明盛，1951 年出生，1973 年本科毕业加入 IBM，2002 出任首席执行官，29 年；罗睿兰，1957 年出生，1981 年本科毕业两年后加入 IBM，2012 年出任首席执行官，31 年；Arvind Krishna，1962 年出生，1990 年博士毕业后加入 IBM，2020 出任首席执行官，30 年。

纵观百年，完全是职业经理人缔造了 IBM 的辉煌历史。能够做到这一点，除了外部有效的投资者保护环境之外，以下三个内部因素也有重要作用。一是 IBM 起源于金融家弗林特主导下的多家企业合并，成立伊始股权就十分分散，没有人能够完全凭借股权主导公司，只有靠实际领导公司创造价值的能力才能站得住。二是沃森父子及后续经理人都一直恪守“尊重员工、为客户服务和创造股东价值”的公司治理原则。三是除老沃森和郭士纳之外，历任首席执行官都是从业务员做起，经过内部培养而成长起来的，这使 IBM 形成了一种自下而上自我成长的组织惯性。

10. 美国运通：董事会与职业管理

没有董事会的强人体制，就是皇帝体制，可能会有成吉思汗那样一时的个人伟业，但是成就不出一个伟大并可持续的组织。强势董事会和平庸职业经理人组合的企业，很难对抗资本市场的短期压力，也很难具有产品开发上的长远眼光，这是大多数股权分散上市公司的现状。美国运通的历史，则是一个董事会拥有终极决策权力，同时拥有企业家式经理人，二者有效组合在一起共同发挥作用的历史。

从派系均衡到家族统治

美国运通公司创建于 1850 年，为避免恶性竞争由三个快递公司合并而成，公司最大股东只占股本总额 15% 的比例。组成董事会的 7 位成员来自三个前身公司，相应形成了三派。为了保持三派之间的权力平衡，规定了一个董事会特别委员会制度，在董事会做出决策之前，要将重要问题交给一个特别委员会处理，这个委员会由各派的各一人组成（《美国运通》第 34 页）。

亨利 · 韦尔斯出任公司总裁，巴特菲尔德为副总裁，威廉 · 法戈为公司秘书。韦尔斯出任总裁，有其在快递业上资历最久的因素，但也有派系力量平衡方面的原因。三个公司在法律上合并为一个公司，并且成立了对整个公司进行控制的统一的董事会，但是在业务层面上并没有完全整合。控制东部地区业务的巴特菲尔德和控制西部地区业务的威廉 · 法戈成为公司的两大实力人物，而亨利 · 韦尔斯则是双方都能认可的平衡性角色。

1867 年，美国运通再一次面临 1850 年时的同样情况，出现了无法消灭掉的强有力竞争对手，双方选择合并。由于主张合并而不是强硬竞争，威廉 · 法戈得到了合并双方的认同，出任了合并后新美国运通公司的总裁。

在他的竞争对手们或病或亡而离开美国运通权力中心之后，威廉 · 法戈取得了对美国运通公司的绝对控制权，并结束了一个争吵不休的董事会对美国运通公司的控制。1869 年，威廉·法戈的弟弟詹姆斯·法戈成为公司董事、助理财务官和快递运营总管，另外一个弟弟查尔斯·法戈成为美国运通公司西部区负责人，并于 1875 年也进入了公司董事会。威廉·法戈创建了有 5 位成员的公司执行委员会，负责公司政策制定，他本人和弟弟詹姆斯·法戈都是成员。

在巩固住对美国运通公司的控制之后，威廉·法戈本人把兴趣转向了铁路投资，他的弟弟詹姆斯·法戈担负起了实际管理美国运通公司的责任。1881 年威廉·法戈去世，董事会推选詹姆斯·法戈出任了董事会主席。詹姆斯·法戈领导美国运通公司长达 33 年，奠定了作为一家金融机构的现代美国运通公司的核心产品和基础架构，并使美国运通公司从一家快递公司转型为旅行者服务公司。

去家族化：董事会支持下的“经理人—企业家”

威廉·法戈和詹姆斯·法戈两兄弟结束了美国运通公司股东派系之间的争斗，建立起公司的强力领导体制，同时也把公司带进了家族统治状态。但是，美国运通公司的董事会并没有“名存实亡”，在詹姆斯·法戈老迈之际，董事会决定改变状态，选择一个新类型的公司领导人。

1914 年 6 月，詹姆斯·法戈辞职，董事会任命泰勒（George Chadbourne Taylor）为公司新总裁。泰勒是从公司最底层一步一步走上来的典型快递人，董事会挑选泰勒，而不是已经在公司担任高级职务的詹姆斯·法戈的两个儿子——一个是副总裁兼首席财务官，一个是公司秘书和董事——是决心要让公司脱离家族统治状态。1915 年初詹姆斯·法戈去世后，泰勒立即着手清洗了公司里的法戈家族成员。

泰勒鼓励公司经理们发挥企业家精神，进行了贸易、外汇交易、银行和旅行服务等方面的业务开拓。这些业务开拓，使美国运通公司在 1918 年因美国国家政策变化而失去快递业务（被并入了新成立的美国铁路快递公司）的时候，有了新的业务空间和继续存在与发展下去的根基。1923 年 11 月，年仅 55 岁的泰勒突然去世，接任者斯莫尔也是一步一步升迁上来的老快递人。但是斯莫尔的角色却是收拾残局，清理泰勒时代业务扩张中那些遭遇失败的领域。

斯莫尔非常看中旅行业务而轻视银行业务。旅行服务本身是不赚钱的，赚钱的是旅行支票。斯莫尔名义上领导公司到 1944 年 1 月 70 岁退休，但是实际上 1933 年时，就有新的大股东入主了美国运通公司。大萧条前夕，美国大通国民银行收购了美国运通公司高达 97% 的股份，但是还没有完全整合到一起的时候，大通银行的控制者、董事会主席兼 CEO 威京（Albert Henry Wiggin）因市场操纵受到指控，被迫离开了大通银行，并以其所持大通银行股票交换了大通银行所持的美国运通股票。威京通过其为最大股东的阿美瑞克斯控股公司（Amerex Holding Company），成为美国运通公司的最大股东和控制者。

1933年，威京的亲信克拉克森（Robert Livingston Clarkson）成为美国运通公司的董事会主席兼首席执行官。斯莫尔虽然留任公司总裁，但是实际管理权力不大。威京和克拉克森提拔公司审计官拉尔夫·里德为执行副总裁，实际担负着首席运营官的角色。1944年里德正式出任总裁，开启了美国运通公司历史上的一个新时代。里德做出了美国运通20世纪中最重要的一项决定：创办美国运通信用卡。1958年10月10日，美国运通信用卡正式发行当天，发卡25万张，签约商家1.75万家(《美国运通》第179页）。

里德开辟公司业务的大获成功，使他自己那套集权管理体制不再适应公司的规模和业务发展需要。1960年4月，美国运通公司董事会聘任霍华德·克拉克出任总裁兼首席执行官，出任公司董事会主席的是拉尔夫·欧文。公司修改了章程细则，规定董事会主席不再是公司官员，没有执行权。霍华德·克拉克是美国运通公司历史上第一个被正式冠以首席执行官头衔的人，也是带领美国运通公司进入“现代世界”的人。克拉克时代美国运通公司发生了从外到内的体制上的重大转变。

向现代公司体制的转变

美国运通公司自1850年正式创立起，一直是非有限责任的合股公司，就是股东要对公司债务承担无限责任。这种体制给美国运通带来的一个好处是，不用受有限责任的股份公司那样严格的监管。但是，1963 年 11 月，由于一个子公司——美国运通现场仓储有限公司的问题，美国运通公司遭遇了其成立 113 年以来最大的一场危机。美国运通现场仓储公司以客户企业仓库库存为抵押品为其提供信用担保，客户企业凭此担保到银行去贷款。美国运通现场仓储公司最重要的一个客户联合植物油精练公司，通过在其库存的大豆油油罐里注水的方式欺骗美国运通现场仓储公司为其做出了巨量的担保。东窗事发后，美国运通现场仓储公司要为其所做担保承担的赔付金额高达 1.5 亿美元。

法律上直接承担责任的是作为子公司的有限责任制的美国运通现场仓储公司，美国运通公司可以选择让该子公司单独破产。但是这么做，美国运通公司就会得罪那些因其子公司的担保而给予贷款的银行，而美国运通的主要产品旅行支票，需要这些银行的合作。在这种两难的情况下，克拉克说服美国运通公司董事会同意，美国运通公司承担起“道德的责任”，偿付这笔债务。可是，美国运通公司自身又是一家无限责任的公司，如果美国运通公司的财务能力不足以偿付，债权人可以追索到美国运通公司的股东身上。仅仅是这种可能性，就导致美国运通公司股票在几周之内暴跌了近 50%。

到 1967 年大豆油事件最终完全解决时，美国运通已经在公司体制和内部管理体制两个方面都焕然一新了。公司体制方面，1965 年美国运通公司改组为有限责任制的股份公司。内部管理体制方面，因为克拉克专注于处理公司危机，各项业务事务完全由下属各部门经理人自主负责，形成了美国运通有史以来最为分权化的内部管理体制。更为重要的是，超越法律要求，承担起更高水准的道义责任，使美国运通公司在公众眼中的形象和信誉大幅提升，其旅行支票的销售持续增长，公司的盈利水平足以承担其最终实际偿付的款项。同时，这种责任承担，也使公司高管和员工感到骄傲和自豪，并以敢于担负责任的积极姿态，有效行使分权化体制赋予的更多权力。

现代公司制度两个核心标志是股东有限责任和董事会集中管理。美国运通的前 115 年都是一家无限责任的公司，但是从成立第一天起就是董事会拥有控制公司的最终权力。不过，前 18 年的美国运通公司董事会是个强势股东之间的利益平衡场所，1868 之后，美国运通公司开始成为董事会拥有终极决策权力，同时授权公司总裁全面负责的现代类型董事会管理体制。到 1965 年，美国运通公司才最终成为股东承担有限责任、董事会和首席执行官分别担负决策和执行层面最高责任，同时向整个经理层充分授权的现代公司体制。

构建起现代公司体制之后，美国运通业务上也开始一反保守传统，通过并购进行扩张。1968 年，美国运通收购了消费员基金保险公司之后，重组为一家控股公司，克拉克出任董事会主席兼首席执行官。1977 年克拉克退休，詹姆斯 · 罗宾逊三世（James D. Robinson III）继任。1981 年美国运通与桑迪 · 韦尔领导的当时美国第二大证券经纪公司希尔逊公司合并。罗宾逊三世出身银行世家，但似乎雅量不大。后来成为花旗集团CEO的桑迪·韦尔和IBM公司CEO的郭士纳都接班无望而离开了美国运通。1993年哈维·葛洛柏（Harvey Golub）接任了罗宾逊三世。

2001年肯尼斯·钱纳特（Kenneth Chenault）接任了葛洛柏，成为美国运通公司董事会主席兼CEO。肯尼斯·钱纳特，1951年出生，非裔美国人，1976年获哈佛大学法学博士，在一家律师事务所和一家管理咨询公司工作几年后，1981年加入美国运通，1997年升任首席运营官兼总裁。钱纳特担任美国运通董事会主席兼首席执行官期间遭遇了2008年的全球金融危机。2008年11月，美国运通向美国联邦储备委员会提出了商业银行业务申请并获得批准，成为继摩根士丹利和高盛集团之后，第三家在金融危机中转型成为金融控股集团的公司。

2018年2月1日，斯蒂芬·斯奎里（Stephen J. Squeri）接替钱纳特，出任美国运通公司董事会主席兼首席执行官。斯蒂芬·斯奎里，1959年出生，1985年加入美国运通公司，此前在安达信（Arthur Andersen）做了四年管理咨询。2020年6月13日，美国运通成为第一家获得中国人民银行颁发《银行卡清算业务许可证》的外国公司。

第3章 投资人主导下的职业经理人

1. 从大亨到公司控制权市场
2. 谷歌：投资人压力下的管理正规化
3. 亚马逊和脸书：创始人领导与职业管理
4. 思科：投资人入主、创始人出局与职业管理
5. 推特：创始人冲突、出局与职业经理人登场
6. 从惠普、英特尔和苹果到麦当劳：管理传承
7. 把盖茨解放出来：微软的职业管理
8. 戴尔公司的艰难转型：私有化与重新上市
9. 舒尔茨：最好的掌控是以业绩取悦股东
10. 沃尔玛的双重合伙与职业经理人管理

投资人主导下的职业经理人，或说是资本市场控制下的现代职业经理人，与古典大亨时代的职业经理人不同。古典大亨时代的职业经理人本质上还属于“助手”，其与大亨之间的关系类似于中国历史上的东家与掌柜的，东家已经决定了干什么，掌柜的具体去干。用现代术语说，就是大亨建立了企业并确定了公司的战略和大政方针，职业经理人负责具体的落实和执行。现代公司职业经理人的“东家”则是董事会和股东会，职业经理人的权限可以很大，可以对公司的战略和大政方针有实质性影响。

现代职业经理人与管理主义时代的职业经理人也不同，管理主义时代公司控制权市场不发达，股东处于被动地位，经理人是公司的王者。现代公司的“东家”——投资人，在外部以资本市场的力量控制着公司，在内部则成为了推动公司终结创始人－经理人、引入职业管理的主要力量。

1. 从大亨到公司控制权市场

20世纪初，现代大型公司出现，之后很快成为最重要的社会经济组织，大亨和经理人依次成为这些大型公司的主导者。但是从1980年代开始，一场并购浪潮终结了管理主义，“由市场来管理”的公司模式诞生。

所有者兼经理人的大亨时代

就主流企业的治理模式来说，大亨时代大致起始于1860年前后，到1920年代结束。统治企业的大亨有两类，一类是范德比尔特、洛克菲勒和卡内基等实业大亨，另一类是摩根为典型的金融大亨。

大亨时代的企业英雄多为所有者兼经理人，或者所有者密切介入公司管理、经理人实为老板助手角色。这个时代里缔造出现代巨型公司的企业并购以追求生产效率的横向一体化或纵向一体化为主。横向一体化的典型代表是美国钢铁公司，纵向一体化的典型代表则是福特汽车公司。

从作为现代公司缔造者和统治者的角度看，实业大亨略早于金融大亨。先是原子式市场竞争中的优胜者成为实业大亨，这些实业大亨们通过托拉斯等方式寻求控制市场。然后控股公司和股票融资法案的出台，给摩根这样的金融大亨们提供了通过收购企业组建巨型公司的机会。

铁路大亨范德比尔特、石油大亨洛克菲勒、钢铁大亨卡内基，美国这些实业大亨们所建立起来的巨型企业，没有像欧洲国家一些企业家族那样以家族所有或家族控制的方式延续至今，其背后，一个最重要的原因是摩根这样的金融大亨崛起和美国资本市场特别是实业公司股票市场的高度发达。

金融大亨助力职业经理人走上公司舞台

经理人作为实业大亨们的跟班，在金融资本的帮助之下，走上了现代巨型公司的舞台之后，公司治理模式也按职业经理人主导的逻辑向前演进，进入了所谓管理主义时代。推动这种演变的力量主要来自以下几个方面。

首先，金融大亨个性上与实业大亨不同，给予了职业经理人们更多的权利和自主空间。实业大亨们领导企业由小变大，事无巨细亲自过问，把好过程关注细节，是他们在竞争中胜出的法宝。在企业规模变大、不得不更多地向经理人授权的时候，他们很少有人不是反反复复、疑神疑鬼的。金融大亨与此不同，他们是借助市场机会，通过发行股票和债券等，用别人的钱获得了公司的控制权，他们真正关心的只是结果，他们对过程的关注只限于那些会影响到结果的关键节点，对太具体的过程和细节不感兴趣。实业大亨在工厂里可以很陶醉，金融大亨进到工厂里可能只是走走过场。

其次，金融大亨和实业大亨对公司的看法不同。实业大亨眼里公司是自己的孩子，自己公司的产品是最好的，自己公司的股票是世界上最好的投资对象。福特不能容忍公司经理人开非福特汽车，ZARA 创始人阿曼西奥不能容忍公司经理人出售本公司股票转投其他资产。金融大亨眼里公司是猪，养肥了有高价钱后就可以卖，资金要流动，要追逐市场上不断出现的更好的投资对象。这样，金融大亨们替代实业大亨们成为公司控制者之后，股权分散的进程开始呈现出加速度的状态。

最后，金融大亨扬长而去，留下了股权分散的现代公司给职业经理人们打理。

经理人为王的管理主义时代

股权越分散，职业经理人们的自主空间越大，他们在公司治理体系中的地位越高：他们从为一位或少数几位大亨服务，变成了为全体股东服务。

经理人为全体股东的共同利益服务，本是公司法律上的一个基本规定，也是良好公司治理的第一原则，但是在大亨时代和控制性大股东存在的情况下，总是难免沦为实际是为大股东服务的状况。可以说，这就是包括中国在内的当今世界绝大多数国家中公司治理的实际状况。

美国的主流公司从1920年代开始进入了股权高度分散、经理人为王的管理主义时代。在没有了大亨和控制性股东这样一种具体的服务对象之后，要“为全体股东服务”的公司经理人们自己变成了“官员”，开始把公司作为工具为自己服务。这一时代公司的典型表现就是以增长为第一目的，分红水平开始下降，更多的企业留利和再投资，其巅峰表现是1960年代的混合多元化。从股东的角度看，有限关联多元化是合理的，混合多元化则只是有利于经理人公司控制权力的提升和职业风险的降低。

经理人为王时代，公司成为了一种社会组织，呈现出一种强大的背离股东利益的自我存在、自我发展倾向。也正是这个时候，出现了公司组织发展方向的一场大争论：公司应该是股东主权还是利益相关者主权，应该以股东价值为导向，还是以社会责任为导向？就全球范围来说，这场争论还没有完结，但是美国已经由具有自我矫正和自我进化功能的资本市场做出了选择。

公司控制权市场：管理主义时代的终结

颠覆了管理主义模式的公司控制权市场这一概念是由法和

经济学运动带头人亨利·梅恩于1965年提出来的。当时正是管理主义模式的顶峰时期，严格遵循理性人假设的经济学家不能理解为什么会存在可以忽视投资者利益的公司。

1976年迈克尔·詹森和威廉·麦克林进一步提出了“公司是一组契约关系”的概念。他们问道：数百万人都把财富的很大一部分投资到那些管理层根本就不关心其利益的公司，这怎么可能？投资者不是傻子，只要还有其他选择，聪明的投资者绝不会把他们的资本交给忽视他们利益的公司。那些忽视投资者利益的公司，要么被收购而出局，要么因要支付更高的融资成本而在市场竞争中出局。

在有效的股票市场上，管理不善、无视投资者利益的公司，股价会下跌，公司会成为并购对象，管理层会被驱赶出局。但是，那些能够识别这种机会并发出收购要约的都是行业内的竞争对手，而传统上过于看重市场份额的反垄断法规阻止了这种能够提升价值的同行业并购。

从梅恩到詹森和麦克林的学术讨论，为1980年代的并购浪潮提供了理论支撑，崇信市场力量的里根政府则为这场并购浪潮从法规和政策上提供了催化剂。1980年代开始，里根政府为振兴经济所采取的一系列保守主义政策中，非常重要的一条就是促进并购，让“公司控制权市场”发挥作用。1982年公平贸易委员会反托拉斯部发布了新的并购指引，放松了对行业内部企业之间并购活动的管制。

这是一场再一次改变了美国公司管理和运作模式的并购浪

潮。其外在的主要表现是公司回归主业，终结了混合多元化经营模式。在这一从混合多元经营到聚焦主业的公司业务模式变化背后，则是公司治理模式和相关人力量对比关系的变化——机构投资者等各类积极股东走上舞台。现在，不满意的股东们已经不仅仅是消极地在事后“用脚投票”，让并购市场发挥作用，更是积极地在事前“用手投票”，通过参与公司治理发挥作用。公司变成了可以随时修正的一组契约关系，而不再是一个大而不能倒的社会组织，社会经济运行的中心也不再是公司这种组织，而是资本市场这种机制。

2. 谷歌：投资人压力下的管理正规化

谷歌公司创立不久，就在投资人的压力之下，引入职业经理人，实现管理正规化。

风险投资人推动的职业经理人引入

1998 年 9 月 7 日，首批融资后的谷歌公司正式成立，佩奇担任首席执行官和首席财务官，布林出任总裁和董事会主席。通过网景公司发了财的天使投资人施拉姆提供了 25 万美元的天使资本，成为谷歌最早的三位董事之一。

施拉姆对谷歌和泰尔对 Facebook 的态度很相似，作为天使投资人，给予公司创始人以极大的信任和支持，扮演一个只是提出咨询意见而没有硬性干预的良师益友角色。但是风险资本却不同了，他们往往具有更为强烈的"资本意志"。

谷歌的两位创始人选择要以少数股权"同时"接受凯鹏华盈和红杉资本两家风投，其用意就在于防范只有一家注资时，风投的势力过于强大。但是即使这样，谷歌还是遭遇了来自风险资本的"管理"压力。在决定注资之初的 1999 年上半年，两家风投就提出了对佩奇和布林两位创始人管理经验缺乏问题的担忧，要求公司逐步招聘包括首席执行官在内的高级管理人员，但是被两位创始人抵制掉了。

到了 2000 年，谷歌已经成为大多数专家眼里最好的搜索引擎，但是由于一心只要打造最好搜索引擎的佩奇和布林对于承接广告一直非常谨慎，谷歌的收入增长缓慢，亏损居高不下。风险资本家加紧了对谷歌聘请首席执行官和高级管理人员的催促。但是佩奇和布林对于风险资本家倡导的"职业管理"这一套从内心里不太信任，担心会破坏以工程师为王的谷歌文化。他们面试了 15 位以上的候选人，没有一个能让他们满意的。聘请首席执行官的事情一直没有进展。2000 年 12 月，一直热衷于为谷歌寻找首席执行官的凯鹏华盈合伙人杜尔（L. John Doerr）把他的朋友、时任 Novell 公司董事会主席兼首席执行官的埃里克·施密特（Eric Schmidt）介绍给了佩奇和布林。

施密特出生于 1955 年，拥有普林斯顿大学本科和加州伯克利大学的硕士及计算机科学博士学位，是屈指可数的能够使用工程师语言的职业经理人。1982 年毕业之后，施密特先在施乐工作一段时间，于 1983 在太阳微系统公司就职，后成为该公司的首席技术官。1997 年施密特离开太阳微系统公司，出任 Novell 公司的首席执行官。2001 年 3 月，施密特出任谷歌公司董事会主席，并于 8 月被聘为谷歌公司首席执行官。谷歌开给施密特的价码是 25 万美元工资以及年度业绩奖金。股票授予包括两个部分：以每股 0.5 美元的价格授予约 1433 万 B 级普通股，以每股 2.34 美元的价格授予约 43 万 C 级优先股。

“三驾马车”的磨合与有效运作

施密特的加入使谷歌形成一个比较独特的权力结构：施密特任董事会主席兼首席执行官，佩奇任产品总裁，布林任技术总裁。施密特、佩奇和布林三人将作为一个团队来工作，如果两位创始人出现分歧的话，施密特将扮演打破僵局的人。对于任何重大决定，他们三人必须达成一致。即使在美国这样一个不仅是技术创新层出不穷，公司管理结构上的创新也是层出不穷的国家里，人们对于施密特加入谷歌之后所形成的这样一种权力结构也是难以理解，出现了施密特是奴才、宠物总裁等一些说法。

即使是董事会主席兼首席执行官，但是施密特不能对公司的两位创始人发号施令，他不得不去劝说。这时的谷歌面临着一种复杂和紧张的力量平衡：急于推动公司赚钱的风投代表杜尔（凯鹏华盈）和莫里茨（红杉资本），专心打造谷歌成为最好搜索引擎的两位创始人，夹在中间的施密特，居中调停的施拉姆。

为了消除紧张局面，让两位创始人和施密特三人之间能够有效协同地领导谷歌，杜尔又请来了他最好的两位朋友之一的坎贝尔担任“教练”。当时 61 岁的坎贝尔还真是教练出身，曾任哥伦比亚大学橄榄球队的主教练，时任财捷集团董事会主席，还是苹果公司的两位联席领导董事之一（实际就相当于联席董事会主席，因为当时苹果公司是由两位联席领导董事行使董事会主席职权的，另一位是雅芳董事会主席钟彬娴）。

2001 年夏末，坎贝尔开始每周花两天时间到谷歌做顾问工作。他除了参加谷歌的董事会会议之外，还参加每周一进行的数小时的谷歌行政管理会议，并经常与谷歌高级管理人员进行一对一的会晤，以提出评估意见，调解管理纠纷，携手达成一致。

尽管是风投方推荐过来的，但是经验丰富的坎贝尔得到了谷歌董事会、创始人和施密特及其他高管们的信任，成为了“三驾马车”的润滑剂。坎贝尔有效地推动了施密特和两位创始人之间的协同工作，同时也帮助避免了公司在发展壮大时往往会产生的钩心斗角。布林说：“我们能够避免钩心斗角的原因之一就是坎贝尔。当问题出现时，他心甘情愿居中调解。”

坎贝尔大致的时间分配是苹果公司 10%、财捷和谷歌各

35%。谷歌公司的第 268 号员工、推动谷歌广告业务取得巨大成功的前谷歌广告主管、现脸书首席运营官谢丽·桑德伯格，当年也是由坎贝尔引进到谷歌的。

60 多岁的坎贝尔教练、40 多岁的职业经理人施密特和 30 来岁的两位创始人，形成了一个老中青三代结合的“领导集体”。有了施密特做董事会主席兼首席执行官，两位创始人可以更为专注地做他们自己感兴趣的事情。用布林的话说，“我们非常幸运，因为有我们两人再加上施密特，我们能够选择关注的事情，这是一种难得的奢侈”。尽管三人之间有重叠，但是产品总裁布林更为关注“终端用户的体验”，而技术总裁佩奇则更为关注“技术开发进行到了哪一步”。

在 2004 年上市时，对于这种独特的三驾马车式管理结构，谷歌是这样描述的：施密特担负首席执行官的法律职责，同时主要负责管理公司副总裁和销售机构；布林主要负责工程和业务交易；佩奇主要负责工程和产品管理。三人都要拿出相当的时间负责公司的总体管理和其他各种事项。为了及时决策，三人会每日碰头，沟通一下有关公司业务和各自对一些重要问题的想法。三人之间高度地相互信任，一些决策由他们中的一人做出，但会在随后很快知会另外两人。三人意见相左的事情，一定是重要的问题，这时他们会扩大人员范围来讨论这一问题，最终达成一致意见。

2008 年，当被问到谷歌最成功的里程碑是什么的时候，风险投资者杜尔回答说：“最成功的里程碑就是佩奇、布林和施密特认定他们要一起工作。他们学会了互相适应，这不是一朝一夕就发生的。坎贝尔在其中帮助很大，我也起了点作用。”坎贝尔于2009年因为谷歌和苹果在手机操作系统业务上出现利益冲突而离开谷歌（此前的苹果和谷歌之间董事兼职比例很高，包括施密特也是苹果的董事）。三驾马车运作的结果众所周知，施密特、佩奇和布林共同带领谷歌一步一步走向辉煌，成为了互联网企业霸主。

佩奇再度出任谷歌首席执行官

因为环境变迁和自身发展到了一个新的高度和阶段，谷歌需要调整自己的高层权力架构以应对变化。2010年底，施密特、佩奇和布林经过长时间讨论后达成了一个新的共识：过去10年里三人平等地参与决策这种三驾马车的管理方式在共享智慧上确实有好处，他们将继续在三人之间讨论重大决策。但是为了建立更为顺畅的决策流程和更为明确三人各自的责任，要在公司高层进行更为清晰的职责划分。

2011年1月21日，在发布第四季度业绩报告的同时，谷歌宣布将从2011年4月4日起由佩奇接替施密特出任谷歌的首席执行官，负责公司的日常管理。布林将不再担任产品总裁一职，将以联合创始人的头衔将时间和精力放在战略项目上，特别是新产品的开发。佩奇将从布林手中全面接收控制权，同时负责谷歌的产品开发和技术战略。

对于卸下首席执行官职务，只担任谷歌的董事会执行主席一职，施密特似乎如释重负，发布一条 Twitter 说：“再也不需要像大人操心孩子一样关心日常运营了！”在谷歌新的高层架构下，施密特给自己的职责定位是：“作为董事会执行主席，我将关注我能带来最大价值的地方。从外部来说，是负责并购交易、合作伙伴、客户和更广泛的企业合作、政府沟通和技术领导，鉴于谷歌的全球影响力，这些都将日益重要；从内部来说，我将担任拉里和谢尔盖的顾问。”

谷歌在高管职位配置上的变化以及各自职责范围的调整，突出了佩奇的地位。佩奇是谷歌的联合创始人，谷歌搜索引擎赖以胜出的一个关键特性就是对搜索结果的“佩奇排名”。佩奇作为谷歌首席执行官，无疑会比施密特作为首席执行官更多地发挥其“个人意志”。在佩奇领导下，谷歌在以搜索引擎为核心的互联网之外，进行了大量研发和投入，并取得了诸多创新性科技探索成果。

更名为Alphabet，皮查伊接任

2015 年 8 月，谷歌重组为含有七大业务板块的控股公司，并更名为 Alphabet（字母表）。原谷歌所有股份自动转换为同等数量与权益的 Alphabet 股份。两类股票继续以 GOOGL 和 GOOG 的代码在纳斯达克上市交易。佩奇和布林两人分别出任 Alphabet 的首席执行官和总裁，施密特继续担任 Alphabet 的董

事会执行主席。

重组为控股公司结构后，与互联网直接相关的核心业务部分，包括搜索、广告、地图、Youtube 和安卓，仍以谷歌为名，成为 Alphabet 旗下的全资子公司。与互联网产品距离较远的六大业务，包括 Calico（抗衰老生物技术）、Nest（物联网相关）、Fiber（光纤宽带服务）、Google Ventures 和 Google Capital（风投和投资部门）以及 Google X（无人驾驶汽车、无人机等研发部门）等从原谷歌剥离出来，成为 Alphabet 旗下的独立子公司。原谷歌的高级副总裁桑达尔·皮查伊（Sandar Pichai）出任作为 Alphabet 全资子公司的新谷歌的首席执行官。其他六个独立子公司也都拥有自己的首席执行官。

关于新架构的运作，佩奇说："我们的模式就是挑选强有力的 CEO 负责各个业务，我和布林则提供必要的帮助。我们会严格进行资本配置，确保每个业务部门都运转良好。我们会确保为各个部门挑选出色的负责人并决定他们的薪酬水平。"

2017 年，桑达尔·皮查伊加入 Alphabet 董事会。2019 年 12 月，佩奇和布林分别卸任 Alphabet 首席执行官和总裁职务，桑达尔·皮查伊在担任子公司谷歌首席执行官的同时，出任控股公司 Alphabet 的首席执行官。

2017 年，施密特卸任 Alphabet 董事会执行主席，但仍担任 Alphabet 董事，并任公司技术顾问。美国著名计算机科学家、2018 年图灵奖获奖者、MIPS 公司创始人和斯坦福大学前校长约翰·亨尼斯（John Hennessy）出任 Alphabet 董事会主席。

2019 年，施密特退出 Alphabet 董事会，但仍担任技术顾问。2020 年 2 月，施密特辞去 Alphabet 技术顾问职务，结束了其在谷歌（Alphabet）公司 19 年的职业生涯。以职业经理人身份加入谷歌、在谷歌供职 19 年的施密特，目前以 47 亿美元的身家位居美国富豪榜第 176 位。

3. 亚马逊和脸书：创始人领导与职业管理

杰夫·贝佐斯怀揣创业梦想而工作，从工作中积累经验、发现机会，经过理性分析有条不紊地走上亚马逊的创建之路，并一直领导着亚马逊的发展和壮大，是创始人兼具管理能力、转型管理的优秀典范。2021 年，亚马逊创立 27 年之后，贝佐斯卸下总裁和首席执行官职务，转任董事会执行主席，公司内部成长起来的安迪·贾西接任亚马逊公司首席执行官兼总裁。

马克·扎克伯格还很年轻，还在担任脸书公司的首席执行官，但在公司创立初期就引入了职业管理，聘请职业经理人担任公司总裁和首席运营官。

从起步到上市：把投资者当顾问

1994 年，杰夫·贝佐斯（Jeff Bezos）把他作为公司副总裁提出的创立网络书店的研究结果报告给公司老板戴维·肖，得到明确否定后，递交了辞职信，从纽约搬到西雅图，创立了亚马逊。选择西雅图的一个原因是，杰夫·贝佐斯两年前认识的一位家在西雅图的富商朋友哈诺尔，知道他要自创公司后，表示有兴趣投资，并建议他到西雅图创建他的新公司。

靠着自己的积蓄和家人的“风险投资”，杰夫·贝佐斯启动并维持了亚马逊的早期运作。但到1995年7月亚马逊网站正式上线时，杰夫·贝佐斯的个人积蓄和家人投入的总计十几万美元已经花光了，需要继续筹资支持公司发展。杰夫·贝佐斯找到曾表示有意投资的哈诺尔，哈诺尔带头，另外20人跟随，以500万美元的估值水平，共向亚马逊投资了98.1万美元。杰夫·贝佐斯聘请了其中的三位投资人为公司顾问。

受益于网景公司IPO激发起来的网络股投资热情，亚马逊的身价在1996年初突然涨起来了。一位偶然浏览到亚马逊网站的风险投资家打来电话，愿意以1000万美元的估值水平向亚马逊投资，这是仅仅几个月前公司估值水平的两倍。这给杰夫·贝佐斯和他先前的几位投资人、现在的公司顾问大大地提振了信心，他们开始计划通过出售一部分公司股权筹资5000万美元。

杰夫·贝佐斯非常希望得到美国顶级风险投资公司凯鹏华盈（KPCB）的投资，以提高公司声望，但是最初没有得到回应。这时，美国泛太平洋投资集团主动找上门来，双方初步谈出了6000万～7000万美元的估值水平。有了这个出价，杰夫·贝佐斯对于得到凯鹏华盈的投资更有底气了。最后凯鹏华盈提出以 800 万美元获得亚马逊 13% 的股份，等于给公司估值 6154 万美元。相比泛太平洋投资集团，凯鹏华盈对亚马逊的估值要低 1000 万美元，但是该公司有网景公司的成功案例，会给亚马逊公司带来更高声望（特别是在网络股热潮中的资本市场上）。凯鹏华盈还同意了杰夫·贝佐斯有关董事人选方面的一项条件：凯鹏华盈合伙人、创投教父约翰·多尔出任亚马逊公司董事。

有了凯鹏华盈的 800 万美元投资之后，杰夫·贝佐斯改变了公司战略，不再是尽快盈利，而是尽快做大。与其努力让公司尽早盈利，不如在人员、新技术和新市场机会上进行大量的先期投资。

1997 年 5 月 14 日，获得风险投资一年，网站上线不到两年，亚马逊在纳斯达克上市，筹资 5400 万美元，股价 18 美元，市值 4.29 亿美元。

网络时代的沃尔玛

山姆·沃尔顿从 1945 年开始创业，1969 年将 32 家合伙制商店重组为沃尔玛公司，1970 年沃尔玛上市，用了 25 年时间。杰夫·贝佐斯从 1994 年开始创业，1997 年亚马逊上市，用了不到三年时间。

1998 年 10 月和 1999 年 1 月，年销售收入 1180 亿美元、利润 40 亿美元的沃尔玛起诉年销售收入只有区区 6.1 亿美元、尚未盈利的亚马逊：亚马逊挖走了沃尔玛配送中心的 15 名员工，给沃尔玛造成了经济损失。华尔街分析师搞不明白这是怎么回事，零售业内巨人沃尔玛“先知先觉”到了亚马逊的威胁。事实上，早在 1996 年 12 月，亚马逊还未上市时，杰夫 · 贝佐斯和他的高管们开会讨论公司未来发展方向时的决定就是：一切领域！ 1998 年 6 月，亚马逊的第二项生意——网上 CD 店正式开张。亚马逊开始向“电子商务终点站”进发，并要一直“扩张到品牌、技术和客户基础三个因素所允许的任何领域”。

亚马逊通过图书折价销售，把最早的网购顾客都吸引了过来，再逐步向他们销售一切可以销售的东西，从图书（1995 年）、CD（1998 年）到 KINDLE（2007 年），从办公用品到服装鞋帽，再到亚马逊网络服务（2002 年，云计算的雏形）。最初，作为公司标识的 amazon 中的 a 设计得像一条河流，1999 年改为现在样式的 amazon 下画一条从 a 到 z 的弧线箭头，寓意是可以在亚马逊上购买从 a 到 z 所有字母开头的所有东西，即使亚马逊并不自营这种产品。

再伟大的商人也无法逐个地了解他们的顾客，但电子商务使之成为可能。亚马逊可以根据每位顾客的购买习惯和爱好，向其推荐相关产品。乔布斯是供给创造需求理论的信徒，不理会市场调研那一套，相信好产品会自己创造出它的市场。杰夫 · 贝佐斯则是全心关注于为顾客服务，不太关心竞争对手，他的理念是“如果能让竞争对手的注意力都集中在我们身上，而我们的注意力集中在客户身上，最终结果肯定错不了”。亚马逊允许顾客发表负面评论，使其更能得到顾客的信任。亚马逊不用送积分等办法刺激出一些无意义和并非真正有感而发的评论，避免淹没了真正有价值、可供他人做购买参考的顾客评论。

亚马逊最初能够取得成功，与其紧紧抓住了互联网机会这一技术因素以及美国资本市场对创新性企业的强有力支持有关。但是亚马逊能够持续发展，成为网络时代的沃尔玛，与美国成熟的法律环境使其一系列创新性的网络零售技术能够得到有效保护也密切相关。亚马逊的“一键下单”这样一个非常简单、很容易被模仿的招数可以成为受到法律保护的专利（美国专利和商标局于 1999 年 9 月授予）。对此专利，从 1999 年底开始，巴诺书店通过其“两键下单”与亚马逊争议多年，双方最终于 2002 年和解。苹果公司则是直接向亚马逊购买了该项专利，以用在其 iTunes 商店里。2010 年 3 月，美国专利局裁定“一键下单”成为永久专利，不再可争议。

贝佐斯退居二线，安迪·贾西接班

杰夫·贝佐斯不仅没有像乔布斯那样一度被投资者赶出了自己创建的公司，而且至今凭借实实在在的股权控制着自己的公司，是亚马逊公司的第一大股东（持股 19.1%），并直到 2021 年 7 月，一直集亚马逊公司三大职务于一身——董事会主席、首席执行官兼总裁。

除成功创建并一直领导着亚马逊之外，贝佐斯还是航空航天公司 Blue Origin 的创始人，《华盛顿邮报》的所有者。在慈善事业方面，贝佐斯设立了保护自然环境的贝佐斯地球基金（Bezos Earth Fund），帮助无家可归者、在低收入社区创建学前教育网络的贝佐斯第一天基金（The Bezos Day One Fund）。

2021 年 7 月 5 日，创立并领导亚马逊 27 年之后，贝佐斯正式卸任亚马逊首席执行官一职，转任董事会执行主席。安迪 · 贾西（Andy Jassy）出任亚马逊公司总裁兼首席执行官，并担任公司董事。安迪 · 贾西 1968 年出生，1990 年毕业于哈佛大学，1997 年获哈佛商学院 MBA 后加入亚马逊，是亚马逊第一位市场营销经理。2021 年出任首席执行官时，安迪 · 贾西已经在亚马逊效力了 24 年时间。杰夫 · 贝佐斯选择亚马逊接班人的模式，和山姆 · 沃尔顿选择沃尔玛接班人、欧仁 · 舒莱尔选择欧莱雅接班人的模式相同：年轻时就加入公司并跟随自己二三十年的人。

安迪 · 贾西在亚马逊云计算业务 AWS（亚马逊网络服务）成立之初就参与创立并领导了该部门，并于 2016 年 4 月至 2021 年 7 月担任亚马逊网络服务首席执行官。在贝佐斯 2002 年最初提出发展云计算业务时，很多高管反对，认为亚马逊主营业务刚刚走上正轨，开辟新战线会有财务风险，贾西积极支持，并承担起了创建 AWS 的任务。

对于亚马逊发展云计算业务，安迪 · 贾西的思考模式和当年贝佐斯决定创立亚马逊时的思考模式如出一辙："很多公司都会专注发展和自己核心业务相关的新业务，考虑是否具有相关性。但亚马逊不是，亚马逊会考虑新机遇的市场规模，市场目前是否满足需求，以及亚马逊能否带来创新。如果我们觉得满足这三个条件，我们就会义无反顾去做，哪怕和亚马逊日前的业务毫无关系。"

虽然卸下了亚马逊首席执行官职务，但贝佐斯还没有完全放手。作为亚马逊公司董事会执行主席的贝佐斯，和惠普创始人休利特当年卸任首席执行官后转任执行委员会主席的做法很类似，都是在将新任首席执行官扶上马后，要再送一程。1978 年休利特辞去惠普首席执行官，惠普内部成长起来的第一位职业经理人约翰·杨继任惠普公司首席执行官，休利特转任惠普公司执行委员会主席。

脸书公司的管理正规化过程

2004 年 4 月 13 日，扎克伯格、萨瓦林和莫斯科维茨三人按 65%、30% 和 5% 的股权比例正式组建了脸书公司（现名 Meta Platforms），注册地为萨瓦林家乡的佛罗里达州。

2004 年暑假，扎克伯格带领团队到了硅谷，肖恩·帕克（Sean Parker）加入了扎克伯格的队伍。帕克是硅谷的一个连续创业者，拥有公司组建和运作的丰富经验，正是此时的扎克伯格所需要的人才类型，被扎克伯格任命为公司总裁。

在帕克的推动下，2004年9月，彼德·泰尔（Peter Thiel，PayPal公司的创始人之一）投入了50万美元的种子资金，获取公司10%的股份和一个董事席位。泰尔注资之后，公司的结构开始比较正式了，此前只有扎克伯格1位董事，现在建立了一个有四个席位的董事会：泰尔、帕克、扎克伯格以及由扎克伯格控制的一个空余席位。

扎克伯格虽然兼任首席执行官，但他是一种保持距离型的控制。2007年10月，在接受微软投资、完成了第四轮融资之后，在董事会成员布雷耶的要求之下，扎克伯格从谷歌挖来了谢丽·桑德伯格（Sherry Sandberg）出任Facebook的首席运营官。桑德伯格从2001年开始在谷歌工作，属于资深高管，主管著名的谷歌自助服务广告业务。2008年3月，40岁、身为两个孩子母亲的桑德伯格开始到Facebook上班，为扎克伯格这个当时23岁的男孩子打工。来了新的“总管”，扎克伯格给自己放了1个月的假，一个人独自背包做了一次环球旅行。桑德伯格帮助公司找出了一套新的广告业务模式，并对公司管理的基础架构进行了重组，许多年轻的公司元老选择了离开公司，另行创业。

扎克伯格能够一直控制住Facebook，帕克功不可没。2005年8月，帕克因为参加了一次有吸毒者参加的聚会，投资者布雷耶坚持让帕克走人，辞去总裁职务并要放弃其认股权和董事席位。为了避免扎克伯格为难，帕克接受放弃一半认股权，但坚持要求将其董事席位交给扎克伯格控制，即这个席位的继任人选可以由扎克伯格在需要时随时指定，这样扎克伯格就控制了 5 人董事会中的 3 个席位。帕克第三次被自己帮助创建的公司赶走，但是他与扎克伯格一直保持着良好关系，实际承担着扎克伯格的一个重要顾问的角色。

对于由扎克伯格控制董事会的绝对多数，帕克并不认为这样做会有什么好处，但是相比将这个席位交给其他人要好，因为那样则可能使公司最终落入外部投资者之手，那将是最糟糕的结果，他痛恨风险资本家赶走公司创始人。帕克离开 Facebook 之后，成为了一个投资人，并创建了自己的新公司。

布雷耶主要负责公司架构和招聘。“马克喜欢黑客文化和创造性混乱。”布雷耶说，“我给他的建议是在产品创新方面可以这样，但在另外的领域如销售、人力资源部或者法律部可不能这样。”天使投资者泰尔是扎克伯格一贯的支持者，他表示“马克是我们永远的首席执行官”。泰尔对管理不感兴趣，他与扎克伯格谈得最多的是关于长期策略和金融市场环境。

年轻的扎克伯格愿意与任何人在任何时间谈论任何事情，特别是当对方是首席执行官的时候，他把这些会谈当作了一个学习过程。扎克伯格还曾专门去给他一直非常尊重、实际已经成为他的企业管理导师的《华盛顿邮报》创始家族成员、首席执行官格雷厄姆当了几天“跟班”，实地观摩和学习如何做一个首席执行官。

2021 年 10 月 28 日，创立第 17 年，Facebook 改名为“Meta Platforms”，名字含义从“脸书”变为“元（宇宙）平台”，

旗下 Facebook、Messenger、Instagram、WhatsApp、Oculus 等业务名称不变。仍然是扎克伯格担任董事会主席兼首席执行官，桑德伯格担任首席运营官。作为脸书公司首席运营官，桑德伯格目前以 18 亿美元身家位居美国富豪榜第 412 位。

4. 思科：投资人入主、创始人出局与职业管理

思科公司在引入风险资本之前已经引入了职业经理人，但是没有磨合好，创始人与经理人持续产生冲突，最后投资者支持经理人赶走了创始人，推动思科公司在职业管理模式下成功发展。

红杉资本入主，瓦伦丁出任董事会主席

1984 年下半年，莱恩·博萨克和桑迪·勒纳夫妇带 5 美元到旧金山政府秘书处注册了思科系统公司。莱恩和桑迪迫切需要风险投资，但是他们总计找了 75 家风险投资企业，都没有成功。思科的起步资金主要来自一些私人借款、信用卡透支以及莱恩卖掉自己所持 DEC 公司股票的所得。

1987 年年初，思科的创业者们意识到他们需要具有专业水准的企业管理者。1 月，桑迪·勒纳选择了比尔·格雷夫斯

（Bill Graves）担任思科的第一位首席执行官。3 月，思科公司任命了第一位 CFO 劳埃德 · 恩布里（Lloyd Embry）。

与此同时，通过一位律师的介绍，思科公司联系上了从 1974 年开始就担任红杉资本常务合伙人的唐 · 瓦伦丁。在瓦伦丁看来，“这是一家没有管理可言的创业公司，但他们有非常好的想法”，并且在其产品的知识产权问题上还与斯坦福大学之间存在着纠葛。但是瓦伦丁还是决定向思科投资，因为思科的技术比瓦伦丁所熟悉的其他公司要先进得多。红杉资本向思科投资 250 万美元，得到思科 29.1% 的股份。思科创立三年，估值达到 860 万美元。1987 年 7 月结束的财政年度中，思科的利润为 8.3 万美元。

尽管红杉资本在思科占 29.1% 的股权比例，低于两位创始人的持股比例（桑迪 · 勒纳和莱恩 · 博萨克各自持有思科 17.6% 的股份，合计 35.2%），但是红杉资本要对公司的日常运营进行控制，这自然会遭到两位创始人的抵制。瓦伦丁在第一次见到桑迪 · 勒纳时就曾直言不讳地说“我听说你就是思科一切问题的根源”，桑迪 · 勒纳反驳道:“没有我就没有思科。”瓦伦丁坚持认为，要为思科引进专业的管理方法，否则它将永远无法走出苦苦挣扎的创业阶段。加强销售力量是当务之急。1988 年 1 月，在瓦伦丁的主导之下，思科以 9 万美元年薪和 5.1% 的股份，聘请了特里 · 埃格——思科的第 17 名员工，出任首任销售副总裁。

这时思科的内部管理还是处在两位创始人（莱恩 · 博萨克

和桑迪·勒纳）和职业经理人（CEO 格雷夫斯和 CFO 恩布里）之间的激烈冲突之中。两位职业经理人认为自己有责任也有权告诉两位创始人应该如何运营一家企业，但是两位创始人却不这样认为。作为让瓦伦丁同意解雇格雷夫斯的交换条件，桑迪·勒纳和莱恩·博萨克把他们拥有的合计 35.2% 股份的投票权交给了瓦伦丁，这使瓦伦丁在思科拥有了 64.3% 的股份投票权，也为日后这两位创始人“被赶出局”埋下了祸根。

在主要由工程师构成的思科公司里，负责销售的特里·埃格发挥着巨大的实际管理职责，他要“管理”那些工程师，以确保他们让产品包含他已经许诺给客户的那些特性。甚至在推选瓦伦丁出任思科首任董事会主席的问题上，他也发挥了重要作用。在决定解聘格雷夫斯的董事会会议上，埃格表示，没有 CEO 也没有董事会主席，会让人对公司感到困惑。瓦伦丁问埃格：“那你认为应该怎么办？”埃格回答：“你是我们当中最出名的人，我想推举你当董事会主席。”瓦伦丁环顾四周，问大家是否有不同意见。没有听到有人表示异议后，瓦伦丁说道：“好，那我就是董事会主席了。”

摩格里奇奠定思科基础架构

1988 年 5 月，思科聘请了一位硅谷的沙场老将查克·萨特克利夫（Chuck Sutcliffe）替代格雷夫斯。这位第二任 CEO 属于“老好人”，任职 6 个月，并没有有效地解决思科的内部矛盾。倔强、苛刻的桑迪·勒纳也许已经理解了公司需要专业管理人员的道理，但实践上却不想屈服于这个管理层。1988年11月的时候，思科还只有35名员工，其中12名是工程师，有些头重脚轻，需要结构调整。瓦伦丁找来了一位合适的人选担当思科公司的领导角色：约翰·摩格里奇（John Morgridge，1933年出生）。摩格里奇既有管理经验，又有高科技知识。瓦伦丁想让摩格里奇带领思科公司上市。上市被当作了一个树立共同目标和转移内部矛盾的手段，因为这时候的思科内部，上市是唯一没有任何争议的事情。

摩格里奇这位思科公司第三任CEO上任之后，除了要面对脾气火暴、对人苛刻的两位创始人之外，还要面对因为出色销售业绩居功至伟、我行我素而又深得董事会支持的埃格。桑迪·勒纳是个情绪皇后，用一位思科前首席技术官的话说："她的体内有一种狂野的能量，当这种能量被聚集起来的时候是惊人的。但她没有丝毫的容忍力，随时会大喊大叫。无论什么事情，她都要发表高见。"甚至投资人瓦伦丁都感到："和她一起工作是非常艰难的。她的处事风格非常生硬，带着一种完美主义者的态度以及非常苛刻的对抗主义手法，而且丝毫没有宽恕之心。"莱恩·博萨克也非常缺乏沟通技巧，有时会对潜在客户也大喊大叫。好在他们的这些矛盾冲突，似乎并不是因为私心私利，而只是对公司业务问题的看法不同。桑迪·勒纳为了客户的利益会毫不犹豫地开火。如果埃格认为他会得到一个订单，也会毫不犹豫地向别人开火。瓦伦丁甚至曾让摩格里奇聘请一位“公司的精神医生”，帮助处理思科内部的冲突局面。

在红杉资本公司的帮助下，思科聘请了很多高级管理人员，接管原来由工程师负责的一些商业性事务。这些人包括：戴夫·林，1988 年 12 月出任思科首位生产副总裁；爱德华·科泽尔，1989 年 3 月成为思科的市场扩展经理；约翰·博尔杰，1989 年 6 月成为思科的第二任首席财务官。摩格里奇着力加强了思科的“团队建设”。当时的风险投资者普遍反对给创始人和工程师之外的员工股票期权，但是摩格里奇努力说服了瓦伦丁接受这一做法，使思科成为硅谷最早给大量非管理层和非技术员工股票期权的公司之一。

公司上市与创始人出局

在摩格里奇领导的一年多时间里，思科从 1988 年 11 月时只有 35 人（其中 12 人为工程师）的创业性小公司发展成为了 1989 年 12 月时拥有 172 名员工（35 名工程师）且生产部、销售和市场部、客户服务部、财务及行政部等各关键职能部门建制齐全的成型公司。1989 年思科的营业收入和利润分别达到了 2766 万美元和 418 万美元。

1990 年 2 月 16 日，思科上市。此时红杉资本持股比例为 23.5%，两位创始人莱恩·博萨克和桑迪·勒纳各自持有 13.8% 的思科股份。但是，在思科上市仅仅半年之后，1990 年 8 月 28 日，在包括销售副总裁特里·埃格、生产副总裁戴夫·林和首席财务官约翰·博尔杰在内的6名副总裁以集体辞职相威胁的要求之下，思科董事会解聘了公司创始人之一桑迪·勒纳，随后已经于1988年与桑迪分居了的另外一位创始人莱恩·博萨克自己辞职。1990年底，思科的这两位创始人抛售了所持思科股票。莱恩·博萨克于1991年创建了自己的新公司：XKL，从事计算机I/O和底版研究。

从公司控制权配置角度来看，1988年5月，为了争取红杉资本方瓦伦丁支持赶走公司首任职业经理人CEO格雷夫斯，桑迪·勒纳和莱恩·博萨克把自己的股份投票权委托给了瓦伦丁，为两年半后他们自己被公司赶走埋下了祸根。但是“赶走”桑迪·勒纳的主要力量是思科管理团队成员。董事会主席瓦伦丁、CEO摩格里奇原本是支持桑迪·勒纳的。实权人物销售副总裁埃格很欣赏桑迪·勒纳重视客户权益而置身事外，但是在看到她对一位重要客户发火之后，决定加入反对者的阵营。因此，从一定意义上说，是思科的两位创始人，尤其是桑迪·勒纳，自己没有能从一个卓越的创业者转型为团队领导人和优秀管理者，从而被快速行进的思科列车甩出去了。

董事会主席与首席执行官的职责分工

美国公司普遍是董事会主席兼任首席执行官，但是在1995～2005年长达10年的时间里，钱伯斯（John Chambers）是作为首席执行官与公司董事会主席、前任首席执行官摩格里奇共同分享思科公司的最高领导权的。他们之间这种权力分享安排，非常值得借鉴。

1991 年 1 月，由埃格介绍，经过瓦伦丁、摩格里奇等多人的反复面试之后，钱伯斯以高级副总裁的身份加入思科公司。面试时瓦伦丁对钱伯斯说："如果你真的像你自己以为的那么出色，那你为什么要去一个形势一片大好的公司，或者一个已经成熟的公司呢？你应该去一家准备好了要起飞的公司。"钱伯斯 1949 年出生，1974 年获得西弗吉尼亚大学法学和商业学士学位，一年后又拿了印第安纳大学的 MBA 学位。从 1976 年开始，钱伯斯先在 IBM 工作了 6 年，后又在王安实验室工作了 8 年。这两段工作经历，使钱伯斯对高科技公司营销工作的重要性，尤其是顾客偏好改变会给高科技企业带来致命打击这一点有着深刻的认识。即使高科技企业，也同样不能痴迷于一种技术路线不放，要随时准备着迎接新技术的挑战。瓦伦丁认为，钱伯斯曾经在一家大公司（IBM）工作过，然后又去了一个规模小一些、严格以销售为导向，但后来却倒闭了的公司（王安实验室）。如果我们能够找到一个曾经经历过失败而且知道自己为什么会失败的人，那么与一个从未有过这种经历而且非常自以为是的人比，前者对于我们来说是一笔更加宝贵的财富。

1994 年 6 月，钱伯斯被任命为执行副总裁。1995 年 1 月 31 日，摩格里奇卸任思科总裁兼首席执行官，改任思科董事会主席，原董事会主席瓦伦丁改任董事会副主席。钱伯斯接替摩格里奇，担任思科总裁兼首席执行官。此前摩格里奇已经在逐步向钱伯斯转移权力了，正式就任之后，钱伯斯唯一新接手的领域就是财务。尽管就任了董事会主席并在公司保留了办公室，但摩格里奇故意与公司保持距离。为了让钱伯斯更为顺利地成为公司的新领导人，在钱伯斯就任思科首席执行官第一年的大部分时间里，摩格里奇都没有在公司出现过：1995 年 2 月和儿子在越南度假 3 周，5 月又开始用 10 周时间和妻子骑自行车穿越美国。

董事会主席摩格里奇通过承担一部分传统上由首席执行官负责的工作，分担了一部分首席执行官钱伯斯的职责。摩格里奇说，开始他也不知道作为董事会主席应该怎样帮助首席执行官工作。通过观察硅谷中那些董事会主席和首席执行官分任的公司中，董事会主席和首席执行官是如何分担角色的，摩格里奇发现有三类董事会主席。第一类是只管董事会工作和参加董事会会议，基本不管这以外的事情。第二类是把他们的时间花在争取一些重要客户上。第三类则是为他们自己找到了一些特定的工作。

摩格里奇给自己写了一份职务描述。作为思科公司董事会主席，他要专注于两项工作：一是作为思科公司与联邦及州政府的联系人；二是作为思科公司的公众形象代表，如去给学校捐赠设备和资金。摩格里奇把他这两部分工作看作是与思科及其未来的盈利能力不可分离的。摩格里奇不在公司中担任运营性的角色，他甚至在设定董事会的议事议程方面都不发挥领导性的作用。他把这些都留给了首席执行官钱伯斯。摩格里奇像是完全摒除了会威胁很多权力分享安排的“自我”，他认识到钱伯斯把思科公司驾驶上了一个与他不同的方向，并且承认他的继任者干得更好。

在钱伯斯的带领下，思科公司飞速发展。1995 年，思科年收入仅为 12 亿美元，市值约 104 亿美元；2005 年，年收入飙升至 248 亿美元，市值达 1210 亿美元。2006 年底，钱伯斯接替了摩格里奇的董事会主席职务，并继续兼任首席执行官。摩格里奇担任董事会名誉主席，他的工作重心转移到了思科基金会以及慈善和教育事业方面。

管理层替换，但战略和文化延续

思科的管理似乎十分混乱，充满了内部纷争，但是这一切却没有阻挡住思科公司前进的步伐。一个明显的原因是思科在正确的时间进入了正确的市场。作为第一家拥有网络解决方案的公司，思科系统公司的产品也有不足之处，但却比其他任何的产品都好，好到连其管理团队都无法摧毁它。

但是，在混乱和纷争的表面之下，思科的战略管理和企业文化也有其一直延续下来的种子。其中非常重要的一个因素就是创始人桑迪给思科的管理留下了最主要的财富：客户利益至上。

1988 年，桑迪 · 勒纳成为了可能是美国企业中第一个客户权益倡议副总裁。在硅谷那些工程师主导的公司中，工程师很容易向公司推荐那些他们自己想要开发的产品，而忽视客户的声音。桑迪·勒纳要让他们谦逊，她要确保思科的工程师们知道客户想要什么。领导思科走上辉煌的钱伯斯一直在坚持由桑迪·勒纳所倡导的客户权益倡导工作。钱伯斯在出任思科CEO之后的首次董事会会议上迟到了20分钟，原因是他一直在与一位情绪激动的客户通电话。起初对他姗姗来迟很不满的董事们在知道了这一原因之后，都表示：无论何时，这都可以成为迟到的理由。作为首席执行官，钱伯斯把他一半以上的时间都花在客户身上，并将思科高级管理人员的奖金在很大程度上与他们的客户满意度指标挂钩。思科董事会上有3/4的讨论内容是关于客户体验的。

钱伯斯之前，更换频率颇高的思科三任首席执行官，也有其各自的贡献。首任CEO格雷夫斯解决掉了思科与斯坦福大学之间的知识产权争议，仅在职半年的第二任CEO萨特克利夫承担了一个过渡角色，第三任CEO摩格里奇奠定了思科的团队结构和节俭文化。即使是在钱伯斯出任思科总裁兼首席执行官之后，摩格里奇还一直作为董事会主席，发挥着重要的掌舵作用。给普通员工股票期权是由摩格里奇开始推行的，钱伯斯坚持这一做法。到2000年年底的时候，思科42%的股票期权是发给非管理层的普通员工的。让员工们享受到公司成长带来的财富，是思科确保员工忠诚度的一种有效方法。

强调团队精神、重视员工分享的企业文化，在思科成功的并购驱动公司战略中也发挥了重要作用。钱伯斯领导下的思科以成功并购著名，他为思科选择合作伙伴的原则是：如果我看到一家公司的总裁办公室大到可以打篮球，而员工则在条件恶劣的办公区域里拥挤着，那么我就知道这家公司不会有什么好的发展前途；你还要看股票期权在管理层和员工之间是如何分配的，如果所有的股票期权都归领导层所有，那么我们和他们是合不来的。

钱伯斯就任思科总裁不久，接待维萨国际的来访人员时，一进入会议室就向客人介绍说自己是思科的第四任总裁，他并不担心客人会觉得公司不稳定，而是用一张思科成长图表解释说，这是一件好事，思科成长的每一个阶段都需要拥有不同技巧和能力的不同类型的总裁。

经历了创始人出局和频繁的管理层替换，思科仍能以稳健的步伐高速前进，与其有个卓越并经验老到的长期投资者有关。瓦伦丁是硅谷最成功的风险资本家之一，也是一个难以对付的老板。为所投资企业配备总裁，合适的支持，不合适的及时替换。钱伯斯说："唐·瓦伦丁是我见过的最好的也是最难以对付的董事会成员，他的名声就是走马灯式换总裁。"但是干得好的总裁，却能得到长久和稳固的支持。2001 年互联网泡沫破裂之后，思科瞬时从巅峰跌落谷底，陷入有史以来最大的困境之中，媒体和华尔街认为钱伯斯应该为此负责，而瓦伦丁让钱伯斯不要理会这些，并对钱伯斯说："约翰，这里没有任何私人的因素。你只不过是‘泰坦尼克号’的总裁而已。没有人会想到‘泰坦尼克号’会沉没，从来没有人想过思科也会有跌倒的时候。”

思科现任董事会主席兼首席执行官罗卓克（Chuck Robbins）2015 年 7 月接替钱伯斯出任思科首席执行官，并于 2017 年底出任思科董事会主席。罗卓克 1987 年毕业于北卡罗来纳大学，1997 年加入思科，到 2017 年出任董事会主席兼首席执行官时，已经在思科工作了 20 年，可以说是思科作为一家成熟公司自己培养出来的第一位掌门人。

1995 ~ 2015 年，钱伯斯担任思科公司首席执行官 20 年，把思科从一家初创公司打造成了一家成熟公司。2015 年，钱伯斯被《哈佛商业评论》评为全球 100 位最佳首席执行官之一。2022 年 4 月 18 日，思科市值 2126 亿美元，略低于博通（2343 亿美元），高于英特尔（1867 亿美元）和高通（1543 亿美元）。

5. 推特：创始人冲突、出局与职业经理人登场

联合创始人内部的冲突，创始人与投资人之间的冲突，三位创始人的连续出局，都没有阻挡住 Twitter 公司的成长步伐。那么是谁缔造了 Twitter？是从创始人、员工到投资人和用户，作为一种相互作用但以董事会为核心——谈判、妥协和集体决

策中心——的公司治理系统缔造了Twitter。

联合创始人之间的冲突

1999年夏，埃文·威廉姆斯（Evan Williams）对外发布了Blogger网站，2003年2月谷歌收购了Blogger。诺阿·格拉斯（Noah Glass）是埃文·威廉姆斯的邻居，编写了一款播客软件，他说服埃文·威廉姆斯投资，创建了一家名为Odeo的播客公司。埃文·威廉姆斯出任Odeo公司的CEO，引来新闻媒体和投资人的注意。2005年8月，查河投资公司和一些小投资者共同向Odeo公司投资了500万美元。可是，2006年初，苹果公司在其iTunes中加入了播客功能，Odeo公司马上陷入了困境。在讨论公司新方向时，杰克·多西（Jack Dorsey）提出的“状态（你正在做什么）”概念引起了大家的兴趣，诺阿·格拉斯尤其兴奋，并为其起了Twitter这一名字。

作为AudBlog播客软件开发者和Odeo公司创始人，诺阿·格拉斯急于抓住Twitter这一新项目，以拯救陷于困境的Odeo公司，可是他一方面因为没有资金而不得不早已将Odeo公司CEO的职位让于埃文·威廉姆斯，并因此与后者一直存在着公司领导权之争，另一方面由于他过于急躁和过度插手Twitter项目，致使创意人和项目负责人杰克·多西无法容忍。2006年6月26日，埃文·威廉姆斯在征得董事会同意后，解雇了诺阿·格拉斯。诺阿·格拉斯作为Odeo公司创始人被赶出局，只得到了6个月的补偿金和所持公司股份的6个月保有权。

埃文·威廉姆斯通过将其出售Blogger时所得谷歌股票兑现，偿还了Odeo公司外部投资者们的500万美元，将Odeo公司重组为Obvious孵化器公司，并专门拿出了100万美元用于培育Twitter。2007年4月，埃文·威廉姆斯决定，自己保留Twitter公司70%的股权，聘杰克·多西为公司第一任首席执行官，给20%股份，比兹·斯通和杰森·古德曼每人得3%股份，余下4%股份分给工程师和新员工。同时确定，埃文·威廉姆斯、杰克·多西和比兹·斯通三人是公司的联合创始人。

2007年7月，Twitter进行了A轮融资，从纽约的著名风险投资人弗雷德·威尔逊（Fred Wilson）的合广（Union Square）投资公司融到了500万美元。Twitter网站注册用户人数和每天所发推文数都在高速增长，却没有任何收入，服务器不堪重负，网站经常崩溃。只醉心于网站开发、缺乏经营管理经验甚至不具备基本财务知识的杰克·多西，与以自己的资金及名誉担负着公司最大责任的埃文·威廉姆斯之间，开始冲突不断。杰克·多西也缺乏领导才能，不会授权和调动员工的积极性。2008年4月，也许为了向埃文·威廉姆斯显示自己对公司的控制权，杰克·多西自行解雇了Twitter的核心程序员布莱恩，这使网站不稳定的问题越来越严重。

为了证明自己作为CEO的能力，杰克·多西自行尝试寻找投资者，为公司融资。但是，作为已经成功创业一次的名人、公司董事会主席和大股东，埃文·威廉姆斯自然要比杰克·多西更有优势和权力。2008年6月，Twitter以8000万美元估值进行了B轮融资，融资1800万美元，主要投资者是星火资本（Spark Capital）公司，还有亚马逊创始人贝佐斯。星火资本的合伙人毕吉恩·萨贝特（Bijan Sabet）和弗雷德·威尔逊成为公司董事会成员，并拥有重要话语权。

2008年7月，Twitter公司搬进了新的办公室。与此同时，在Twitter公司新投资人、董事弗雷德·威尔逊和Summize公司主要投资人、董事博思威克的推动下，Twitter收购了Summize。Summize是一种第三方工具，可以搜索Twitter用户的推文。Twitter收购Summize的有关文件刚刚签署之后，杰克·多西与Summize的技术负责人格雷格·帕斯通了一通电话就自行决定任命格雷格·帕斯为Twitter公司运营总监，并直接发出了通知邮件。这一鲁莽的行动，惹恼了埃文·威廉姆斯和公司董事们。埃文·威廉姆斯质问道："你打算让某人来负责公司整个的项目和运作，不需要和我或董事会讨论一下吗？"

公司的两大外部投资人及董事弗雷德·威尔逊和毕吉恩·萨贝特分别从纽约和波士顿紧急赶到公司，在与埃文·威廉姆斯商量后，决定解除杰克·多西的CEO职务。在征询意见时，作为联合创始人的比兹·斯通表示坚决反对，认为这样会导致公司分裂，并威胁说，如果杰克·多西出局，他也辞职。考虑到这时的Twitter公司虽然规模还不大（不到30名正式员工）

但已经名声在外、广受专注，承受不了两位创始人同时离开的负面影响，妥协的结果是，董事会决定给杰克·多西三个月的宽限期，限其“三个月内解决所有问题并控制住公司”。

由于奥巴马尝试使用Twitter作为一种新的竞选宣传手段，Twitter的热度和重要性激增，而其内部管理和网站稳定性却跟不上，甚至出现过长达三十多小时的系统崩溃。更为严重并直接导致杰克·多西下台的事件是，受弗雷德·威尔逊和毕吉恩·萨贝特命检查Twitter运行中断问题、拿出修复计划的格雷格·帕斯（任运行工程师）发现，Twitter没有数据备份，“如果现在数据库出现故障了，我们将会失去一切”，包括每一条推文、每一个用户，这使弗雷德·威尔逊怒火冲天。

2008年10月很快到来了。尽管杰克·多西极尽努力，但于事无补，Twitter内部管理上的一片混乱状态并无改观。弗雷德·威尔逊和毕吉恩·萨贝特——公司的两位外部投资者董事出面，代表董事会通知杰克·多西要卸任，由埃文·威廉姆斯出任公司公司第二任CEO。董事会权衡各方面影响之后，决定让杰克·多西转任名义上的公司董事会主席职务——只是个名义和对外说辞。杰克·多西可以出席公司董事会，但没有作为董事的投票权，他的投票权由埃文·威廉姆斯行使。杰克·多西的股票期权也还没有完全生效，因此将会被收回一部分。但是鉴于杰克·多西是公司创始人之一，董事会欣赏他的理念和贡献，决定给他多保留一些股票期权。

董事会在解除杰克·多西CEO职务的问题上，之所以拖延了几个月，并最后还要给他一个董事会主席的名义且多保留一些股票期权，有两个方面的原因：一是怕杰克·多西作为公司创始人投奔竞争对手——Facebook，会给公司带来极坏影响；二是为了平息另一位联合创始人比兹·斯通和公司元老杰森·古德曼对此事件的不满。事实上，杰克·多西在正式宣布“辞去”CEO 职务的当天，就给扎克伯格打了电话，准备要转投 Facebook。扎克伯格一直想要收购 Twitter，对于雇用其实际已被扫地出门的联合创始人杰克·多西却兴趣不大，口头表示欢迎加盟，但是没有提供合适并能满足杰克·多西胃口的职位。杰克·多西认为自己拥有 Twitter 创始人的头衔，到 Facebook 应该有个产品副总裁职务，扎克伯格没有满足他。

出售，还是保持独立

埃文·威廉姆斯上任 CEO 之后，与杰克·多西的“牛仔”风格（不信任下属）完全不同。埃文·威廉姆斯给予员工充分的信任和授权，给他们一种自豪感，这使员工们非常忠诚。埃文·威廉姆斯和杰克·多西之间的另一个本质差异是对 Twitter 的发展理念及前景看法不同。杰克·多西固执于其“状态”概念，把 Twitter 主要看作是人们发布“我在做什么”的地方。而埃文·威廉姆斯则更看重“发生了什么”，更多地让 Twitter 承载其 Blogger 的理念：点击按钮，向世界公开。从博客（Blogger），到播客（Odeo），再到 Twitter，埃文·威廉姆斯的创业和投资行动一直围绕着给予人们平等发言权，帮助受到滥用职权侵害和没有权力的人站起来。

作为投资—创始人的埃文·威廉姆斯和作为点子—创始人的杰克·多西之间，最大的差异是对于Twitter价值、意义和前景的看法不同。杰克·多西急于将Twitter出售套现，埃文·威廉姆斯更想让Twitter作为实现人类更平等发言权的工具而独立发展。二者之间的这一差异，在面对从雅虎到Facebook的收购意愿以及美国前副总统戈尔等各路名人的控制性入股提议时的态度上明显表现出来。埃文·威廉姆斯在将Blogger卖给谷歌并随之进入谷歌工作一段时间之后发现，谷歌并不是要发展博客，使之作为人们平等和自由表达意见的有效工具，而是更感兴趣于通过投放广告来盈利。早在2007年6月，埃文·威廉姆斯还是公司的唯一实际投资者时，雅虎就提出了1200万美元的收购报价。

在杰克·多西被解除CEO职务前的最后几周里，扎克伯格已开始与其商谈Facebook收购Twitter事宜。杰克·多西打算出售，但是他还没有来得及推进此事就出局了。随后，扎克伯格转向游说埃文·威廉姆斯和比兹·斯通。2008年10月，埃文·威廉姆斯和比兹·斯通两位创始人一起去与扎克伯格会面。扎克伯格高高在上地让他们开价，并不真想出售公司的埃文·威廉姆斯给了个5亿美元的“天价”——距离Twitter按8000万美元进行的B轮融资仅仅三个多月，扎克伯格却处之泰然地说“这是个很大的数目”。

面对难以抵制“5亿美元”高价诱惑的Twitter投资者和董事会成员，埃文·威廉姆斯给出了选择不出售、继续独立发展的三个理由。首先，看似5亿美元的出价已经很高，但是埃文·威廉姆斯认为“Twitter是个10亿美元的公司”，甚至“比这还要多很多很多倍”。其次，对于Facebook的威胁——如果Twitter拒绝收购，Facebook将会发布类似产品将其摧毁，埃文·威廉姆斯相信“没有什么可信的威胁会造成Twitter的完全失败”。最后，对于扎克伯格的“你可以选择为伟大的公司工作”这一劝诱，埃文·威廉姆斯表示“我不用Facebook，但我很关注Facebook的人员以及他们如何做生意”。

埃文·威廉姆斯认为，可以用手机短信和网页两种方式发布信息的Twitter，会成为使人们拥有平等发言权的最终工具，这是它的最大价值，而到了Facebook之手，会更倾向于成为企业的赚钱机器。2008年10月30日，在Twitter公司董事会主要成员都表态没有兴趣把公司卖给Facebook之后，埃文·威廉姆斯电话告知扎克伯格：“Facebook因为出价收购Twitter而值得尊敬”，但“Twitter想要保持独立发展”。

创始人出局，职业经理人带领公司上市

埃文·威廉姆斯担任CEO的两年时间里（2008年10月~2010年10月），Twitter高速增长。2009年2月，以2.5亿美元的估值进行了第三轮融资。3500万美元融资总额中的

2100 万美元来自标杆资本（Benchmark Capital），彼得·芬顿（Peter Fenton）进入公司董事会。2010 年 9 月，Twitter 进行了第四轮融资，融资额 1 亿美元，公司估值达到 10 亿美元。这正是埃文·威廉姆斯两年前拒绝 Facebook 收购时，他自己对公司的估值。

埃文·威廉姆斯无疑比杰克·多西更有管理才能，两年内把 Twitter 从一个初创公司成功地发展到了一个初具规模的公司。但他更是一个优秀的创业者，而不是一个优秀的大公司管理者，他自身也缺乏做大公司管理者的兴趣。在宣布 Twitter 有上市打算的时候，埃文·威廉姆斯已对华尔街日报表示，他没有兴趣继续领导一家上市公司。即使如此，Twitter 公司的董事会成员们也没有等到埃文·威廉姆斯自愿让位，而是通过一场“政变”提前把他赶走了。

事情的起因有两个方面。一是作为创业型企业家的埃文·威廉姆斯，很自然地喜欢用自己的朋友，同时也更热心于产品开发、网站优化，而忽视了营收创造。到 2009 年 12 月，才由从谷歌聘请来的公司首席运营官迪克·科斯托罗（Dick Costolo）——也是埃文·威廉姆斯在谷歌就职时认识的一位朋友，帮助公司获得了第一笔收入 2500 万美元。迪克·科斯托罗通过与谷歌和微软达成一项协议，使二者的搜索网站可以检索到 Twitter 上的内容，由此分别从谷歌和微软获得了 1500 万和 1000 万美元的收入。

二是顶着公司创始人头衔并且名义上还是公司董事会主席

的杰克·多西，一直在努力重返公司。在埃文·威廉姆斯、比兹·斯通两位全身心投入公司内部事务的时候，杰克·多西在公司外部大造声势，频繁地以 Twitter 创始人身份出现在各种媒体上，精心地把自己塑造成了“第二个乔布斯”。自 2009 年 2 月的第三轮融资后，杰克·多西又得到了新的投资者董事彼得·芬顿的支持。

由彼得·芬顿推荐，Twitter 董事会聘请了在硅谷鼎鼎大名的“CEO 教练”坎贝尔，为埃文·威廉姆斯提供指导。这位坎贝尔在谷歌公司担任“教练”时，推动了经理人施密特和创始人佩奇、布林这三人之间的协同工作，同时也帮助避免了公司在发展壮大时往往会产生的钩心斗角，使谷歌的三驾马车式结构能够有效运转。可是在 Twitter 公司，这位公司 CEO 的导师却成了 CEO 的杀手。在杰克·多西和彼得·芬顿密谋及暗中策动公司多位副总裁向董事会表达对埃文·威廉姆斯的不满等基础上，坎贝尔提议撤掉埃文·威廉姆斯 CEO 的职务，使当年主导董事会免掉杰克·多西 CEO 职务的另外两位投资者董事弗雷德·威尔逊和毕吉恩·萨贝特也站到了杰克·多西的一面，同意免掉埃文·威廉姆斯的 CEO 职务。

2010 年 10 月，Twitter 公司董事会有 7 位成员：弗雷德·威尔逊、毕吉恩·萨贝特、彼得·芬顿、杰克·多西、迪克·科斯托罗、杰森·古德曼和埃文·威廉姆斯。投票决定的最后结果是，埃文·威廉姆斯不仅要辞去 CEO 职务，董事会主席的职务也没有给他，杰克·多西任董事会执行主席。迪克·科斯托罗出任公司第三任 CEO，埃文·威廉姆斯想转任公司产品负责人的想法也于 2011 年 1 月最后落空。创业者埃文·威廉姆斯不擅内斗，更是厌恶冲突和矛盾，由于他心慈手软，没有把杰克·多西彻底赶出局，并一直保留着杰克·多西的董事会主席名义，结果留下了杰克·多西重返公司管理层、自己彻底出局的祸根。在埃文·威廉姆斯离开 Twitter 半年多之后，公司另一位联合创始人比兹·斯通也离开了公司。

迪克·科斯托罗在底特律长大，密歇根大学计算机科学专业毕业，曾就职于安达信咨询公司。离开安达信咨询公司之后，迪克·科斯托罗先后创建了几家自己的公司，其中最成功的是帮助博主整合他们博客的公司 FeedBurner，2007 年以 100 多万美元的价格卖给了谷歌。迪克·科斯托罗也正是因此而结识了埃文·威廉姆斯。

迪克·科斯托罗出任 CEO 之后，Twitter 公司的发展步伐进一步加快。2010 年 10 月，进行了第五轮融资，融资额 2 亿美元，公司估值达到 37 亿美元。2011 年 3 月，Twitter 在股权交易网站 SharesPost 将 35000 股的股票以每股 34.5 美元的价格出售，此时的公司价值为 78 亿美元。2011 年 8 月和 9 月，Twitter 公司以 80 亿美元的估值进行了两轮融资，各融 4 亿美元。2011 年 12 月，又以 84 亿美元估值融资 3 亿美元。

2013 年 10 月 4 日，Twitter 发布公开招股书。IPO 发行价 26 美元，发售 7000 万股普通股，融资 18.2 亿美元。11 月 7 日，Twitter 股票在纽约证券交易所上市。股票上市交易首日以 45.1

美元开盘，44.94 美元收盘，较发行价上涨 72.84%，公司市值达到 245 亿美元。

三位 Twitter 的用户，一位好莱坞的影星、一位波士顿的警察和一位慈善组织负责人，分别代表着 Twitter 在娱乐、政府和公益三个领域里的价值，敲响了开市的钟声。Twitter 的三位联合创始人——埃文·威廉姆斯、杰克·多西和比兹·斯通，以及 CEO 迪克·科斯托罗，四人并肩而立在交易大厅里。这些人，再加上公司员工和投资者，共同缔造了 Twitter。

在从 Odeo 公司的一个项目中发展出 Twitter 公司的过程中，作为 Odeo 公司主要创始人的诺阿·格拉斯已经出局了（主要是被项目负责人杰克·多西挤出局的）。Twitter 创意者、项目负责人和联合创始人杰克·多西，作为 Twitter 首任 CEO 的在职时间仅一年半（2007 年 4 月 ~ 2008 年 10 月）就出局了（主要是被投资人罢黜的）。作为 Twitter 早期唯一投资者和公司主要创始人的埃文·威廉姆斯，在公司第二任 CEO 的职位上也待了仅仅两年时间（2008 年 10 月 ~ 2010 年 10 月），就被公司投资者和董事会罢黜了。但是，这一切都并没有阻止 Twitter 作为一家独立公司的发展步伐。

2015 年，因为业绩和股价双双低迷，Twitter 第三任 CEO、职业经理人迪克·科斯托罗辞职，联合创始人、首任 CEO 杰克·多西重新执掌 Twitter，出任 Twitter 第四任 CEO。2021 年 11 月底，杰克·多西辞去 Twitter 公司 CEO 职位，并决定于 2022 年 5 月辞任 Twitter 董事。阿格拉瓦尔（Parag

Agrawal）接替杰克·多西，出任 Twitter 第五任 CEO，并加入董事会。阿格拉瓦尔 1984 年出生，2005 年毕业于印度理工学院，2011 年获斯坦福大学计算机科学博士学位后进入 Twitter，担任软件工程师，2017 年升任 Twitter 首席技术官（CTO）。十年历练，从程序员成为 CEO，可以看作是互联网公司的内部培养周期了。2022 年 4 月 20 日，Twitter 公司市值 352 亿美元，算不上是大公司。但是，由于其作为公共言论平台的特殊地位和重要性，其公司治理和 CEO 人选等格外受到关注。

Twitter 的真正创始人或说最主要创始人、先后创建了博客和 Twitter 的埃文·威廉姆斯，秉持"点击按钮、向世界发布"的信念，认为 Twitter 最大的价值是使人们拥有平等发言权，并为此在初创时期的 2007 年和 2008 年先后拒绝了雅虎公司 1200 美元和 Facebook 5 亿美元的收购提议，坚持独立发展。

2022 年 4 月，埃隆·马斯克（Elon Musk）——特斯拉、SpaceX 和 Neuralink 等公司的创始人，提出以每股 54.2 美元、总计约 440 亿美元的报价收购推特。推特公司董事会接受了马斯克的收购提议，在交易于 2022 年 10 月 24 日之前最终完成后，推特将会成为私人公司。然而，这宗交易波澜频生，结局未知。

6. 从惠普、英特尔和苹果到麦当劳：管理传承

惠普在创始人管理 28 年之后，交由职业经理人管理，创始人去世之后完全由职业经理人掌管，是一种自然演进的职业经理人导入模式。

英特尔和苹果在正式创立公司时都是由投资人出任董事会主席，可以说从一开始就执行职业管理原则，只是在贯彻中由于具体的人才条件不同，因此所走道路不同。英特尔创始团队中有富有管理经验和管理能力的人，在经历 30 年、三任创始团队成员相继担任 CEO 之后，从第四任 CEO 开始进入完全由职业经理人管理的时代。

苹果公司正式创立时则是因为创始人太过年轻，一位没兴趣做管理工作（沃兹），一位管理能力还很欠缺（乔布斯），首任 CEO 即由职业经理人担任。乔布斯虽有公司创始人头衔，但重回苹果的身份是职业经理人。

麦当劳与惠普类似，创始人直到去世一直介入公司，但是比惠普公司更早、更快地引入了职业管理。

惠普公司的职业经理人导入

1939 年，帕卡德和休利特正式创立了惠普合伙企业，二

人之间基本是以帕卡德管理见长、休利特技术见长的一种家庭式、商量着来的管理状态。

1947 年，经营了 8 年之后，帕卡德和休利特把他们的合伙企业变成了股份公司，正式确定了帕卡德任总裁、休利特任副总裁（1957 年开始任执行副总裁），并建立起了自己的高级经理团队，生产、财务和营销各有专人负责。

1969 年，帕卡德出任美国国防部副部长，从惠普离职。休利特出任惠普公司首席执行官兼总裁，独自打理公司。三年之后，帕卡德从国防部离职，重回惠普，担任公司董事会主席，休利特继续担任公司总裁兼首席执行官。

1977 年，休利特辞去总裁职务，任命 45 岁、工程师出身的约翰·杨（John A. Young）担任公司总裁兼首席运营官。当时约翰·杨是公司董事和负责惠普仪器、公司系统和部件部门的执行副总裁。1978 年，休利特又辞去了首席执行官职务，由约翰·杨继任惠普公司首席执行官。约翰·杨 1958 年加入惠普，作为惠普内部成长起来的第一位职业经理人，约翰·杨领导惠普公司 15 年，把惠普公司发展成为了计算机产业的领导者。

1978 年，65 岁的休利特从首席执行官的位置上退下之后，一直担任惠普公司执行委员会的主席，直到 1983 年就任惠普董事会副主席一职、公司执行委员会主席由约翰·杨担任为止。1987 年休利特辞去董事和董事会副主席职务，担任名誉董事，直至 2001 年 1 月 12 日去世。

1992年，约翰·杨60岁退休。51岁、同样是工程师出身的路易斯·普拉特（Lewis E. Platt）出任总裁、首席执行官和董事。普拉特1966年加入惠普，自1987年开始担任公司执行副总裁。1993年81岁的帕卡德从公司董事会主席位置上退休，普拉特又当选为公司董事会主席。帕卡德担任名誉主席，直至1996年3月26日去世。

英特尔的管理传承

1968年7月16日，英特尔公司正式成立，投资人洛克任董事会主席。诺伊斯（Robert Noyce）任首席执行官，摩尔（Gordon Moore）任总裁，葛洛夫（Andrew Grove）任运营主管，组成了三人决策小组。

诺伊斯1927年12月12日出生于美国爱荷华州伯灵顿镇，父亲是公理教堂的牧师。诺伊斯1953年获麻省理工学院物理学博士学位。作为英特尔的主要创始人和首任CEO，诺伊斯奠定了英特尔平等主义的企业文化，办公室没有隔墙，包括诺伊斯在内所有人都用一样的工作台。1974年诺伊斯卸任之后，摩尔正式出任英特尔公司总裁兼首席执行官。诺伊斯开始游离于公司的日常经营之外，摩尔和葛洛夫主导公司的经营管理。1990年6月3日，诺伊斯因游泳时突然心脏病发作而去世，享年62岁。

摩尔1929年1月3日出生在美国加州旧金山，父亲没有上过什么学，是个小职员，母亲也只有中学毕业。1950年摩尔获得加州大学伯克利分校化学学士学位，1954年获得加州理工大学物理化学博士学位。技术出身、作为摩尔定律发明人的摩尔比其他人更能体现英特尔公司的商业模式：以技术起家，靠创新成长。从1970年代初期推出主打产品存储芯片开始，诺伊斯和摩尔领导下的英特尔公司成为了存储芯片领域里的世界领先公司。但是日本五大电气公司从1976年开始联合进军大规模集成电路领域，并于1981年12月拿出了远远领先于英特尔公司的存储器芯片产品。

1985年的一天，从1979年开始出任英特尔公司总裁的葛洛夫与公司董事会主席兼CEO摩尔讨论公司困境。他问："如果我下台了，另选一位新总裁，你认为他会采取什么行动？"摩尔犹豫了一下答道："他会放弃存储器业务。"葛洛夫说："那我们为什么不自己动手？"1986年，公司提出新的口号："英特尔，微处理器公司"。

1987年葛洛夫接替摩尔，出任英特尔公司第三任CEO，摩尔继续任职英特尔公司董事会。2001年，72岁的摩尔从英特尔公司董事会退休。这是因为在1968年创建英特尔时，摩尔就规定了72岁强制退休的制度。他可能对这项规定有些许后悔，但还是严格遵守了。

葛洛夫1936年9月2日出生于匈牙利布达佩斯一个犹太人家庭，1956年苏军进入匈牙利时乘军舰逃到美国，进入了纽约城市大学。葛洛夫曾以铁腕手段、严格管理（125%解决方案及迟到签名制度）来应对日本人在存储器领域里的挑战，但最终还是靠从存储器向微处理器的战略转型而成功躲避了日本人的挑战。葛洛夫领导英特尔成为致力于生产微处理器的计算机产业领导者。1998 年葛洛夫当选《时代周刊》年度人物。面对网络的兴起，以及个人健康原因，葛洛夫选择了激流勇退，1998 年 5 月将首席执行官职位传给了时任公司总裁克雷格·贝瑞特（Craig Barrett），自己只任董事会主席。

贝瑞特 1939 年 8 月 29 日生于加利福尼亚州旧金山，拥有斯坦福大学材料科学博士学位，著有 40 多篇学术论文及一本名为《工程材料原理》的教科书。贝瑞特 1974 年作为一名技术开发经理加入英特尔公司，于 1992 年当选为英特尔公司董事，1993 年被任命为运营总监，1997 年成为公司总裁。1998 年贝瑞特出任第四任首席执行官后，成功地将英特尔的微处理器进行了市场细分，迫使其竞争对手在低价市场上无法兴风作浪，并开始推动英特尔公司从微处理器生产企业向互联网构件生产企业的第二次重大战略转型。

2005 年 5 月，保罗·欧德宁（Paul Otellini）出任英特尔公司第五任首席执行官，贝瑞特转任董事会主席到 2009 年 5 月，正式退休。

欧德宁 1950 年 10 月 12 日出生于美国旧金山的一个意大利裔家庭，1972 年毕业于旧金山大学，1974 年获加州伯克利大学 MBA 学位后，应聘进入英特尔。2002 年欧德宁以总裁兼首席运营官的身份进入了公司董事会，成为二号人物。

作为英特尔公司第一位非工程师出身的CEO，欧德宁推动英特尔的进一步转型：除微处理器外，进入多个不同的领域，包括消费电子、医疗卫生以及无线通信等。公司口号也从 Intel Inside 换成了 Leap ahead。欧德宁还推动了英特尔与苹果公司的合作，不再固守其长期以来与微软、戴尔之间所形成的互补型企业联盟。为了推动英特尔的战略转型，欧德宁不惜大规模裁员，甚至放弃了英特尔公司坚持很久的双负责人政策（two-in-a-box，每个管理岗位上安排两人，通常是一名技术出身和一名商业出身）。

但是欧德宁的职业生涯是从英特尔开始的，他完整继承了源自诺伊斯和摩尔的英特尔企业文化：平等主义和创新主导。欧德宁 24 岁以名校 MBA 身份走出校门后首选英特尔的原因有二：英特尔平等主义的企业文化和英特尔招聘新毕业生用人政策。英特尔公司包括 CEO 欧德宁在内的每个员工都有一个同样的工作台，没有人有一个单独的办公室。欧德宁还强调，摩尔定律仍然有效，英特尔要坚持持续不断自我淘汰的技术创新。

2013 年 5 月，欧德宁退休，1982 年加入英特尔、2012 年出任首席运营官的布莱恩·科再奇（Brian Krzanich）成为英特尔公司第六任首席执行官，进入董事会。2018 年 6 月，科再奇因丑闻而被迫辞职，首席财务官鲍勃·斯旺（Bob Swan）出任临时首席执行官，2019 年 2 月成为正式首席执行官，并加入董事会。鲍勃·斯旺出生于 1960 年，2016 年入职英特尔担任首席财务官，是英特尔历史上首位非英特尔内部出身的首席执行官。

2021年2月15日，帕特里克·格尔辛格（Patrick Gelsinger）成为英特尔公司第八任首席执行官，并加入董事会。格尔辛格之前在英特尔工作了30年，曾在诺伊斯、摩尔、葛洛夫、贝瑞特和欧德宁等英特尔前任首席执行官手下工作过。1979年，18岁的格尔辛格在英特尔开始了他的职业生涯，并于2001年成为英特尔公司第一位首席技术官。2009年格尔辛格离开英特尔，赴任EMC公司信息基础架构产品业务部总裁兼首席运营官，2012年出任EMC旗下VMware公司首席执行官。格尔辛格离开英特尔12年后，重新回到英特尔出任首席执行官，也算是延续了英特尔公司经理人内部成长的传统。

自贝瑞特退休后，英特尔公司不再总是由前任首席执行官担任董事会主席。2009年5月，1993年开始担任英特尔董事的简·肖（Jane Shaw）出任英特尔公司董事会主席。2012年5月简·肖退休后，公司前执行副总裁兼首席行政官、董事会副主席安迪·布莱恩特（Andy Bryant）出任英特尔公司董事会主席。2020年1月安迪·布莱恩特卸任英特尔公司董事会主席职务，2017年开始担任英特尔董事的奥马尔·伊什拉克（Omar Ishrak）出任董事会主席。奥马尔·伊什拉克曾任全球领先的医疗技术公司美敦力（Medtronic）的董事会主席兼首席执行官。

苹果公司：正式起步即实行职业管理

1977 年 1 月 3 日，马库拉、乔布斯和沃兹三人正式成立苹果电脑股份公司之后，马库拉出任苹果首任董事会主席。马库拉请来国民半导体公司的行政主管斯科特（Michael Scott）出任苹果公司的第一任总裁兼 CEO，同年 5 月兼任苹果公司首任首席执行官。关于斯科特的薪水有两种说法：一是 2.6 万美元，是他在国家半导体公司收入的 1/3；二是 2 万零 1 美元，比三位合伙人多 1 美元。

1981 年 3 月，因为财务困境、大幅裁员等原因，斯科特被迫辞去了总裁和 CEO 职位，马库拉由董事会主席改任总裁兼 CEO，乔布斯则接替马库拉出任苹果公司第二任董事会主席。

乔布斯想自己出任苹果公司 CEO，但是苹果公司董事会不同意。自己不能出任 CEO，次优选择就是找一个能够听自己话的人出任 CEO。于是，1983 年 4 月，原百事可乐总裁斯卡利（John Sculley）出任了苹果公司总裁兼 CEO。斯卡利对乔布斯有些崇拜，任由乔布斯控制公司，作为总裁兼 CEO 并没有真正掌握公司管理。

乔布斯任董事会主席、斯卡利任总裁兼 CEO，但真正的 CEO 职权掌握在乔布斯手中的状态持续了两年时间。乔布斯沉迷于技术和新产品研发，而对公司管理混乱和销售日益恶化的状况认识不足。1985 年 4 月 11 日，由苹果公司上市开始一直担任董事的一位投资者罗克牵头，董事会决定让斯卡利全权掌握公司，乔布斯除了董事会主席职务之外，对公司具体部门和重要事务不再有任何直接管理权。

1985年9月17日，乔布斯向苹果公司董事会提交了辞呈。乔布斯辞职后，苹果公司董事会主席的职位空缺了几个月。斯卡利从1983年4月开始担任苹果总裁兼CEO，1985年9月开始真正掌握CEO实权，1986年1月开始兼任董事会主席，此后一直领导苹果公司到1993年，该年6月内部成长起来的经理人史宾德勒（Michael Spindler）接任其总裁和CEO职务，同年10月，马库拉接任其董事会主席职务。史宾德勒的总裁与CEO职务和马库拉的董事会主席职务均任职到1996年2月，前美国国家半导体公司CEO阿米利欧（Gil Amelio）出任苹果公司董事会主席兼CEO，苹果公司从此再没有设置总裁职务。

由于乔布斯离开苹果公司后所创建的NeXT公司拥有苹果公司需要的操作系统技术，在阿米利欧的主导下，苹果公司收购了NeXT公司，并聘请乔布斯为公司特别顾问。1997年7月4日开始，苹果公司董事会召开了长大36小时的系列电话会议，最后由董事伍拉德（Edgar S. Woolard Jr，杜邦公司董事会主席）代表董事会电话通知阿米利欧辞职。乔布斯以1美元的薪酬出任苹果公司"临时"CEO，一直"临时"到2001年1月，正式就任苹果公司CEO。

自1997年7月阿米利欧辞去董事会主席和CEO职务后，苹果公司的董事会主席职位也开始空缺，董事会由两位联席领导董事负责。

2011 年 8 月，重病中的乔布斯辞任 CEO，改任公司董事会主席，首席运营官库克出任苹果公司 CEO。2011 年 10 月，乔布斯去世。11 月，2000 年加入苹果公司董事会、2005 年开始担任联席领导董事的莱文森（Arthur D. Levinson）接替乔布斯空缺，成为苹果公司董事会非执行主席。

克洛克的创业伙伴和麦当劳的领导权传递

协助克洛克缔造麦当劳的两个重要伙伴是琼·马丁诺和哈里·桑那本。琼·马丁诺是 1948 年经销普林斯搅拌机时招聘来的办公室秘书，因忠实和正直而深得克洛克的信任。哈里·桑那本于 1955 年中期从当时美国两大连锁公司之一 Tastee Freeze 副总裁的位置辞职，加盟了克洛克初创的麦当劳公司。按市场价克洛克当时根本雇佣不起桑那本，但是哈里·桑那本非常看好麦当劳的前景，自己愿意以仅够养家糊口的周薪 100 美元加入。1956 年，当克洛克确信麦当劳会发展成为全美国的大公司的时候，他分别给了琼·马丁诺和哈里·桑那本 10% 和 20% 的麦当劳公司股权。

1959 年，与 3 家保险公司签订了 150 万美元的融资协议后，克洛克任命了哈里·桑那本出任麦当劳公司总裁兼首席执行官，自己则只保留董事会主席职务。实际分工是，桑那本负责财务和行政事务，克洛克则负责销售方面，如餐厅的营运和与供应商打交道等。

1967 年，因为与克洛克之间关于公司战略等方面的分歧以及自身健康问题两个方面的原因，哈里・桑那本从麦当劳公司退休，待遇是每年 10 万美元的退休金。由于哈里・桑那本认为他离开后的麦当劳会走下坡路而出售了他的股票，得到几百万美元，但是相比 10 年后麦当劳的股价，他损失了上亿美元。一年后以与哈里・桑那本同样待遇退休的琼・马丁诺选择继续持有麦当劳的股票，成了相当富有的人。

在哈里・桑那本退休后，克洛克又自己担起了总裁和首席执行官的职务。但是很快就从 1968 年初开始，先后将总裁和首席执行官的职位转给了自己一手培养的接班人弗雷德・特纳。弗雷德・特纳在 1956 年年仅 23 岁时加入麦当劳，最初是为了要自己和几个合伙人做麦当劳的加盟店而先实习的，后来因为自己和几个合伙人之间总是达不成一致意见而放弃了开加盟店的想法之后，被克洛克雇佣，从 1957 年 1 月开始正式作为雇员加入了麦当劳公司。

从 1969 年开始，克洛克逐渐减少自己对日常管理的介入，只是在公司购买新的房地产或者确定新产品两个关键问题上保留了最后裁决权，这跟宜家创始人坎普拉德的做法很是相像。1977 年，麦当劳公司董事会任命弗雷德・特纳为董事会主席，弗雷德・特纳的一位手下艾迪・史密斯出任总裁兼首席执行官，而给予克洛克的头衔是董事会资深主席。直到 1984 年 1 月 14 日去世，克洛克一直没有停止为麦当劳工作。在他要靠轮椅出行之后，还是几乎每天都要到其圣地亚哥的办公室上班。

可以说，在美国以及世界商业史上，克洛克和麦当劳都有其独特性。尽管持有麦当劳公司的相当大比例股份，克洛克的个人财富却算不上显赫。但是，克洛克和他所缔造的麦当劳系统——“一个由小商人组成的强大联盟”，可能比世界上其他任何一家公司都创造出了更多的百万富翁——通过做麦当劳的供应商和加盟店而成功致富的人包括了从法官、警察、银行家、医生、律师、博士、教授到歌手、球员、退伍军人、黑人和妇女的各色人等。

7. 把盖茨解放出来：微软的职业管理

比尔·盖茨从哈佛退学创业，在其律师父亲看来是“一个甚至都不存在的领域”里缔造出了微软公司。掌控微软 25 年之后，盖茨退居二线，支持鲍尔默领导微软向成熟公司转型。微软职业经理人出身的鲍尔默，以 738 亿美元的身家，位居美国富豪榜第 9 名，世界富豪榜第 13 名。

一家公司要长期可持续成功，存在两种途径：一种是改变身居最高职位的人，另一种是希望那些最高领导人发生转变。盖茨和微软公司也许可以算说这两种方法兼而有之，鲍尔默出任首席执行官领导微软组织转型，盖茨则一方面只专注于微软的技术方面，另一方面从“挣钱机器”转型为了“花钱机器”，把自己的精力更多地投入到了慈善活动中。

投资者和经理人推动下的微软公司上市

微软也和苹果一样，1975 年最初成立时是两位创始人的合伙企业。1981 年 6 月 25 日，进行了一次私募后改制为公司。

盖茨和艾伦创立微软之初是平分权益的，后来盖茨以自己为了公司而退学（盖茨确实是在艾伦的一再要求之下选择退学的）为理由，将两人的权益比例调整为盖茨 64%、艾伦 36%。招揽鲍尔默加盟时，给了 5% 的权益。为了吸引人才进入公司，微软常常提供优惠价格购股。这样，到 1985 年时，虽然公司的控制性股权仍旧掌握在盖茨和艾伦这两位创始人手中，但是已经有一位外部投资者大卫·马奎特持股 6.2%，同时有大量员工持有公司股份。

1982 年微软曾雇用了一位名为康恩的人为总裁，但是仅仅 11 个月之后就将其解雇了。1983 年艾伦离开了微软公司，盖茨找来曾任坦迪电脑公司副总裁的休利出任微软总裁。休利为微软公司建立起了一套管理制度，尤其是加强了财务和行政管理。休利的主要使命是“把比尔·盖茨解放出来”。在他看来，由于盖茨试图管理的部门（他要负责管理所有的开发部门）太多，工作效率受损。盖茨还有些虎头蛇尾，一个项目尚未善终，又会启动一个新的项目。

1984 年 8 月，微软进行了一次内部重组，设立了操作系统和应用软件两个大的部门，每个部门内部各设技术组和管理组。1980 年加盟的鲍尔默领衔操作系统部，聘请来苹果公司前市场部主任柯尔主管应用软件部。由此盖茨可以专心他的特长：设计新产品。他的任务被限定为宏观层次上设计软件产品以及决定整个软件产品的发展方向。

外部投资者马奎特和职业经理人休利于 1985 年 4 月向盖茨提出了公司上市建议，盖茨经过几个月的踌躇之后，于他 30 岁生日的第二天，1985 年 10 月 29 日，在董事会上做出了公司上市的决定。盖茨对微软公司上市的一个主要担心是怕公司高管套现离职。最后，盖茨是在得到了公司高管们的支持和如下承诺——公司高管们一致同意在公司股票上市后，如果出售股票也最多不超过他们所持股票的 10%——之后才做出了上市的决定。决定上市之后，微软公司用 19 个指标，按 5 分制，给他们初选的 8 家投行和高科技投资公司打分，高盛公司名列第一入选为主承销商。

1986 年 3 月 13 日，微软公司股票上市，首日公司市值 6.61 亿美元。此时盖茨、艾伦和鲍尔默各自占微软股份的比例大约分别为 43%、28% 和 7%。1987 年时，盖茨被《福布斯》列为美国 400 富豪中的第 29 位，拥有 22% 微软股份的艾伦列第 87 位。

盖茨：你知道，这不是我的公司

盖茨无疑是位技术天才，但在对市场和管理的认识上也有独到之处。盖茨知道，微软公司需要有像鲍尔默这样非技术出身的智囊人物，来帮助公司把软件变为成功的产品。盖茨曾表示："把鲍尔默引入微软，是我做出的最重要抉择之一。"

史蒂夫·鲍尔默，1956 年 3 月 18 日出生，父亲是二战后移居美国的瑞士人，母亲是犹太人。鲍尔默 1973 年进入哈佛，二年级时认识了同为哈佛二年级学生的盖茨。两人都是数学疯子和拿破仑崇拜者，一见如故，成为至交。1980 年 6 月，盖茨以 5 万美元加 5% 股份的筹码把鲍尔默纳入麾下，成为微软公司的第 11 名员工，担任盖茨的助理。

2000 年 1 月 13 日，微软公司宣布盖茨辞去首席执行官职务，鲍尔默出任首席执行官，并于 1 月 27 日进入微软董事会。盖茨继续担任董事会主席，并新加一个首席架构设计师头衔。此前的 1998 年 5 月，鲍尔默已经就任微软公司总裁，接管了公司日常运作。盖茨从 1975 年微软创立以来，一直担任微软公司首席执行官，在他同时代的公司创始人都已经纷纷离开自己的企业很久以后，盖茨依然掌管着微软。

自 1998 年鲍尔默出任总裁负责日常业务管理时起，盖茨和鲍尔默两位就开始紧密地一起处理公司事务。他们努力进行每周一次为时一小时的面谈，但由于各自繁忙的旅行日程，他们一年也就能实际会面 20 多次，两人都喜欢随时给对方发个电子邮件。鲍尔默刚开始担任首席执行官的时候，他和盖茨之间很像是一种双首席执行官状态。但是经过一段时间的磨合与调试后，两人逐渐进入了一种更加明确的分工状态。鲍尔默负责制定企业远景规划并在总体上管理公司，管理流程和组织，在合适的位置上安排合适的人。在这些方面，盖茨的意见很重要，但是要由鲍尔默来做出最终决策。但是关于产品开发决策，盖茨的意见总是占上风。这一点跟宜家创始人坎普拉德很相似，不过盖茨是仍然担任董事会主席并兼任首席软件架构设计师，而坎普拉德是作为公司顾问拥有关于产品开发的一票否决权。盖茨掌握所有技术事务，包括研发及任何根植于技术的重大商业战略。

在回答《商业周刊》“你是否认为鲍尔默带来的一些变化使微软不那么像你的公司了”这一问题时，盖茨说：“你知道，这不是我的公司。”抓住自己最擅长的，其他的放手，这是盖茨的治理智慧。在鲍尔默的领导之下，微软实现了从创业型公司到成熟型公司的转型。2002 年 7 月开始整个微软公司重新划分为 7 大业务板块，每一板块有自己的总裁和职能部门，具有相当大的自主权。2003 年 1 月 6 日，微软公司宣布分红，结束了其长期以来实际存在着的不分红政策。2003 年夏，微软又结束了其长期以来主要靠股票期权激励的做法，改用受限股票激励，企业文化导向上相应地从追求爆发、暴富和不计代价的成功，转型为了可信赖和长期可持续增长，以及事业与家庭、企业与社会之间的平衡导向。

鲍尔默、盖茨的退出和纳德拉的接任

2000 ~ 2014 年，鲍尔默担任了 14 年的微软首席执行官。鲍尔默领导微软从创始人控制下的公司转为成熟的职业管理下的公司，但是在迎接移动互联网兴起的挑战时，鲍尔默动作缓慢，引起董事会不满。鲍尔默于 2014 年 2 月辞去微软首席执行官职务。退任微软首任执行官后，鲍尔默收购了 NBA 洛杉矶快船队（Los Angeles Clippers），精力投入到球队管理上。退出了微软董事会，但继续保有所持 4% 的微软股份。

鲍尔默辞职和离开微软是自主决定做出的，他认识到微软进入新时代最好的方法是引入新领导者加速变革。但促使他认识到这一点的是微软董事会，特别是 2012 年加入微软董事会的约翰·汤普森（John Thompson）。汤普森直言不讳地指出鲍尔默行动太慢了："嘿，伙计，我们抓紧干吧……我们正处于假死状态。"

2014 年 2 月，在鲍尔默卸任微软公司首席执行官的同时，比尔·盖茨也卸任了微软公司董事会主席，但继续担任公司董事，并任公司技术顾问。汤普森接任盖茨，出任微软公司董事会主席，萨提亚·纳德拉（Satya Nadella）接任鲍尔默，出任微软公司首席执行官，并加入董事会。

汤普森 2012 年 2 月以独立董事的身份加入微软公司董事会，并任首席独立董事。汤普森曾担任赛门铁克（Symantec）

公司董事主席兼首席执行官 10 年，并在 IBM 工作过 28 年。

纳德拉出生于 1967 年，印度门戈洛尔大学电子和通信工程学士，美国威斯康星大学计算机硕士，芝加哥大学 MBA，1992 年加入微软，出任首席执行官时已经在微软工作了 22 年。

2020 年 3 月 13 日，盖茨辞去了微软公司董事职务。这时，除去摘不掉的创始人头衔之外，盖茨在微软只剩下“技术顾问”头衔了。盖茨还持有约 1.36% 的微软公司股份。

关于辞去微软公司董事，盖茨在领英中写道：“我已决定退出我所服务的两个董事会——微软和伯克希尔哈撒韦，并将更多的时间用于慈善事业，包括全球卫生健康发展、教育以及应对气候变化等事业。”同时还写道：“关于微软，退出董事会绝不意味着离开公司。微软将永远是我毕生工作的重要组成部分，我将继续与纳德拉和技术领导层接触，以帮助形成愿景，实现公司雄心勃勃的目标。我对公司正在取得的进展以及它如何继续造福世界比以往任何时候都更加乐观。”消息公布当日，微软股价在盘后交易中下跌了 3%。

2021 年 6 月 16 日，纳德拉接替汤普森，出任微软公司董事会主席，并兼任首席执行官。汤普森继续担任微软公司董事，并任首席独立董事，职责包括：召集独立董事会议，制定执行会议议程，以及主导首席执行官的绩效评估。

8. 戴尔公司的艰难转型：私有化与重新上市

在扎克伯格等 IT 新秀崛起之前，迈克尔·戴尔定义了美国科技奇才的神话，只有盖茨和乔布斯可与之相提并论。1988 年公司上市时，迈克尔·戴尔只有 23 岁，比 Facebook 上市时的扎克伯格还年轻 5 岁。迈克尔·戴尔没有像盖茨那样顺利地实现戴尔公司的管理转型，2013 年戴尔公司私有化，48 岁的迈克尔·戴尔把私有化后的戴尔公司当作了一个全球最大的"新创企业"来领导，2018 年又以戴尔科技的全新面貌重新上市。

不成功的转型努力

1984 年，迈克尔·戴尔创建了"戴尔电脑公司"，这一名字沿用到 2003 年，由于非电脑业务的发展，戴尔电脑公司更名为戴尔公司（Dell Inc）。迈克尔·戴尔将戴尔电脑公司更名为戴尔公司的时间要比乔布斯把苹果电脑公司更名为苹果公司的时间（2007 年）早四年，可是戴尔却没有取得苹果那样在非电脑领域里的成功，从而在个人电脑衰落之前顺利实现转型。

2002 年开始，戴尔公司迅速扩展进了服务器、存储、打印机、移动电话和MP3播放器等领域，公司业务进展顺利，迈克尔·戴尔准备放手。

2004年3月4日，迈克尔·戴尔卸任CEO，只担任董事会主席，前贝恩咨询公司咨询顾问、时任戴尔公司总裁兼COO的罗林斯（Kevin Rollins）成为总裁兼CEO。但是由于没有预见到电脑市场从台式机向笔记本的转换趋势，2006年戴尔失去了电脑市场老大的宝座。2007年1月31日，42岁的迈克尔·戴尔应董事会要求，重返CEO岗位。戴尔公司开始调整方向，通过并购，向软件、网络、安全和服务发展。这一次，平板电脑的崛起又在迈克尔·戴尔的预料之外发生了，他坦言："我完全没有看到其中的机遇。"

无论如何，戴尔公司的非电脑业务已经大幅度增长，但是华尔街对戴尔公司取得的进展并不认可，并且戴尔公司所拥有的丰富的软件资产，也没有得到华尔街的足够重视，股价持续下跌。媒体关注焦点在戴尔公司不断萎缩的电脑销售和市场份额，而非戴尔公司开创的非电脑业务。

一波三折的私有化

费尽心思的转型和跌跌不休的股价，让迈克尔·戴尔萌生了将戴尔公司私有化的想法。2012年6月，看到股价跌破其买入价且预计无多大起色后，戴尔公司第二大股东东南资产（Southeastern）表示，如果价格合适的话它愿意把所持1.46

亿股戴尔股票售予一个管理层控制的实体，又进一步刺激了迈克尔·戴尔的私有化想法。东南资产从早期戴尔股价高点时开始购买戴尔公司股票，估计损失 5 亿美元。

2012 年下半年，迈克尔·戴尔分别与银湖资本合伙人德班和 KKR 联合创始人罗伯茨会面，均得到了支持。迈克尔·戴尔于是告诉公司董事会首席独立董事曼德尔，自己正考虑买下公司。董事会组成了一个以曼德尔为主席的特别委员会来研究这一提议及其他选择，包括分拆个人电脑和企业服务业务、分拆电脑部门与战略合作伙伴合并、加强转型收购、更换管理层、进行资本重组、增加股票回购和股息发放、向战略投资者出售公司等。曼德尔让迈克尔·戴尔告诉银湖资本和 KKR，公司董事会愿意考虑私有化交易。

2012 年 10 月，银湖资本和 KKR 都提出了约合每股 12 美元的收购报价。迈克尔·戴尔本人承诺将与最高出价者共同参与私有化。11 月公司公布的财报令人失望，业绩连续七个季度不及管理层预期，与此同时股价跌破 9 美元，KKR 因担忧个人电脑市场萎缩而退出。董事会又邀请德州当地的一家私人股权企业参与竞价，但被拒绝了。2013 年 2 月 5 日，特别委员会相信不会再有其他竞标者，公布了戴尔公司的私有化方案。

迈克尔·戴尔与银湖资本将以每股 13.65 美元的价格收购戴尔公司，交易总值为 244 亿美元。与首次有消息称戴尔正进行私有化谈判时的股价相比，这一价格要高出 25%。董事会将启动一个45天的“竞购条款期”（Go-Shop Period），寻求和接受其他竞购报价。如果戴尔公司在“竞购条款期”内接受另一投标方的报价，则收购方团体将获得1.8亿美元的分手费（Termination fee），相当于交易价值的不到1%；如果在“竞购条款期”之后接受另一投标方的报价，则收购方团体将获得4.5亿美元的分手费。

这时华尔街大亨伊坎介入，说是在一些大股东请求他的帮助之后，对这项收购交易产生了兴趣。伊坎以十几亿美元收购了东南资产所持戴尔股份，致信戴尔公司董事会，表示银湖资本的报价太低。他还利用社交网络、公开信和媒体访谈宣称应解雇迈克尔·戴尔，撤换董事会。他主张实施杠杆化资本重组，要求公司贷款几十亿美元回购股票以便溢价收购投资者持有的股票，发行认股权证以便投资者在公司将来成功转型后增购股份。但是伊坎并未正式报价。戴尔第四大股东也是戴尔私有化的强力反对者，这些股东的反对阻挠了迈克尔·戴尔的收购进程，不得不将股东投票表决的日期一再推迟。

2013年9月12日，戴尔公司股东最终表决通过的方案，比最初的方案总价值提高了5亿美元，达到249亿美元。为了有利于方案通过，收购方同意将每股收购价格从13.65美元提高到13.75美元，并承诺发放每股13美分的特别股利，但附加了一项修改股东投票统计规则的要求。按照原先的投票统计规则，弃权票将被视为反对票。根据新规则，只有那些实际表决的股票才被统计，也就是只要在实际投票的股票中获得多数票支持，私有化交易就能通过。董事会特别委员会拒绝了修改投票统计规则的附加条件。但是新价格得到了一些原本持中间立场的股东支持，也得到了机构股东服务公司（ISS）等著名股东顾问公司的支持，反对者伊坎也在最终投票前夕表示放弃争夺。

2013年10月29日，戴尔公司私有化完成，迈克尔·戴尔和银湖资本，以每股13.75美元外加每股0.13美元特别股利（合计等于每股13.88美元）、总计249亿美元的价格，收购了戴尔公司。戴尔作为上市公司最后一天的10月29日股价收报13.86美元，DELL这一交易代码10月30日从纳斯达克撤销。

为什么还是迈克尔·戴尔？

戴尔在上市25年之后，2013年重新成为一家私有公司。这家全球第三大个人电脑制造商的退市，是自2007年希尔顿全球酒店集团私有化以来规模最大的杠杆收购案。

这项交易反映了迈克尔·戴尔、银湖资本、多家银行以及微软公司等联合起来的力量。除迈克尔·戴尔的个人投资和银湖资本拿出的14亿美元之外，美洲银行、巴克莱银行、瑞士信贷、加拿大皇家银行等几家银行提供了160亿美元的融资，微软提供了20亿美元贷款。

迈克尔·戴尔以其原有戴尔公司16%的股份（约合30多

亿美元）和新投入资金，控制了私有化后戴尔公司75%的股份。他发起这场私有化交易，背后原因可能在于不想失去自己的公司。华尔街怀疑戴尔个人电脑业务增长空间，同时对于戴尔转型规划缺乏信心。如果遇到激进股东，迈克尔·戴尔可能会被赶走。

迈克尔·戴尔为什么不简单地带着他160亿美元的财富（其中120亿美元是在戴尔公司之外）离开？与他同时代的那些企业家们，只有他还坚持战斗在自己所创企业的第一线了。戴尔说："我死了也会关心这家公司，我热爱它。能够掌握自己的命运是最令人兴奋的，戴尔公司没有退市前是无法做到这点的。"没有人比迈克尔·戴尔更想得到这个公司，伊坎也不想买它。在为股东多争取5亿美元后，作秀了八个月的伊坎套现22亿美元退场。

银湖合伙人德班说："迈克尔·戴尔做了艰难的抉择。我们选择迈克尔来经营戴尔，没有更好的人选。他是一名真正具有远见卓识的人，一生有两大重要创新，一个创新与供应链管理有关，另一个创新与商业模式有关。只有少数企业首席执行官能取得一项同等水平的成就，迈克尔却取得了两项。"银湖资本最近对Skype、希捷和安华的投资回报率分别达213%、730%和430%。按照戴尔退市前最后一个季度的不良业绩保守估计，银湖资本这项杠杆收购交易的年投资回报率也可达11%。

希捷首席执行官史蒂夫·卢克佐比其他大多数首席执行官

都更了解戴尔面临的挑战以及选择退市的原因。希捷 1989 年上市，2000 年被以银湖为首的收购财团收购而退市。希捷于 2002 年重新上市，卢克佐 2009 年出任首席执行官。卢克佐说，“戴尔要找到比迈克尔更合适的掌门相当困难，他是自 1980 年代以来一直居于科技产业核心的 10 ～ 15 人之一。他的优势在于，他经历了科技产业的风风雨雨。”

微软为何要出资支持戴尔私有化？微软解释说：“微软致力于整个个人电脑生态系统的长期成功，以及通过各种方式大力投资以建设未来的生态系统。我们处在一个常变常新的行业，我们将一如既往地寻求各种机会，来支持致力于在微软平台上进行创新和发展业务的合作伙伴。”可以说，微软提供 20 亿美元贷款，是给戴尔加上了一个束缚，以免它倒向谷歌。

客户和合作伙伴对迈克尔 · 戴尔还保持信任。在整个私有化操作期间，戴尔公司没有失去一个大客户。有几家要求在新合同中加入迈克尔 · 戴尔可能不再是 CEO 这一控制权变化条款。尽管迈克尔 · 戴尔领导下的戴尔公司转型步履蹒跚，公司营业收入自 2008 年达到 610 亿美元之后就一直停滞不前，公司市值已经下降 43%，但是空降的扭亏专家获得成功的可能性不会比他更大。

迈克尔 · 戴尔表示：“私有化最终成败，要等到 10 年乃至 20 年之后，才能看到结果。”公司需要制定长期的战略，进行长期的投资。私有化后，摆脱了华尔街只关注季度业绩的束缚，不再受到 SEC、分析师、投资者和媒体的轮番质疑。迈克尔·戴尔把优先考虑的指标归结为现金流和增长率。

收购EMC，更名戴尔科技并重新上市

私有化完成两年之后，2015 年戴尔斥资 670 亿美元收购全球信息存储龙头企业易安信（EMC）。2016 年收购完成后，重组更名为戴尔科技集团（Dell Technologies Inc ），迈克尔·戴尔出任戴尔科技董事会主席兼首席执行官。

被戴尔收购后，EMC 从纽交所退市，更名为 DELL EMC。这笔收购中包括 EMC 持有的另一家纽交所上市公司、云计算和虚拟化技术龙头公司威睿公司（VMware，Inc）81% 的股份。VMware 由五位技术人员于 1998 年在硅谷创建，2004 年被 EMC 收购，2007 年在纽交所上市。VMware 的股份是戴尔收购 EMC 时所获资产的重要组成部分（约占一半价值）。

为完成 DELL 收购 EMC 这一金额高达 670 亿美元的科技史上最大收购案，戴尔公开发行了以 VMware 约 53% 的经济利益为标的物的一种业绩追踪股票（tracking stock），称为 V 类普通股（Class V Common Stock），2016 年 9 月 7 日在纽约证券交易所以 DVMT 为代码上市交易。换句话说，通过 DVMT 这一业绩追踪股票，戴尔科技实现了部分业务（经济利益）的上市。

在收购 EMC 两年之后，2018 年 12 月 28 日，戴尔科技以价值 240 亿美元的现金和 C 类普通股完成了对 DVMT 所有

股东权益（即其 V 类普通股）的收购，在纽约证券交易所以 DELL 为代码重新上市。DVMT 股东可以选择以 1 比 1.8066 的比例换取戴尔科技的 C 类普通股新公司的股份，或以每股 120 美元套现，并有推举一名董事的权利。

2013 年 10 月 30 日戴尔从纳斯达克证券交易所退市时，市值 243.3 亿美元。戴尔私有化的交易对价是 249 亿美元。2022 年 4 月 22 日戴尔科技的市值为 356 亿美元。2021 年戴尔科技有 15.8 万员工，实现营收 942.24 亿美元，位居财富世界 500 强第 76 名。

从戴尔电脑公司，到戴尔公司，再到戴尔科技集团，从私有化到重新上市，迈克尔 · 戴尔领导戴尔转型成为了一家拥有全面的 IT 硬件、软件和服务解决方案的科技集团，包括 Dell、Dell EMC、VMware、Secureworks、RSA 和 Virtustream 等六大业务板块。不过，2021 年 11 月 1 日，戴尔科技已经将原作为其子公司的 VMware 公司分拆，即将戴尔科技持有的 VMware 公司股份分给戴尔科技的股东，VMware 公司成为在股权上与戴尔科技无关的独立公司。但是迈克尔 · 戴尔继续担任 VMware 公司的董事会主席。

戴尔私有化后又重新上市，在公司治理上的重大变化就是迈克尔 · 戴尔完全掌握了作为一家新上市公司的戴尔科技集团的控制权，这一方面是因为得到银湖资本的支持，另一方面也是因为，经过一番重组，公司得以重新设置分级股份制度和分类董事制度。戴尔科技集团设置了私人持有的 A 类和 B 类普通股，以及公开交易的C类普通股等三种股份。

1965出生的迈克尔·戴尔，作为世界500强公司戴尔科技的董事会主席兼首席执行官，同时还担任VMware公司的董事会主席，在回答记者关于公司目前的传承是什么，是否认为自己是伟大的技术创新者之一的提问时说："也许现在谈论传承还为时尚早……等我90岁的时候再问我吧，我现在还是很年轻的。"

2022年4月22日，VMware公司市值是455.5亿美元，比戴尔科技高约100亿美元。

9. 舒尔茨：最好的掌控是以业绩取悦股东

舒尔茨创建星巴克，是个典型的美国企业家创业故事，其掌控和领导星巴克则是一个典型现代资本市场中公司内部治理的美国模式：创始人和董事会之间是朋友关系，经理人、员工和股东之间是伙伴关系。

把董事当作朋友和自己事业的指导者

就年轻的创业企业来说，要为增长做好准备，打好基础之后再开始腾飞，用舒尔茨的话说就是："如果你急于快速增长，你就需要奠定一个比你拟想中规模更大的企业的基础结构。”早期亏损，可能是先行投资、走在成长曲线中前面的健康表现。1986 年星巴克（前身天天咖啡）创立，1987 年亏损 33 万美元，1988 年亏损 76 万美元，1989 年亏损 1200 万美元，1990 年如期实现赢利。

这样的成长战略需要良好的公司治理和资本支持。在 1992 年最终实现公司上市之前，星巴克总计有过四轮私募融资，分别是 1985 年创立天天咖啡时的 165 万美元融资，1987 年收购星巴克时所需要的 380 万美元及其随后的 390 万美元增长资金，1990 年和 1991 年的两次风险资本融资，分别是 1350 万和 1500 万美元。

舒尔茨创建天天咖啡及收购星巴克时，自己都没有多少资本，全靠融资，他在公司占股份从来没有超过 50%。开咖啡馆又是一个很传统的事情，没有什么专利技术，跟高新技术也不沾边，但是舒尔茨却能持续获得投资者的支持，创建企业并做强做大。可以说这是一个典型的美国故事，每个企业家的梦想，也是良好公司治理体系下企业创立与成长的一个范例：想出一个伟大的点子，吸引一些投资者，创建一个持续赢利的企业。有了创业想法之后，通过有经验的律师的帮助，做出可行的商业计划，孜孜以求地去拼搏，去把事情做好。吸引资金，招揽人才，构建组织，一步一步环环相扣地走下来。

舒尔茨从 1984 年原星巴克举债收购毕特咖啡与茶公司之后陷入财务困难的事件中获取了一个教训：“举债创办公司并

非最佳方式。许多经营企业的人喜欢从银行借钱，因为这让他们有全权掌控大局的感觉，而通过出售股票来筹集资金，会使个人对于整个运作失去控制力。我相信对于企业经营者来说，维持掌控力的最好方式是以经营绩效来取悦各大股东，他自己的股份哪怕在 50% 以下也没关系。这比背上沉重债务的危险要有利得多，大肆举债限制了未来发展和创新的可能性。”（舒尔茨著《将心注入》第 44 页）。

像个“夹着尾巴的狗”一样艰难的筹资过程，也从另一个方面提高了舒尔茨与投资者及董事会打交道的能力。为创建天天咖啡公司筹资时，舒尔茨和 242 人商谈过，其中 217 人对他的计划说不。在商业计划不被完全认同的情况下，舒尔茨凭借为人诚恳和做事的投入与激情，打动了一些投资者向他这个“人”投资。他与其很多的投资者及投资者董事都发展成为了朋友关系。引入风险投资之后，舒尔茨非但没有感到遭遇了指手画脚的干涉，而且还发现自己得到了一批目光远大的可信赖的董事。由于把董事会看作自己事业的指导者而不仅仅是经济上的支持者，舒尔茨把自己经营上遇到的一些问题直接向董事们坦诚吐露。董事会坚定支持舒尔茨要“赶在增长曲线之前打造并完善管理团队，聘用具有大企业管理经验的人”。舒尔茨说：“我们的争议往往是具有建设性的，我们从来不需要投票表决。如果其中有一位坚决反对，我们就花时间把工作做好，提出可接受的解决方案。”（《将心注入》第 126 页）

把员工变成伙伴：咖啡豆股票

从发现星巴克到收购星巴克，把星巴克从咖啡烘焙商转变为咖啡饮品店，可以说是实现了商业模式上的转变与创新。但是把一种新的商业模式做好，需要在管理和公司治理上把功课做足、做好。零售业和餐饮业都是员工直接服务顾客，顾客满意公司才能赢利，才能创造股东价值。可恰恰是在由顾客服务水平决定成败的这两个行业里，员工的薪酬和福利水平是最低的。

舒尔茨说服董事会同意从 1988 年开始，星巴克公司要为所有员工，包括每周工作时间在 20 小时以上的兼职雇员在内，提供医疗保险，支付全额健康福利费用。星巴克是美国唯一一家这么做的公司。1994 年克林顿在其总统办公室里单独会见了舒尔茨，让舒尔茨给他介绍星巴克的医疗保险计划。

1990 年 10 月，在星巴克有望第一年实现盈利的时候，舒尔茨开始构想星巴克要保持长期成功的基础问题——酝酿实施全员股票期权计划。经过半年多时间的研究，1991 年 5 月，星巴克的“咖啡豆股票”（Bean Stock）方案提交董事会讨论，舒尔茨全力说服董事们一致同意了这个计划。1988 年 8 月，星巴克正式推出了其咖啡豆股票计划。当时星巴克还不是一家上市公司，要向 700 多名员工赠送股票，需要得到美国证券交易委员会的特许豁免（美国证券法规定非公众公司股东人数不能超过 499 人）。从咖啡豆股票计划实施开始，星巴克公司不再有“员工”，而是改称星巴克“伙伴”。每位工作6个月以上，包括每周工作20小时以上的兼职者，都有资格获得公司授予的股票期权。最初是按员工年基本工资总额12%的比例授予，后来又提高到了14%。

舒尔茨认为提供全员医疗保险是他做出的一项最好的决策，全员医疗保险和全员股票期权，是星巴克最大的一项竞争优势来源。舒尔茨出身贫寒和改变命运的斗志，加上对他人的关注和体贴，奠定了星巴克的管理文化和组织优势。

首席执行官继任：创始人与职业经理人

1987年天天和星巴克合并后的新星巴克咖啡公司，共有11家门店和100名员工。1992年6月26日，星巴克股票以60倍市盈率的定价在纳斯达克公开发行与上市，当日星巴克市值达到2.73亿美元。

2000年时，星巴克在全球13个国家开设了2600家门店。舒尔茨辞去首席执行官职务，担任董事会主席兼全球战略官。1990年加入星巴克担任首席财务官的奥林·史密斯（Orin C. Smith）出任星巴克首席执行官，任期5年。史密斯担任首席执行官的5年中，星巴克高歌猛进，门店总数达到9000家。

2005年星巴克董事会选择了吉姆·唐纳德（Jim Donald）接替史密斯担任首席执行官。唐纳德2002年加入星巴克，负责北美业务。唐纳德领导星巴克继续追求高速增长，而过分的增长导向导致星巴克的产品质量和顾客体验下降。2007 年，星巴克开始出现危机：门店总数发展到 13000 多家，但是顾客在门店的消费额开始减少，股价大幅下跌（–42%）。

2008 年 1 月 7 日，已经退居二线近 8 年的创始人舒尔茨重新担任星巴克公司的首席执行官。通过关闭一些效益不佳的门店（600 家美国国内门店）和裁员（1.2 万人）、加强供应链建设和管理，以及重回星巴克传统（高度关注于高质量的咖啡和顾客体验）等一系列举措，使星巴克成为应对全球金融和经济危机，在困境中反败为胜的一个典范。

2017 年 4 月舒尔茨卸任星巴克首席执行官，2009 年加入星巴克、2015 年 3 月升任总裁兼首席运营官的凯文 · 约翰逊（Kevin Johnson）出任总裁兼首席执行官。舒尔茨继续担任董事会主席，到 2018 年 6 月正式退休，迈伦 · 乌尔曼三世（Myron E. Ullman, III）接替舒尔茨担任董事会主席。为了表彰舒尔茨对星巴克的贡献，董事会授予他名誉主席称号。

2022 年 4 月 4 日，星巴克董事会主席迈伦 · 乌尔曼三世和总裁兼首席执行官约翰逊同时退休。董事会副主席梅洛迪 · 霍布森（Mellody Hobson）接替迈伦 · 乌尔曼三世，出任董事会非执行主席，成为美国财富 500 强公司董事会主席中唯一的黑人女性。霍布森现任资产管理公司 Ariel Investments LLC 的联席首席执行官、总裁和董事，2005 年首次加入星巴克公司董事会担任独立董事，并于 2018 年出任星巴克公司董事会副主席。

与董事会主席的更替相比，首席执行官的更替则出现了出人意料的情景。2021 年，约翰逊已经告知董事会他打算退休，但是董事会一直没有找到合适的继任者。2022 年 4 月 4 日，舒尔茨重新加入星巴克，担任临时首席执行官，并进入董事会。星巴克董事会表示，将在年内找到能够长期任职的接任者。

作为公司创始人，舒尔茨两度退出公司后，又两度出山，重新担任星巴克公司首席执行官，一次因为公司业绩不佳，一次因为继任者难寻。作为一家市值高达 858.6 亿美元（2022 年 4 月 29 日）的大型公司，这是很不寻常的现象，也反映了现代公司治理和有效职业管理的复杂性与实施难度。

10. 沃尔玛的双重合伙与职业经理人管理

沃尔玛能够从一个人口不足 1 万的小镇起步，发展成为全球第一大公司（以雇佣人数及销售额计算），与其创始人的经营哲学及其一套有特色的公司治理做法高度相关。

与家人及员工的双重合伙

经过 1945 年第一家店和 1950 年第二家店的经验积累之后，在 1952 年开设第三家店时，沃尔顿就开始雇佣职业经理人帮助他打理商店，并形成与商店经理“合伙”的经营理念，通常给雇佣的经理人员在新开商店中2%的投资额。在1969年重组为沃尔玛公司之前的很长时间里，沃尔顿总计拥有的32家商店的“总部”只有沃尔顿一个人，每家商店都由其店经理负责。沃尔顿到处查看自己的商店，考察竞争者的商店，为自己的商店招揽人才。

沃尔顿的父母经常争吵，这使他形成了埋头工作和重视家庭和谐的强烈个性。沃尔顿仿照其岳父的做法，并按其岳父的建议，在沃尔玛发展壮大之前，就成立了一个全体五位家人（夫妻二人和三个孩子）各占20%比例、平等合伙的沃尔顿企业，由沃尔顿企业持有沃尔玛公司的股份。家人定期就沃尔顿企业的事务开会，做出决策。通过这种安排，沃尔顿既把财产在其增值之前就转让给了孩子从而避免了高额的遗产税，又可以合理有效地统一家人作为股东对沃尔玛公司的意见。

除通过企业把家人当作合伙人之外，在沃尔玛公司中，沃尔顿把经理和员工也都当作“合伙人”，并切实采用了一套“合伙”做法。沃尔顿认为，一些公司的失败是由于他们不把顾客当回事，不努力搞好店面管理，不端正服务态度。归根结底是因为公司没有真正关心自己的员工。如果要求店里的员工能为顾客着想，那就应该先为员工着想。因为员工们会不折不扣地以管理层对待他们的方式对待顾客，你越与员工共享利润，流进公司的利润就会越多。1971年以前，是经理人员有利润分享，从1971年开始，所有在沃尔玛工作一年以上，以及每年工作

1000 小时以上的员工，都可参与利润分享。与此同时，沃尔玛还实施了一个员工购股计划——员工以工资扣除方式以低于市场价格 15% 的折扣价格购买公司股票。

分担责任和分享信息，是任何合伙关系的核心。要赢得员工的真正合作，仅仅口头承诺不行，甚至是仅仅利润分享也不行，还要在管理上真正落实员工参与。用沃尔顿的话说，你必须给予同仁责任，信任他们，然后才是检查他们。沃尔玛的每家商店都定期向全体员工公布该店的利润、进货、销售和减价情况。沃尔顿相信，与员工分享信息的好处要远远大于信息因此而泄露给外人可能带来的副作用。沃尔玛抵制工会遭遇了很多批评，但事情的另一面是，沃尔玛能够长期地有效对抗工会，与其把员工当作合伙人、有一套完整的员工利润分享措施密切相关。

家族持股与职业经理人管理

1974 年开始，56 岁的沃尔顿虽然仍是沃尔玛公司的董事会主席兼总裁，但开始将日常管理责任交给 40 岁的罗恩 · 迈耶（负责财务和分销）和 45 岁的费罗尔德 · 阿伦（负责商品经营）。公司开始产生罗恩 · 迈耶和费罗尔德 · 阿伦两大派系，加上迈耶明确提出由他负责管理沃尔玛公司、否则将辞职的要求，沃尔顿不想让罗恩 · 迈耶走人，便决定由罗恩 · 迈耶出任沃尔玛公司董事会主席兼首席执行官，费罗尔德 · 阿伦任总裁，沃尔顿任董事会执行委员会主席，承担监督和检查职责。

但是，一方面沃尔顿没有做到真正放手，另一方面罗恩·迈耶和费罗尔德·阿伦之间的派系斗争问题没有真正解决，30个月之后的1976年6月，沃尔顿重新出任沃尔玛公司董事会主席兼首席执行官。沃尔顿想让罗恩·迈耶留下来担任董事会副主席兼财务总监，但是罗恩·迈耶没有接受。罗恩·迈耶——财务总监、数据处理经理和分销中心负责人离职，一批高级管理人员也随之而去。在应对罗恩·迈耶的离职风波中，沃尔顿破格提拔了一位年轻人杰克·休梅克为经营、人事和商品部执行副总裁，又导致更多的经理人员离职，以至高级管理人员中总计有三分之一的人离职。这种局面甚至使沃尔顿自己都一度对公司前景失去信心，但是凭借其从创业开始就对招揽人才加盟格外重视所积累起来的“后备人才库”，沃尔顿很快渡过了这场人事危机。折价杂货连锁店风云人物、被沃尔顿视为零售业天才之一的戴维·格拉斯（David Glass）加入了沃尔玛，负责财务和分销，并进入了公司董事会，使公司恢复了正常秩序。

杰克·休梅克和戴维·格拉斯之间虽然还是存在竞争，但保持在了良性状态，没有演变为沃尔顿所痛恨的状态——把同事之间工作上的竞争变成“个人之间的私事”。1978年杰克·休梅克开始担任公司总裁和经营主管，戴维·格拉斯负责财务。1984年，戴维·格拉斯出任总裁和经营主管，杰克·休梅克转而负责财务。1988年，沃尔顿进一步将首席执行官职位交给了戴维·格拉斯，杰克·休梅克（个人不想在沃尔玛干到退休年龄）从管理层退职，但仍为公司董事。

尽管有人事地震等，但是整个 1980 年代，沃尔玛保持了持续强劲的增长。商店数从 1980 年的 276 家发展到 1990 年的 1528 家，销售额和利润则分别从 1980 年的 12 亿美元和 4100 万美元，增长到了 1990 年的 260 亿美元和 10 亿美元，成为全美国最大的零售商。1992 年 3 月 17 日，时任美国总统布什和夫人亲临本顿维尔，在沃尔玛公司总部礼堂向沃尔顿颁发了总统自由奖章。1992 年 4 月 5 日，在其 74 岁生日后数日，沃尔顿因癌症离世。1992 年 4 月 7 日，1978 年加入沃尔玛董事会的沃尔顿长子罗布·沃尔顿（Rob Walton）出任沃尔玛公司董事会主席。沃尔顿的小儿子吉姆·沃尔顿（Jim Walton）于 2005 年也加入了沃尔玛公司董事会。

戴维·格拉斯作为接替创始人沃尔顿的沃尔玛公司第二任总裁兼首席执行官，领导沃尔玛到 2000 年，李·斯科特（Lee Scott）出任沃尔玛公司第三任总裁兼首席执行官。2009 年，麦克·杜克（Mike Duke）接替李斯阁出任沃尔玛公司第四任总裁兼首席执行官。2014 年，道格·麦克米伦（Doug McMillon）接替杜克出任沃尔玛公司第五任总裁兼首席执行官，杜克将继续担任董事会执行委员会主席，并在未来一年内担任麦克米伦的顾问。这已经是沃尔玛公司历任 CEO 的惯例。麦克米伦，阿肯色大学工商管理学士，塔尔萨大学工商管理硕士，1990 年加入沃尔玛公司，2006 年升任山姆会员店的总裁兼首席执行官，2009 年出任沃尔玛国际部总裁兼首席执行官。在职业经理人管理之下，沃尔玛继续高歌猛进，从美国最大零售商发展成为了世界最大企业。

在建立起成熟并有序运行的职业经理人制度的同时，沃尔顿家族在董事会方面，一直保持着积极参与和领导。现任沃尔玛公司董事会主席和执行委员会委员的格雷戈里·彭纳（Gregory B. Penner），是山姆·沃尔顿大儿子罗布·沃尔顿（Rob Walton）的女婿，2008 年加入沃尔玛公司董事会，2015 年接替他的岳父，成为沃尔玛第三任董事会主席。罗布·沃尔顿在卸任董事会主席后，还一直担任董事，并是沃尔玛董事会执行委员会和战略规划与财务委员会等两个委员会的委员。家族第三代，吉姆·沃尔顿的儿子，1981 年出生的斯图尔特·沃尔顿（Steuart Walton），2016 年加入沃尔玛董事会，并任技术和电子商务委员会主席。

由于有效的家族财富传承和公司职业管理安排，在山姆·沃尔顿去世 30 年后，沃尔玛公司持续发展，沃尔顿家族财富也随之持续增长。2021 年，沃尔玛公司营业收入 5591.51 亿美元，连续第八年成为世界第一大公司。山姆·沃尔顿的后人中有 4 人位居美国富豪榜前 20 名和全球富豪榜前 30 名，每人身家在 460 亿～ 660 亿美元之间。沃尔玛和欧莱雅是家族企业财产权和管理分开，合理传承的两个典型：创始人家族保持持股、坐镇董事会，内部培养经理人有序接班和管理公司。

管理学大师汤姆·彼得斯说，“除了亨利·福特之外，山姆·沃尔顿就是 20 世纪最出色的企业家”。沃尔顿在商业零售领域里，彻底实行了跟亨利·福特在汽车制造领域里一样的“大规模”和“低价格”战略。是完全彻底地为普通大众服务，为普通大众节省每一分钱，使山姆·沃尔顿成为了与亨利·福特并列的20世纪最伟大的两位企业家之一。

第4章 家族掌控之下的职业经理人

1. 家族企业的传承、控制与职业管理
2. 贝塔斯曼：家族企业的五代传承
3. 保时捷：为避免家族纷争，引入职业管理
4. 米其林：独特结构与家族领导
5. 欧莱雅：“合理传承”与企业稳定
6. 菲亚特：百年传承与家族控制
7. 古驰家族：从内讧到出局
8. ZARA 母公司：创始人控制与职业管理
9. 宜家之道：“世间独一”的所有权结构

由于资本市场的相对落后，以及其他一些法律（基金会制度）和历史（传统贵族）原因，欧洲国家公司的股权集中度比较高，特别是双重股份制度的普遍存在，使很多欧洲国家公司的创始人家族长期保持着对公司的控制。但是，或者由于创始人后代的内部矛盾，或者由于高度的市场竞争，人才成为企业制胜关键，这些创始人家族控制的公司，也都普遍引入了职业经理人管理。保持创始人家族控制的情况下引入职业经理人，要比资本市场控制和投资人压力下的职业经理人引入，情况复杂得多，也需要一个更长时间的磨合与制度建立过程。

1. 家族企业的传承、控制与职业管理

家族企业因“家族因素”的存在而面临更为复杂的公司治理问题。一是家族企业受到家族成员代际传递的影响很大，需要妥善安排家族财产和企业控制权的传承；二是当家族企业规模做大时，难免会有股权分散，那么如何保持家族对于企业的合理控制？

家族企业传承的三种类型

传承是家族企业不可回避的问题，能否保证企业所有权与管理权的平稳传承对于家族企业的稳定与发展是非常关键的。在这一传承的过程中，企业控制结构的不稳定会直接带来企业经营的不稳定、混乱甚至是崩溃。一些行业龙头企业控制结构的不稳定已经不仅仅是企业自身的问题，而是社会的问题，甚至是涉及经济体系的安全与稳定的问题。

家族企业的传承大致有如下三种类型。

第一种是子承父业或者女承父业。这里有个关键问题：子女是否有能力和兴趣来管理企业？能力会占一半，但如果没兴趣，强迫他去接管企业，造成个人不幸福也是不值得的。如果既有能力又有兴趣，那就可以培养。这种情况比较理想，但能真正成功做到的不超过20%。像三井那样的传统日本的家族企业集团的传承经验表明，有时候“女”承父业比子承父业还更靠谱，因为儿子可能能力不足，而女儿则可以招选有能力的“女婿”来承继父业。日本可以将女婿招为养子、改姓入赘的传统，进一步加强了这种承继方式的可靠度。

第二种是保持一种积极的引导，保持一定的控制和管理。这要自己培养职业经理人，真正需要的是经过二三十年工作考察的人。一直跟着创始人工作的人，背叛的概率会下降很多。还要在利益上给予足够回报。越会分享的公司创始人，越能保持其对公司的长期控制。优秀家族企业未必一定要从家族选择接班人，家族人员往往只是出任董事会职务。实际管理企业的总裁是要与竞争公司相颉颃的。

第三种就是公司股权多元化，家族财产的投资也多元化，在市场中挑选优胜者，以实现家族财产的保值增值。这是一种很理性的选择，不一定非要家族接班人来继承，也不一定非要保持家族的控制不可。

创始家族控制的三种方式

无论是从小本生意逐渐积累起来，还是靠融资起步，创始家族控制都是公司的起点。能够保持住公司控制权的创始家族要比较幸运，更要非常精明。最重要的是公司业务发展要比较好，能产生足够和可持续的现金流，以使创始家族不必为了挽救企业于财务困境而被迫出让控制性股份或让出控制性权力。

一般而言，如果想保持对企业的绝对和完全控制，那就不要股权分散，更不要上市。理论上说，只要持股低于 50%，就有失去控制的可能。如果想既上市又保持控制，那将是一个非常大的挑战。这时候，公司章程规定，如分级股份设置，以及对董事会人选的控制等，这些具体的公司治理机制安排就非常重要。分级股份是欧洲大陆国家家族企业中所普遍采用的制度安排。

非常重要的一点是，在公司融资和股权分散的过程中，除了股权结构之外，股东构成也对公司控制影响深远。股权稀释到什么程度还能保持控制，这在不同的股东构成条件下是不一样的。选择接受注资的时候，要看准对方是谁和对方的战略意图，选择那些很难联合在一起的股东，作为你的股票出售对象。在英美国家，10% ～ 20% 的股权就能保持住对公司的控制，就是因为它的对方彻底分散了。

创始家族控制的极端方式是拒绝上市或不惜承担无限责

任，以保持家族的完全控制。摩恩家族为了避免贝塔斯曼上市，不惜缩减公司业务、出售著名的 BMG（贝塔斯曼音乐集团），以购回财务困境时不得已转让出去的 25.1% 的公司股权。米其林家族为了保持控制地位，不惜承担无限责任，采用了一种两合股份公司体制，只有承担无限责任的股东才有权选举公司管理层人员，上市交易的有限责任股份持有者无权选举管理人员。也有既不满意基于资本市场的公司控制权体系，又想超越家族所有权限制的理想主义企业家在努力地探索着第三条道路。英格瓦·坎普拉德为了宜家公司能够超然独立地存在与发展，通过一套复杂的基金会和控股公司体系来安排公司的股份和控制权。不过，即使是这类所有权一直集中的公司，也采用了办法引进职业管理。一般来说是通过基金会，让投票权和财产权分开，行使投票权的人是家族核心成员和一些有能力的职业经理人。

更多的创始家族选择了将企业转化为股权开放的现代公司，但家族保持一定比例的股份，同时努力实现公司管理权也在家族内代代相传。这样的企业遵守上市公司的所有基本规则，只是它的创始家族作为股东对公司重大的战略性问题和公司董事会的换届一直具有积极甚至是决定性的影响。实际控制着爱立信、阿里斯顿等全球著名公司的瑞典沃伦堡集团可以说是这方面的典范。保时捷、匡特家族控制下的宝马、安杰利家族控制下的菲亚特等都是这种情况。家族可能只持有 20% 甚至更少的股权，但依然保持对企业的控制。

第三种方式是家族股份传承和企业管理权传承分开安排，家族保持股份控制，企业实行职业化管理。欧仁·舒莱尔“财产继承与企业管理分开安排”的传承之法，使“家族掌控之下职业经理人管理”的欧莱雅，在作为行业领袖企业持续发展的同时，也给创始人家族继续创造着巨额的财富。

匡特模式：家族控股，职业管理

家族控股、职业管理，各公司完全独立，匡特家族始终在幕后工作。

1954 年 12 月 30 日，匡特家族第二代金特·匡特去世，享年 73 岁。为了避免兄弟反目、家族纷争，金特·匡特在遗嘱中规定，家族财产作为整体平均留给两个儿子：赫伯特·匡特和哈拉尔德·匡特，两兄弟根据各自才能和兴趣，分管不同领域里的企业。金特·匡特还为两位儿子安排了两位重要经理人作为他们各自的助手，这四人共同组成最高领导委员会，共同商议决定有关整个“家族企业集团”的重大事项。

赫伯特·匡特和哈拉尔德·匡特二人和睦相处，一直遵守京特·匡特遗愿：兄弟二人财产份额平分、一体化管理。不幸的是，1967 年哈拉尔德·匡特 45 岁时因飞机失事去世，留下了 38 岁的妻子英格·匡特和从 2 个月到 16 岁大的 5 个女儿。1970 年英格·匡特开始向赫伯特·匡特提出分割财产。赫伯特·匡特自己也有妻子和 6 个孩子，十几位继承人能对公司的发展达成一致意见吗？经过长时间的商谈和评估之后，匡特第三代的两家之间分割了财产，各自管理。此时匡特家族持有奔驰15%的股份，绝大部分归了哈拉尔德（英格）·匡特家，宝马公司的股票则全数归属赫伯特·匡特家。

1974年，匡特家族所持奔驰股票转让给了科威特国王。赫伯特·匡特让出了奔驰公司股票之后，接过了宝马公司监督董事会主席的职位。赫伯特·匡特于1982年6月2日因病去世。为了避免子女们因争夺财产而引起矛盾，赫伯特·匡特在其去世前几年就开始精心制定方案、分配财产。他的三次婚姻所生6个子女各自得到了自己的财产。

匡特家族第四代成员已经不像第三代两兄弟那样将财产捆绑在一起，而是各自名下有各自的财产。但是他们可以自愿选择运作上的“一致行动”。哈拉尔德·匡特的五个女儿把她们的财产放在了一起，由一家属于她们自己的资产管理公司管理。宝马公司股票则至今一直留在匡特家族，主要是在赫伯特·匡特最后一次婚姻所生的一儿一女手中。1997年，赫伯特·匡特34岁的女儿苏珊·克莱藤和30岁的儿子斯特凡·匡特同时被宝马公司股东大会选举为监督董事会成员。

2. 贝塔斯曼：家族企业的五代传承

战略头脑、见识和自身身体条件限制等因素，共同促进了第四代领导人海因里希·摩恩时期贝塔斯曼公司管理上的进步与现代化历程：充分授权和引入外部人才。第五代领导人、现代贝塔斯曼帝国缔造者莱恩哈德·摩恩也曾有让企业摆脱家族控制、引入职业经理人体制的想法，但是安然的破产打消了他的这一想法。他想让贝塔斯曼摆脱家族企业的局限性，又不想迈向上市公司体制，为此进行了一系列的探索。

从卡尔·贝塔斯曼到乔汉纳·摩恩

1835年7月1日，印刷商卡尔·贝塔斯曼（1791—1850）在德国居特斯洛创建了以其本人名字命名的图书出版公司（C. Bertelsmann Verlag）。尽管起步时期的贝塔斯曼公司只是一个出版宗教读物的小作坊，但卡尔·贝塔斯曼从创业伊始就奠定了一套严格的道德标准。卡尔·贝塔斯曼热心公益，兼任居特斯洛教会会长和市政委员。他把一套以企业推动道德进步和社会发展的理想，和贝塔斯曼公司一起，直接传给了他的儿子海因里希·贝塔斯曼（1827—1887）。

1849年，作为第二代所有人，22岁的海因里希·贝塔斯曼接管了拥有 14 名员工的贝塔斯曼公司。随着公司吸纳其他出版商并拓展出版领域——从单一的宗教读物扩展到了小说、哲学和教育，公司的规模稳步壮大，员工数量增长到了 60 名。海因里希 · 贝塔斯曼于 1887 年建立了德国第一个公司养老金和残疾人基金。

海因里希 · 贝塔斯曼有两儿一女，但是两个儿子早年夭折，只剩下唯一的女儿弗里德里克 · 贝塔斯曼（1859—1946）。1881 年，弗里德里克 · 贝塔斯曼与牧师之子乔汉纳 · 摩恩（1856—1930）结婚。

乔汉纳 · 摩恩毕业于由卡尔 · 贝塔斯曼所创办的居特斯洛新教高级中学，从 1874 年开始在贝塔斯曼公司当学徒。1887 年，海因里希 · 贝塔斯曼去世，乔汉纳 · 摩恩成为了贝塔斯曼公司的股东。此时已经协助海因里希 · 贝塔斯曼工作了十四年的乔汉纳 · 摩恩还未能得到海因里希 · 贝塔斯曼遗孀的完全信任。到 1896 年，乔汉纳 · 摩恩最终成为贝塔斯曼公司的第三代所有人。在他的领导下，宗教读物再度成为贝塔斯曼的出版重点，1910 年员工人数达到 80 人（当时居特斯洛的人口总数为 1.8 万人）。乔汉纳 · 摩恩在接掌了贝塔斯曼公司的同时，也完全承继了创始人卡尔 · 贝塔斯曼的理念：用宗教读物促进道德进步、用企业发展促进社会公益。在 1910 年公司成立 75 周年庆典时，乔汉纳宣布了贝塔斯曼公司的员工带薪休假制度，尽管一年只有三天，但却是开创历史先河的举措。

海因里希·摩恩：任用外人和公司管理的现代化

1910 年，乔汉纳·摩恩的儿子海因里希·摩恩（1885—1955）进入贝塔斯曼公司协助父亲工作，并成为公司的股东之一。1918 年，海因里希·摩恩接手了贝塔斯曼公司部分业务的管理。1921 年，由于身体原因，乔汉纳·摩恩将贝塔斯曼公司交给了海因里希·摩恩全权管理。此时的贝塔斯曼拥有 84 名员工，年收入 70 万马克。

作为贝塔斯曼公司的第四代所有人，海因里希·摩恩领导贝塔斯曼度过了 1920 年代早期德国的恶性通货膨胀时期（1923 年底时公司只剩下了 6 名员工）和后来的世界大萧条时期。海因里希·摩恩为贝塔斯曼公司的销售、会计和成本核算等建立了新的基础，使贝塔斯曼走上了管理现代化的轨道。

海因里希·摩恩患有哮喘病，医生建议他“最好长期住在山区，从那里领导公司”，他听从了这个建议。但是如何解决居住地远离公司办公地情况下的公司管理问题？海因里希·摩恩通过充分授权激发员工的责任感和团队精神等等，这些现在看来并不算新鲜的领导模式，在当时却是革命性的。

在海因里希·摩恩的完全信任和充分授权下，一位不仅是“外姓”，而且是“外人”的弗里茨·威克斯福斯开始走上了贝塔斯曼的舞台，并成为了贝塔斯曼公司发展史上非常重要的一位人物。弗里茨·威克斯福斯不像公司创始人卡尔·贝塔斯曼以及摩恩家族成员那样具有虔诚的宗教信仰、坚决反对饮酒，他是个“俗人”，不拒绝将酒作为一种交际和庆祝手段。弗里茨·威克斯福斯出任销售总监，引进了巨幅彩色海报、特殊橱窗排列、新奇包装及有奖销售等等图书促销方式，为贝塔斯曼在传统的宗教出版物市场之外，打开了有关小说和流行读物的更为广阔的大众市场。1939 年，贝塔斯曼公司员工总数达到了 400 人。

随着第二次世界大战的全面爆发，贝塔斯曼公司开始提供一系列武装部队特别版书籍，在遍及欧洲的各个地点印刷自己的产品。1943 年，贝塔斯曼成为了生产量最大的出版商。1945 年 3 月，在英军对居特斯洛的一次空袭中，贝塔斯曼公司大部分设施被摧毁，但是印刷机器幸免于难，因而得以在战争结束之后立即重新开业。

莱恩哈德·摩恩的贝塔斯曼治理结构转型探索

海因里希·摩恩育有四男二女，接班的是他的三儿子莱恩哈德·摩恩（1921—2009）。莱恩哈德·摩恩于 1943 年 5 月在非洲被美军俘虏，在美国堪萨斯的俘虏营里度过了两年半时间，1945 年 11 月回到居特斯洛，作为第五代所有人加入了贝塔斯曼公司。在战后重建和申请各种经营许可证的过程中，莱恩哈德·摩恩逐步接替了父亲海因里希·摩恩的角色。两年后的 1947 年，海因里希·摩恩正式对外宣布移交公司管理权，26 岁的莱恩哈德·摩恩开始掌管贝塔斯曼公司。

也许是由于理念认同和自身经验有限两个方面的原因，莱恩哈德·摩恩继续沿用由其父亲所创的“充分授权”领导模式，又进一步将其发展成一套完整的贝塔斯曼企业精神：分权经营、责任授予、伙伴型领导和公司社会责任，并于1960年形成了一套完整和成文的“贝塔斯曼原则和企业结构”。海因里希·摩恩的得力干将、仍任销售总监的弗里茨·威克斯福斯继续帮助莱恩哈德·摩恩扩展贝塔斯曼公司的业务。

到1950年代末，贝塔斯曼已经从一家中小型企业发展成为一家大型企业。再经过1960年代公司的多元化发展和规模扩张，原来的企业体制框架已经不适应贝塔斯曼业务发展的需求。1971年4月，莱恩哈德·摩恩将贝塔斯曼转变为一家股份有限公司（AG）——贝塔斯曼集团，并根据德国股份公司法，建立了管理董事会、监督董事会和股东大会等德国模式的现代公司治理架构。

贝塔斯曼集团虽然转为股份公司，但是一直没有上市，并且没有任何上市的打算。秉持劳资合作理念的理想主义者莱恩哈德·摩恩试图找到一种既不同于传统的家族控制企业模式，又不同于通过上市而使股权分散化、由公众持有和资本市场控制的企业所有权模式。

1977年，莱恩哈德·摩恩建立了非营利组织——贝塔斯曼基金会。1993年，莱恩哈德·摩恩将其所持贝塔斯曼的大多数股份转移到贝塔斯曼基金会，使贝塔斯曼基金会成为了贝塔斯曼公司的最大股东。“公司的资产应有别于个人可以随意处置的资产”，他这样解释这非同寻常的一步。

1999 年 1 月，莱恩哈德·摩恩又将他的投票权转移到了贝塔斯曼管理公司。贝塔斯曼管理公司的股东共有 8 人：贝塔斯曼监督董事会的主席、监督董事会的另一位成员、贝塔斯曼管理董事会的主席、贝塔斯曼持股的一家公司的管理层成员、一名员工代表和三名摩恩家族成员。贝塔斯曼管理公司控制着贝塔斯曼集团 74.9% 的股份及其所拥有的 75% 的投票权，另外 25.1% 的股份及其 25% 的投票权掌握在比利时 GBL 公司手中，这是 2001 年时为获得 RTL 集团股权而与比利时 GBL 公司进行换股的结果。

2006 年 7 月，为了避免比利时 GBL 公司将其所持贝塔斯曼集团股份公开上市，以致贝塔斯曼集团从由私人控制的股份公司转为公众股份公司，贝塔斯曼集团出价 45 亿欧元回购了这部分股份。贝塔斯曼集团重新回到了没有外部股东的股份结构：贝塔斯曼基金会持有 76.9%，摩恩家族持有 23.1%。这两部分股份的表决权全部由贝塔斯曼管理公司持有。

贝塔斯曼能否真正走出第三条道路

虽然从传承上来看是贝塔斯曼的第五代，但是莱恩哈德·摩恩几乎是从二战之后的一片废墟上重新建立起贝塔斯曼，并一路领导贝塔斯曼发展成为今天这样一个媒体帝国的。

2009 年 10 月 3 日，88 岁的莱恩哈德·摩恩去世。贝塔斯曼集团首席执行官哈特穆·奥斯特洛夫斯基在一份声明中表示："贝塔斯曼为失去一位德高望重的企业领袖而沉痛默哀。我们将与莱恩哈德·摩恩的家人，尤其是他的遗孀莉兹·摩恩以及他的孩子们共同面对未来。"

2000 年，莱恩哈德·摩恩在回顾其毕生成就时自述："没有哪家德国企业以我称之为企业文化的这种哲学，取得了如此大的成就，特别是一家传媒企业。美国人的大企业也没能做到这一步。"是否真的是独特的企业文化带来了贝塔斯曼的成功，我们无法验证，但我们看到，为了坚持他的信念，莱恩哈德·摩恩拒绝了使自己成为世界首富的机会。据估算，如果 1993 年莱恩哈德·摩恩没有把所持 68.8% 的贝塔斯曼股份转给贝塔斯曼基金会，而是将其保留下来，并将公司公开上市，那么他将是比比尔·盖茨更富有的人。莱恩哈德·摩恩对此答道："富有不是我的目标。我用我的财富建立这个基金会，并通过这样为企业保有资本基础。"

但是贝塔斯曼的未来会怎样？莱恩哈德·摩恩这位一心宣扬"合作制胜"的理想主义者所开创的贝塔斯曼这种介于"家族所有—家族控制"和"公众所有—经理人控制"中间状态、以文化取胜的企业模式能否持续？在莱恩哈德·摩恩仍健在但是退出了管理一线的那些年里，强势经理人或"外人"（管理董事会主席兼 CEO 托马斯·密德霍夫及监督董事会主席格尔德·舒尔特—希伦，分别于 2002 年和 2003 年因公司领导方式或战略方向问题与摩恩家族发生冲突并离职）与家族控制之间的权力斗争，已经显现出了贝塔斯曼这种制度安排的不稳定性。

摩恩家族通过成立贝塔斯曼基金会及将所持贝塔斯曼股份的大部分转移到贝塔斯曼基金会名下，从财产所有权上削弱了贝塔斯曼的家族企业特征，但是在控制权（投票权）上并没有实质性的放松，并且通过贝塔斯曼管理公司掌握全部投票权等复杂的安排，使贝塔斯曼集团的实际治理和控制结构变得非常模糊和不容易理解。

由贝塔斯曼集团管理董事会主席兼首席执行官转任贝塔斯曼监督董事会主席、同时是贝塔斯曼大股东——贝塔斯曼基金会主席兼首席执行官的冈特·蒂伦，是个没有很大开拓性的老好人似的角色。贝塔斯曼现任监督董事会成员里，莉兹·摩恩应该是决定贝塔斯曼命运的比较重要的人物，她是贝塔斯曼基金会副主席兼理事会副主席，并是实际掌握贝塔斯曼全部股份投票权的贝塔斯曼管理公司的董事会主席。莉兹·摩恩是莱恩哈德·摩恩的第二任妻子，比莱恩哈德·摩恩小20岁。莱恩哈德·摩恩共有6个孩子，他和莉兹·摩恩的孩子克里斯托夫·摩恩是贝塔斯曼13名现任监督董事会成员之一。对于贝塔斯曼集团，莉兹·摩恩的公开言论和行为都显示出她是摩恩家族控制权的坚定捍卫者。为了维护家族控制和“贝塔斯曼文化”，似乎宁肯牺牲贝塔斯曼进一步发展成为顶级全球企业的前景，退回到地区性公司的状态也在所不惜。

3. 保时捷：为避免家族纷争，引入职业管理

为家族企业打工的职业经理人都要面临家族股东的挑战。保时捷公司的职业经理人更要面临两个控股家族。同时作为德国的股份公司，保时捷还要实行劳资“共同决策制”，由此保时捷公司的职业管理之路尤其坎坷。

为解决家族矛盾实行职业化管理

保时捷公司创始人费迪南德·保时捷（1875—1951）青年时代就是个发明家，在 1900 年的巴黎国际博览会上展出了他的一项创新——将电动马达装置于汽车前轮系统。作为技术主管在奥斯托—戴姆勒股份公司工作 17 年，以及其他一些工作经历之后，1931 年 4 月 25 日，费迪南德·保时捷决定自立门户，在德国斯图加特开设了自己的设计室——名誉机械工程博士 F. 保时捷有限责任公司，从事发动机与飞机制造设计与咨询业务。公司的另一位主要股东是费迪南德·保时捷的女婿安东·皮尔希（1894—1952），同时担任公司的法律顾问。费迪南德的儿子费里（1909—1998）和女儿路易丝（1904—1999，安东·皮尔希的妻子）也先后加入了公司。1948 年 6 月 8 日，第一辆保时捷跑车——356/I 型跑车诞生，该年底公司共有 200

名员工。把保时捷从设计室和小型手工加工车间发展成为汽车制造厂和世界著名跑车品牌的是公司创始人费迪南德·保时捷的儿子费里·保时捷。

直到1972年，控制保时捷的姐弟两个家族都合作很好，在所有的大事情上，费里·保时捷都与他的姐姐路易丝共同商量着决定。但是随着家族第三代加入公司，矛盾开始重重显现。费里·保时捷的管理权威时常遭遇来自他外甥费迪南德·皮尔希（路易丝之子）的挑战。最后费里·保时捷和路易丝达成协议：全部家族成员退出公司管理层，不再介入日常事务；解聘费迪南德·皮尔希（后来成为了大众汽车的CEO），同时把所有家族第三代成员都从公司高层管理职位上调离。费里·保时捷自己也退出高层管理职位，交由职业经理人负责。富尔曼和布拉尼茨基共同成为了家族外的公司最高管理者。

与此同时（1972年），保时捷有限责任公司改制为股份有限公司。10位股东是费里·保时捷、路易丝和他们两人各自的4名子女。股份平均分配，每位各占10%。费里·保时捷担任监督董事会主席（此后在公司监督董事会任职直至1993年，主席职位由其儿子接任），路易丝为副主席。从此开始，保时捷和皮尔希两个家族通过家族委员会共同治理保时捷公司。

1984年4月，保时捷公司股票上市，但是对外部投资者发行的是没有投票权的股份，所有投票权都掌握在家族成员手中。这一设置帮助家族保持了对公司的绝对控制，同时保持了公司的独立，这是创始人费迪南德·保时捷始终如一的理念。路易丝的长子恩斯特·皮尔希因为在地产投机生意中遭遇巨额损失不得已变卖自己所持保时捷10%股份，为了避免投票权被家族外人获得，其他9人共同出资购买了这部分股份。

职业经理人魏德金

从1972年改制为股份公司、家族人员退出日常管理开始，到文德林·魏德金上任之前，所有公司总裁（管理董事会发言人或主席）都未摆脱被提前解雇的命运，包括富尔曼（1972年）、舒茨（1981年）、布拉尼茨基（1988年）和伯恩（1990年）等。

魏德金于1952年出生，1972年入读莱茵—威斯特法伦高等技术学校机械制造专业，1978年作为制造技术方向的注册工程师毕业，随后于1983年又获得了工程学博士学位。同年，魏德金进入保时捷公司生产和材料技术部工作。1988年10月，魏德金跳槽到滚珠轴承生产商格律克公司任技术主管，两年后升任管理董事会主席。1991年，保时捷公司聘请魏德金接替他以前在保时捷时上司的职位，出任生产和材料经济部主管。魏德金回到保时捷公司担任生产主管之后，拜丰田为师，进行合理化改革，大力整顿和改进生产流程。

1992年9月，魏德金出任了保时捷公司管理董事会发言人职位。之所以被聘为管理董事会发言人而不是管理董事会主席，是因为资方（控股家族）和劳方（企业职工委员会及产业工会）都认为魏德金还太年轻（不足40岁），不能像他的前任那样个人掌控太大权力，需要更多地由管理董事会成员集体行使权力。1993年6月，魏德金正式升任保时捷公司管理董事会主席。保时捷公司的管理决策开始由管理董事会完全掌控，而不再是像以前那样，多数关键管理决策实际由股东家族成员坐镇的监督董事会做出。

保时捷公司于1972年引进职业经理人制度，二十年之后，魏德金是首位能够长期在职并且带领公司取得了辉煌业绩的总裁（管理董事会主席）。魏德金能够把位置坐稳并领导保时捷走上中兴之路，一方面得益于其机械工程专业出身，在生产管理和车型决策等方面内行，并拥有彻底执行的能力；另一方面得益于其卓越的外交才能，协调了两大股东家族关系及股东家族与劳工之间的关系，得到了关键人物的支持。

魏德金上任之时，保时捷处于困境之中，两大家族股权相当、利益一致，都看好魏德金。特别是，皮尔希家族的代表人物费迪南德·皮尔希此时已经坐上奥迪公司的总裁宝座，正在争当大众公司总裁的努力中，非常支持魏德金执掌保时捷的帅印。基于“目前的主要问题已经不是阶级斗争，而是共渡难关”的认识，魏德金在得到两大股东支持的同时，努力获得了企业职工委员会，特别是公司监督董事会中的员工代表们的支持。魏德金把“共同决策制”融入到了公司的策略形成过程之中，遇到重要事项会直奔职工委员会办公室，同委员会主席磋商，并与职工委员会主席之间建立了电话热线。

但是世上没有牢不可破的盟约和平衡关系。保时捷公司这种创始家族持有全部有投票权股份、只上市交易无投票权股份的架构，在有利保持公司控制和屏蔽资本市场并购威胁及短期业绩压力的同时，也有其自身的隐患。保时捷与大众之间的收购与反收购争斗，在很大程度上是保时捷和皮尔希两大家族矛盾的产物。

保时捷创始人费迪南德·保时捷实际也是大众汽车的技术之父，大众汽车史上最辉煌的甲壳虫车原型是费迪南德·保时捷设计的。1972 年，费迪南德·皮尔希在保时捷公司内与费里·保时捷之子发生权力争斗但败北，之后转入奥迪公司，一路攀升，于 1993 年出任大众公司的管理董事会主席，2002 年以后出任大众公司监督董事会主席。

保时捷公司方面，从 1992 年开始在魏德金领导之下一路高歌猛进。在费里·保时捷之后，他的小儿子沃尔夫冈·保时捷担任监督董事会主席，一直鼎力支持魏德金。随着家族关系的演变，保时捷和皮尔希两大家族所持保时捷公司有投票权股份的比例也发生了变化，从以前的平等持有变为了保时捷家族持有 62%、皮尔希家族持有 38%。

4. 米其林：独特结构与家族领导

米其林已经延续一百多年并且业绩辉煌，但是其法律形式上的两合公司结构，在有利于保持家族控制并约束管理人更为尽责的同时，也会面临家族人才短缺或断裂问题的挑战。相比之下，也许还是美国那种高度自治的公司治理系统，像谷歌和脸书那样，通过分类股份设置等方式保持公司控制更为灵活和便利。

独特结构：两合股份公司

1889年，米其林兄弟正式创立米其林公司，因袭了其前身家族企业于1863年开始采用的法律形式——合伙公司或称两合股份公司，并且一直沿用至今，是法国三个坚持这种独特结构（有承担无限责任的合伙管理人，同时公司股票又在公开市场上市）的大型公司之一。这是一种类似“有限合伙制”的公司形式。公司股东分为无限责任股东和有限责任股东两种：无限责任股东承担管理职责；有限责任股东拥有知情权，可以对公司管理事宜提出质疑，但不能直接担负公司管理职责。

1886年米其林兄弟开始加入公司前身的家族企业时，两兄弟及其母亲合计占有公司股份约19%，在获得他们一位姨妈（占有 23% 股份）的支持并经过 1889 年的增资和重组之后，米其林家族占有公司股份 56%。爱德华 · 米其林和他的孩子们共占有公司 22% 的股份，爱德华 · 米其林成为公司唯一的管理合伙人。由于股东的权力有限，米其林公司的管理合伙人具有远远超过普通公司经理人，甚至是接近普通公司董事会和股东会的权力。

由无限责任股东和有限责任股东共同组成的两合股份公司，在法律结构上具有一种明显的优势。无限责任股东在担负无限责任的基础上可以牢固掌握公司的管理权力，这保证了公司的稳定，不会受到恶意收购的威胁。与此同时，它又与普通公司一样，可以在公开市场上发行股票和融资。1951 年米其林公司股票上市，现在是巴黎证券交易所的巴黎 CAC40 指数（Cotation Assistée en Continu 40）公司之一。

家族领导下的职业管理

创始人爱德华 · 米其林于 1940 年去世，领导公司 42 年。这位公司缔造者，把米其林从家族小厂发展为全国性的大公司。爱德华 · 米其林的两个儿子先后于在 1932 年和 1937 年，都是只有 34 岁的时候，分别因为飞机事故和汽车事故而去世。1940 年爱德华 · 米其林去世之后，他的女婿罗伯特 · 皮瑟（1892—1991）肩负起米其林的管理职责，直到第二位米其林英才弗朗索瓦 · 米其林接班为止。弗朗索瓦 · 米其林是爱德华·米其林的长孙，1926年出生，1955年成为管理合伙人和皮瑟的副手，1959年开始全权掌管米其林。弗朗索瓦·米其林领导米其林近半个世纪，米其林从轮胎业世界第十的位置上升到了第一。

1999年，在全权领导米其林40年之后，也许因不愿意任职时间超过他的祖父，弗朗索瓦·米其林宣布退职，由其儿子爱德华·米其林二世接班。爱德华·米其林二世，1963年出生，1989年进入米其林公司，1991年成为米其林集团的管理合伙人，1999年正式接班，全权掌管米其林。第四代领导人爱德华·米其林二世给米其林公司带来了一股清新之风。最为明显的一个变化是，米其林开始对股东利益给予更多的关注。弗朗索瓦·米其林从来不关心米其林的股票价格变化，而爱德华·米其林二世每天上班第一件事就是查看米其林的股票价格。一向神秘和家族色彩浓厚的米其林，开始逐步走向公开和透明。

2006年5月26日，爱德华·米其林二世驾驶游艇在海上遇难，米歇尔·贺立业出任米其林集团总裁（总管理合伙人）。米歇尔·贺立业并非“外人”，他的父亲弗朗索瓦·贺立业是弗朗索瓦·米其林姨妈的儿子。父母相继去世之后，只有10岁的弗朗索瓦·米其林由这位姨妈带大，和弗朗索瓦·贺立业是表兄弟。在1991年退休之前，弗朗索瓦·贺立业担任了24年的米其林管理合伙人。米歇尔·贺立业1944年出生，1996年9月加入米其林，任首席法律官和财务运营总监，2005年成为集团的管理合伙人。爱德华·米其林二世遇难前20天，米其林的另一位管理合伙人刚刚退休，爱德华·米其林二世又突然遇难，米其林就只有米歇尔·贺立业一位负无限责任的管理合伙人了。

2007 年 5 月 11 日，米其林集团股东大会修改了公司章程并首次任命了两位不负无限责任的管理合伙人，财务部经理米瑞东和研发及工业性能部经理盛纳德。这两位米其林历史上首次出现的不负无限责任、任期五年可以连选连任的管理合伙人和负有无限责任的总管理合伙人贺立业共同肩负米其林集团的领导职责。

贺立业也许会像皮瑟一样，在“代为掌管”米其林的同时，要培养米其林家族的下一位直系继承人接班。但是，不负无限责任的管理合伙人的出现，也许会给米其林公司的管理结构带来一种新的变化，使其与米其林家族之间渐行渐远。

5. 欧莱雅：“合理传承”与企业稳定

欧莱雅创始人欧仁·舒莱尔通过将财产权与管理权分开的“合理传承”安排，让欧莱雅能够在其过世后持续稳定地向前发展。

财产继承与企业管理分开安排

1909 年 7 月 30 日，欧仁 · 舒莱尔（1881—1957）正式创立了欧莱雅的前身——法国无害染发剂公司。这位发明了染发剂的化学家由此而成为企业家。作为企业家，舒莱尔强调企业要在提高产量的同时提高工人的工资，可以说是“分享经济”思想的领先者，不过他自己用的是“合理经济”这一表述。那么，对于他一手缔造的欧莱雅帝国的传承，他又认为如何安排才算“合理”呢?

欧仁 · 舒莱尔从来没有想过把欧莱雅的大权交给他唯一的孩子——女儿利利亚娜·贝当古(1922—2017), 他曾明确表示:“我从来没有说过要取消遗产的继承。儿子们总是要继承遗产的，可他们不能继承管理。我再说一遍，将军的儿子不见得一定是将军, 不要因为你是老板的儿子就以为自己一定是老板。”

1957 年，在他去世之前，欧仁 · 舒莱尔选择了一位已经跟随他 15 年之久、1948 年即成为欧莱雅二把手的弗朗索瓦 · 达勒作为接班人。欧仁 · 舒莱尔甚至把达勒写进了他的遗嘱中:“我指定所有财产的遗赠承受人首先是我的女儿利利亚娜；假如我的女儿在我之前辞世，则为我的女婿安德烈 · 贝当古先生；假如我的女儿和女婿在我之前辞世，则为弗朗索瓦 · 达勒先生。”这时的利利亚娜 35 岁，她服从父亲的决定。在舒莱尔的葬礼上，欧莱雅财产权的继承人利利亚娜请欧莱雅企业管理权的“继承人”、其父亲指定的欧莱雅公司新总裁站在她的旁边。达勒回忆说："她拿起我的手，一言不发，握在她的手中。我们之间的命运纽带就这样紧紧地连在一起了。"

欧仁·舒莱尔在去世前三年（1954 年）时曾说："我永远不会成为富人……我曾经以为可以聚敛很多财富……我们的世界正在改变，在不远的将来，人与人之间的差异将只表现在道德与精神层面上。"1963 年，在欧仁·舒莱尔去世六年之后，欧莱雅股票上市，使他的女儿利利亚娜·贝当古成为了法国最富有的女人。

利利亚娜在作为家族企业的欧莱雅组织中成长，也成为了她父亲思想和精神的继承者和维护者。作为欧莱雅的主要所有者、大股东，利利亚娜把企业管理的权力托付给了别人，却一直记挂着自己作为大股东的角色，妥善地行使其所有权的力量，关注而不具体介入、更不会无故干涉企业的管理和实际运作。利利亚娜·贝当古知道如何聚集一批杰出的管理人才，把父亲遗留下来的产业发展壮大。她和她的丈夫安德烈·贝当古以及女儿女婿，四人都加入了欧莱雅的控股公司——Gesparal 控投公司的董事会。安德烈·贝当古任主席，利利亚娜和达勒任副主席。贝当古夫妇及其女儿女婿也在欧莱雅董事会担任重要角色。

利利亚娜出席欧莱雅公司的各种重要活动，"露出资本家的笑容"。除了完成"第一夫人"的角色之外，她还在公司投入了很多精力并了解市场上的情况。公司总裁经常向她汇报集团主要领导人的情况，他们的优点、缺点等等。欧莱雅的总裁总是强调，最大股东对公司的永久性支持非常重要。1963 年达勒带领欧莱雅上市，1974 年与雀巢公司资本合作，1995 年收购美宝莲，在欧莱雅公司管理层决定进行这些大动作时，都得到了利利亚娜作为大股东的支持和同意。

与雀巢合作：股权控制的中间道路

1963 年欧莱雅上市，家族一直保持控股，没有遭遇来自资本市场的并购威胁。但是度过 1960 年代末进入 1970 年代，法国出现左倾倾向，出现了来自政治上的威胁。1972 年 6 月，法国共产党和共和党通过了共同政府纲领，要“打破大资本家的统治”，预备对大多数企业进行国有化。在这种背景下，为了避免欧莱雅被法国政府国有化，时任总裁达勒提出了与一家非法国企业合作的建议，得到了利利亚娜的支持。

经过长时间谈判，1974 年 3 月，欧莱雅与雀巢最终达成股权合作协议，并获得了法国政府的批准。利利亚娜 · 贝当古和瑞士雀巢公司共同通过一家名为 Gesparal 的持股公司控制欧莱雅 53.7% 的股份。利利亚娜 · 贝当古及其家族成员和瑞士雀巢公司分别持有 Gesparal 公司 51% 和 49% 的股份。这样，二者分别间接持有欧莱雅 27.39% 和 26.31% 的股份。作为交换条件之一，利利亚娜获得雀巢 4.06% 的股份，成为雀巢公司最大的个人股东。目前，利利亚娜和雀巢各自持有欧莱雅的股份比例分别是 31.0% 和 29.8%，双方合计持有的欧莱雅股份从 53.7% 增加到了 60.8%，但是双方的力量对比仍然是 51% 比 49%。利利亚娜持有的雀巢股份后来减持到了 3% 以下，因为 1988 年 11 月开始雀巢规定了单一股东能够持有的股票及投票权份额上限为 3%。

在欧莱雅与雀巢达成股权合作协议的时候，法国刚出现了所谓的“Roussel Uclaf 公司症”。Roussel Uclaf 是法国医药研究的顶尖企业，在其最大股东逝世之后，因为其继承者没有能力解决接班人的权力移交问题，而被德国 Hoechst 公司控制了，法国人眼睁睁看着自己的顶尖企业转让给了外国人，感觉国家遭受了很大的损失。因此，法国政府在批准欧莱雅与雀巢的合作协议时附加了限制条件：20 年之内（到 1994 年 3 月为止），双方均“不得以任何方式出卖、转让或者抵押”Gesparal 的股份。

创始人家族、雀巢与欧莱雅之间稳定的三角结构，为家族企业在保持家族所有—家族控制和转向机构投资者主导—职业经理人控制这两种模式之间，提供了一种中间道路或说是第三条道路——家族和真正的战略投资者共同稳定持有—内部成长的职业经理人管理。

创始人家族与董事会构成

2021 年 5 月开始，欧莱雅公司董事会由 16 名董事和 1 名咨询员组成。16 名董事中有创始人家族成员 3 人、雀巢公司代表 2 人、独立董事 7 人、管理层人员 2 人和员工代表 2 人。

咨询员为欧莱雅中央劳资委员会的当选代表，不是正式的董事，但可以出席董事会会议，有咨询性投票。管理层的两位董事是董事会主席让－保罗·阿贡，任战略与可持续发展委员会主席，以及首席执行官尼古拉斯·耶罗尼姆斯。

创始人家族在欧莱雅公司董事会的3个席位目前由创始人欧仁·舒莱尔的外孙女弗朗索瓦丝·贝当古·迈耶斯（Françoise Bettencourt Meyers）和她的两个儿子担任。2017年，94岁的利利亚娜·贝当古去世，她唯一的孩子弗朗索瓦丝·贝当古·迈耶斯继承了家族财产。2022年4月底，弗朗索瓦丝·贝当古·迈耶斯拥有财富780亿美元，是世界最富有的女性、世界第十大富豪。

弗朗索瓦丝·贝当古·迈耶斯现年68岁，是一名作家。自1997年以来，她一直担任欧莱雅公司董事，现任欧莱雅公司董事会副主席，同时也是战略和可持续发展委员会、提名和治理委员会以及人力资源和薪酬委员会这三个董事会委员会的成员。此外，她还担任家族基金会Bettencourt Schueller基金会的主席。

弗朗索瓦丝·贝当古·迈耶斯有两个儿子，35岁的让－维克托·迈耶斯（Jean-Victor Meyers）和34岁的尼古拉斯·迈耶斯（Nicolas Meyers）。让－维克托·迈耶斯是利利亚娜·贝当古晚年最喜欢的外孙，在2011年利利亚娜·贝当古和弗朗索瓦丝·贝当古·迈耶斯发生激烈冲突期间，扮演了调停人的角色。2012年，时年仅25岁的让－维克托·迈耶斯顶替90

岁高龄的祖母利利亚娜·贝当古担任欧莱雅公司董事，现在是战略和可持续发展委员会的成员。尼古拉斯·迈耶斯自 2020 年以来一直担任欧莱雅公司董事，是审计委员会的成员。

管理层权力交接：接班人全由内部培养

股权稳定则公司稳定，管理层的权力交接也能顺畅进行。在一百多年的历史中，欧莱雅一直有大股东坐镇，而且一切事务的进展都是以此为前提的。即使在法国，这种大股东股权的持久性和公司自身管理人员的稳定性都是了不起的。在欧莱雅，权力的移交总是平稳地进行，不会引起任何波澜，并且掌权人能够长久地做在权力的宝座上，带领欧莱雅迈上新的高度。

欧莱雅的历任总裁都像创始人一样，在同一个企业里完成了他们的职业生涯。弗朗索瓦·达勒，扩张主义者，在他 27 年的任期内（1957—1984），欧莱雅的销售规模从 1.5 亿欧元上升到 30 亿欧元。夏尔·兹维亚克，达勒的研究专家和同代人，是一位过渡总裁（1984—1988）。林塞·欧文—琼斯，征服者，在他的领导之下（1988—2006），欧莱雅真正实现了国际化。保罗·阿贡，2006 年接替欧文中，担任欧莱雅首席执行官（欧文中退任董事会非执行主席）。尼古拉斯·耶罗尼姆斯（Nicolas Hieronimus），2021 年接替保罗·阿贡的职责，成为欧莱雅第六任首席执行官。

达勒1918年出生，比创始人舒莱尔小31岁，1942年24岁时应聘进入舒莱尔于1928年收购来的梦皂公司（Monsavon）工作，1948年出任舒来尔的副手，1957年接任舒莱尔，成为欧莱雅的第二位总裁。到1984年达勒退休时，他已经在欧莱雅度过了42年。像创始人妥善安排了达勒作为欧莱雅的接班人一样，达勒也妥善安排了自己的接班人：只比他小四岁的兹维亚克担任四年过渡总裁，然后由欧文中接任。兹维亚克1945年进入欧莱雅工作，从事研究工作，出版了篇幅长达617页的《毛发处理的科学》

林塞·欧文中，欧莱雅的第四任总裁，毕业于英国牛津大学，1969年23岁时在欧莱雅找到了他的第一份工作——推销员，1988年开始担任总裁。如果说欧莱雅集团大股东把守着法国第一大富翁的地位，那么欧文中则是法国享有最高薪水的公司总裁，2000年他的收入是法国航空公司总裁收入的16倍。

2006年，执掌欧莱雅长达18年之久的欧文中退居二线，由董事会主席兼首席执行官改任董事会非执行主席。接替欧文中首席执行官职位的是保罗·阿贡。保罗·阿贡于1978年加入欧莱雅成为一名推销员，三年后成为欧莱雅希腊运营部门的领导人，此后又历任碧欧泉（Biotherm）的全球董事、欧莱雅美国公司总裁。在保罗·阿贡的领导下，欧莱雅在亚太市场开发和数字化转型方面成绩斐然。

2021年5月1日，保罗·阿贡改任董事会非执行主席，尼古拉斯·耶罗尼姆斯接替保罗·阿贡的首席执行官职责，成为欧莱雅第六任首席执行官。与公司创始人舒莱尔及其他 4 位前任一样，尼古拉斯·耶罗尼姆斯几乎整个职业生涯都在欧莱雅度过。1964 年出生，1987 年加入欧莱雅，2000 年升任欧莱雅法国总经理，2017 年被正式任命为欧莱雅集团副首席执行官。

6. 菲亚特：百年传承与家族控制

只有 20% 左右股份的阿涅利家族保持着对菲亚特集团的控制。“绝不让菲亚特落入他人之手”是阿涅利家族秉持一贯的信念，“把我的事业延续下去，保护好遗产，挑选合适的人，率领家族进入下一代”。

乔瓦尼·阿涅利一世及其卓越的“管家”

1899 年 7 月 1 日，菲亚特在都灵创立时的出资人共有 8 位，但是工厂的实际管理者始终是乔瓦尼·阿涅利一世。1906 年菲亚特的股票开始上市交易，由于盈利快速增长，股票价格暴涨，几位创始股东经不住财富的诱惑，纷纷抛售股票退出了公司，乔瓦尼·阿涅利一世则趁势买入，扩大持股份额，掌握了公司的控制权。

乔瓦尼·阿涅利一世认为血浓于水，非常期望他唯一的儿子能够继承家业。但是埃多阿尔多·阿涅利（1892—1935）的表现却很令他失望：一个连自己（生活放荡）和自己的妻子（同样放荡）都控制不了的男人怎么能掌管家族和家族企业的命运呢？更不幸的是，1935年7月，年仅43岁的埃多阿尔多死于飞行事故。

1945年4月，在意大利进行法西斯罪行清算的“国民解放委员会”宣布乔瓦尼·阿涅利一世和他的大管家瓦雷塔有罪，并要没收菲亚特集团。但是经美国等西方同盟国的斡旋，1945年秋，阿涅利家族与国民解放委员会最后达成了协议：由阿涅利家族的大管家瓦雷塔执掌菲亚特管理大权，乔瓦尼·阿涅利一世放弃墨索里尼于1923年授予他的终身议员身份。

1945年12月16日，菲亚特帝国缔造者乔瓦尼·阿涅利一世病逝于家中，留给他的子孙们总计约10亿美元的遗产，去世前指定了他的孙子吉安尼·阿涅利（乔万尼二世）为家族首脑和继承人。家族大管家瓦雷塔和年仅24岁的吉安尼·阿涅利两人“三言两语”决定菲亚特人事安排的对话成了阿涅利家族成员一直津津乐道的故事。瓦雷塔：“我的孩子，事情很简单，只有两种可能性。”吉安尼：“请您告诉我吧！”瓦雷塔：“要么你当董事会主席，要么我当。”吉安尼（松了口气）：“OK，那就您当吧！”瓦雷塔出任菲亚特董事会主席，吉安尼任董事会副主席并兼任瑞福滚珠轴承公司的董事会主席。

瓦雷塔，1883年出生，比菲亚特创始人乔瓦尼·阿涅利一世年轻17岁，比预定的家族接班人吉安尼·阿涅利年长28

岁。瓦雷塔先接受过会计师培训，然后从高等商业学校毕业，并于 1909 年创建了自己的管理咨询公司。1921 年，乔瓦尼·阿涅利一世将瓦雷塔招入麾下。瓦雷塔从 1946 年开始担任菲亚特董事会主席，直到 1966 年。在瓦雷塔领导的 20 年中，菲亚特成为了意大利最强大和最举足轻重的企业。

吉安尼·阿涅利：重振家族掌控

在瓦雷塔掌管菲亚特的年代里，年轻的吉安尼·阿涅利虽然也参与公司重要事务的管理和决策，但是却将很大部分精力放在女人和足球上。不过足球也是阿涅利家族的事业。吉安尼·阿涅利从 1946 年开始在阿涅利家族拥有的尤文图斯足球俱乐部担任主席，直到 1966 年开始担任菲亚特集团董事会主席为止。

尽管职业经理人瓦雷塔实际管理菲亚特，但是菲亚特还是阿涅利家族的王国。1962 年，赫鲁晓夫在莫斯科接见时任菲亚特董事会副主席的吉安尼时曾说："别的意大利政治家来来去去，您却将永远强大。"瓦雷塔和吉安尼之间的关系是既相互尊重，却又在心理上矛盾重重，但对菲亚特创始人乔瓦尼一世的敬佩始终联系着他们两人。

1966 年，瓦雷塔已经 83 岁高龄，而吉安尼也已经 45 岁。菲亚特董事会主席的接班人问题必须提到议事议程上了。瓦雷塔并不看好吉安尼，他一直在寻找自己的接班人，并一再表示：

在领导岗位卓有成效地工作 10 年以上的人都有希望成为候选人。他希望菲亚特的“传统”能够传承下去，瓦雷塔所坚信的这个传统是“任人唯贤，不唯‘阿涅利’的接班人传统”。瓦雷塔最为看好的是他的忠实助手波诺。波诺在菲亚特工作了 40 年，从工人一路晋升为高级经理。

20 年前，被菲亚特创始人乔瓦尼一世指定为家族继承人的吉安尼决定放弃董事会主席职位，着实让瓦雷塔感到意外。而今，在瓦雷塔准备让其忠实助手波诺接班的时候，一直没有明显表现出强烈愿望的吉安尼出乎瓦雷塔意料地提出了接班人安排的话题。又是一段非常简单明了的对话，解决了菲亚特的管理大权交接问题。吉安尼：“我想现在菲亚特需要新鲜空气，企业急需确立新的方向。”瓦雷塔：“听起来不错，那么您认为该由谁来实现这一切呢？”吉安尼：“我想，现在该轮到我了。”瓦雷塔：“好吧，那您去找波诺，自己告诉他您的决定。”吉安尼：“没问题。”两个小时之后，波诺得知了此事。就像菲亚特忠实的士兵一样，一如过去几十年来遵从乔万尼一世和瓦雷塔的决定，波诺接受了吉安尼的这一决定，为这位新的菲亚特董事会主席工作。1967 年，瓦雷塔去世。

吉安尼从瓦雷塔手中接管菲亚特，使菲亚特重回阿涅利家族控制，之后对菲亚特集团的管理层进行了年轻化调整，并开始给予经理人员更多的授权。吉安尼把一直在菲亚特法国公司任职的弟弟翁贝托·阿涅利调回了集团总部任公司总裁和董事会副主席。波诺后来也成为公司的董事会副主席。吉安尼的奋斗目标是：实现祖父的愿望，使菲亚特成为国际市场上的重要一员。

阿涅利家族并不排斥职业经理人，支持忠实管家瓦雷塔领导菲亚特二十年，但是对野心过大、有越俎代庖之嫌者则毫不迟疑地将其赶走。1975 年菲亚特陷入财务困境，以至无法支付股息。吉安尼聘请了危机专家贝内德提，该人名列意大利《世界报》评选的“意大利经济界希望之星”（其中包括后来成为意大利首富并出任意大利总理的贝卢斯科尼）。吉安尼买下了贝内德提的公司，并承诺给他 5% 的菲亚特普通股，这样贝内德提就可以成为仅次于阿涅利家族的菲亚特第二大股东。贝内德提进入菲亚特之后，拿出了一套整顿管理层、停止投资和裁减人员的方案。但是很快，贝内德提因为公开宣称他不想仅仅做一名菲亚特的雇员，并被怀疑预谋经他人之手在幕后收购菲亚特 24% 的股份（此时阿涅利家族持有菲亚特的股份比例是 25.71%），以达到成为菲亚特新主人的目的，而在上任仅仅 100 天之后就被解聘。

家族接班人难产，却仍能保持家族控制

阿涅利家族似乎有明显的隔代遗传特性。吉安尼的儿子和他的父亲一样：忧郁、另类、孤僻。2000 年 11 月 15 日，已经被指定为接班人的埃多阿尔多 · 阿涅利从 80 米高的高架桥上跃下身亡。在那以后，第四代阿涅利中，有希望接班的是吉

安尼弟弟翁贝托的儿子阿尔贝托。阿尔贝托出生于 1964 年 4 月 19 日，毕业于美国布朗大学，而后匿名以普通员工的身份从菲亚特的基层干起。

1993 年菲亚特陷入困境时，曾经求助于意大利美迪奥银行，并同意了银行方面提出的条件：由公司职业经理人罗密提担任董事会主席到 1997 年，然后由吉安尼的侄子阿尔贝托接任，吉安尼改任董事会名誉主席。1995 年，31 岁的阿尔贝托已经是菲亚特集团和控股公司 IFI 的董事。但是，不幸的是，1997 年 12 月 13 日，年仅 33 岁的阿尔贝托因为癌症而英年早逝。菲亚特一时又成了“没有王储的王国”。六天之后，菲亚特董事会名誉主席吉安尼宣布任命时年不满 22 岁的外孙约翰·艾尔坎为董事会成员。在年轻的约翰·艾尔坎接管菲亚特管理大权之前，菲亚特将由时任总裁——阿涅利家族的老友弗莱斯科掌管。1998 年罗密提退休，弗莱斯科出任菲亚特董事会主席。1999 年，菲亚特百岁之际，在第五任董事会主席、职业经理人弗莱斯科领导之下，取得了 500 亿欧元的销售收入，占意大利国内生产总值的 5%。

2003 年 1 月 24 日，吉安尼去世，享年 81 岁。紧急时刻，前些年已经从政、出任意大利参议员的弟弟翁贝托·阿涅利出任菲亚特执行委员会主席，2 月就任菲亚特董事会主席。2004 年 5 月，翁贝托病逝，克劳德洛·蒙特泽莫罗出任菲亚特董事会主席，约翰·艾尔坎出任董事会副主席，塞尔吉奥·马尔乔内出任菲亚特集团首席执行官，并于 2009 年菲亚特入股克莱斯勒之后兼任克莱斯勒的首席执行官。塞尔吉奥·马尔乔内于1952年出生，拥有加拿大和意大利双重国籍。2010年4月21日，吉安尼的外孙约翰·艾尔坎出任菲亚特集团董事会主席。

与标致雪铁龙合并，组建Stellantis集团

2009 年入股美国克莱斯勒汽车公司后，菲亚特于 2014 年全资收购了克莱斯勒，重组为菲亚特克莱斯勒（FCA），吉安尼的外孙约翰·艾尔坎担任新集团的董事会主席。

2021 年 1 月，菲亚特克莱斯勒集团（FCA）与法国标致雪铁龙集团（PSA），按 50% 对 50% 的比例平等合并为新的汽车集团斯特兰蒂斯（Stellantis N. V.），总部设在荷兰阿姆斯特丹，股票以 STLA 为代码同时在巴黎泛欧证券交易所、米兰证券交易所和纽约证券交易所等地上市交易。Stellantis 集团拥有十多个著名汽车品牌，包括 FCA 旗下的菲亚特、玛莎拉蒂、阿尔法·罗密欧、吉普和道奇等，以及 PSA 旗下的标致、雪铁龙和欧宝等。

Stellantis 集团董事会有 11 位董事，6 位来自标致雪铁龙，5 位来自菲亚特克莱斯勒。菲亚特克莱斯勒董事会主席约翰·艾尔坎出任 Stellantis 集团董事会主席，标致雪铁龙集团首席执行官卡洛斯·塔瓦雷斯出任 Stellantis 集团首席执行官。

阿涅利家族通过其家族控股公司（Exor N.V.）持有 Stellantis 集团 14.4% 的股份，成为第一大股东。标致汽车创始家族标

致（Peugeot）家族则以 7.19% 的股份位列第二。根据合并协议，标致家族将从持股 6.18% 的法国国有银行 Bpifrance、持股 4.5% 的中国东风汽车集团或市场上收购，增持 1.5% 的股份。

2022 年 5 月 10 日，Stellantis 集团股票市值 416.7 亿美元，比通用汽车（557.9 亿美元）和福特汽车（537.4 亿美元）都低 100 多亿美元。Stellantis、通用和福特这三家的市值总和（1512 亿美元）只是丰田汽车（2365 亿美元）的 64%。Stellantis、通用、福特和丰田这四家的市值总和（3877 亿美元）则又只是特斯拉（8155 亿美元）的 48%。除传统产业估值低之外，家族控制可能也是不被资本市场看好的一个重要原因。

意大利的家族资本主义

家族资本主义是意大利的脊柱。汽车业的阿涅利家族是意大利股市上的第一大家族企业，橡胶业的倍耐力（Pirelli）家族占第二位，电脑业的奥利维蒂（Olivetti）家族占第三位，体育服装和体育器械业的贝纳通（Benetton）家族占第四位。此外，化工业有蒙特卡提尼（Montecatini）家族，冶金业有奥尔兰多（Orlando）家族，等等。

很多意大利的家族企业坚持不上市。维罗纳市农业大王弗罗内希在其 89 岁时立下遗嘱，决定把公司的三个部门分别留给三个儿子。三兄弟劝说父亲对企业进行现代化改造以适应全球市场需要，老头说：“要是你们把公司带入股市，我就把你们的眼睛挖出来。”

意大利人认同、支持且崇敬那些创建了伟大企业的家族，并以他们为荣。1895 年乔瓦尼 · 阿涅利一世当选家乡菲拉 · 佩洛莎的市长，担任该职务直到 1945 年去世。菲拉 · 佩洛莎的居民们选择了他的孙子吉安尼接任，一直到 1980 年。

在菲亚特创业之初，都灵有 33 万人。现在，都灵和热那亚、米兰共同构成了意大利的工业铁三角。在都灵，每个家庭都与菲亚特息息相关，“只要阿涅利家族一切顺利，我们大家的日子就都好过”。

7. 古驰家族：从内讧到出局

同在家族资本主义盛行的意大利，阿涅利家族第五代成员保持住了对菲亚特集团的控制，但是古驰家族却在第三代就彻底失去了古驰集团。古驰在短短几十年内从小店铺和家庭作坊成长为国际顶级时尚品牌，可谓是商业史上的奇迹之一。然而古驰家族在因为内讧而引入私人股权资本（PE）仅仅四年之后就彻底失去了古驰集团，也可说是为企业创始家族提供了一个异常惨痛的教训。

艾度·古驰：成功的创建者，失败的掌控者

1953年古驰创始人古驰奥·古驰去世后，继承了古驰全部财产的三兄弟将古驰的业务分成了三块，各自具体管理一块：长子艾度负责海外市场，1907年出生的法斯卡负责佛罗伦萨的工作，1912年出生的罗多佛负责米兰分店。但是古驰事业仍然是作为一个集团来整体运作的，两位弟弟对大哥很信服，一切由艾度放手去做。

古驰家族第二代掌门人艾度·古驰是营销高手；擅长开疆拓土，把古驰打造成了国际性的时尚帝国；但是却没有很好地控制住家族内部的利益冲突和矛盾。艾度的长子乔吉欧于1969年在罗马自立门户，开设了一家“古驰精品店”，好在1972年古驰精品店并入了古驰家族事业，仍由乔吉欧管理。给古驰家族事业带来更大麻烦的是艾度的二儿子宝洛。

1970年代初期，古驰在美、欧、亚三大洲成功确立了品牌地位，成为了身份地位的象征。1971年，为了加快扩张步伐，艾度曾提出改变其父亲确立的家族要牢牢控制公司所有权的原则，有意通过出售40%股权让公司上市，结果遭遇两个弟弟的坚决反对。两个弟弟还决定，至少100年内，不对外出售公司股权。但是实际的演变却偏离了他们的初衷，家族内部的纷争导致了外部人的进入。

1974年，古驰创立者的二儿子法斯卡死于肺癌。法斯卡没有孩子，其持有的三分之一古驰股权应由其妻子继承。为了

保持古驰的家族所有权，艾度和罗多佛提出用现金替代股权，法斯卡的妻子同意了，这样艾度和罗多佛各持有古驰 50% 的股份。而后，艾度拿出 10% 的古驰股份平分给了他的三个儿子，初衷是想让他们能够早些加入古驰的管理决策中来，但他没有想到的是，这样一来，他的任何一个儿子如果和罗多佛联合起来都将持有 53.33% 的股份，从而在公司决策中拥有压倒性的优势。事实上，也正是这一点导致了艾度后来在家族纷争中失去了对古驰的控制权。艾度的二儿子宝洛利用这 3.3% 的股权掀起了古驰家族内部的巨大纷争。

法斯卡死后，宝洛负责起了佛罗伦萨工厂的管理工作，同时利用自己的股东身份频频介入罗多佛负责的米兰业务。罗多佛对此很不满，将宝洛打发到了纽约，1978 年又将其从意大利古驰公司开除。宝洛开始发展古驰香水公司来反击罗多佛。由于此前成立的古驰香水公司的股权分配是艾度、罗多佛和艾度的三个儿子五人各占 20%，把古驰公司的资源用于香水公司的发展，则会使罗多佛的利益受损。宝洛后又利用自己在纽约的人脉关系，自创 PG（宝洛·古驰的缩写）品牌，与古驰对抗。在涉及公司利益的重大问题上，艾度站在了罗多佛一边。1980 年，艾度将宝洛从古驰美国公司解雇。宝洛一怒之下，将古驰公司告上法庭。双方在法庭上对抗的同时，也打起了贸易战：古驰一一警告其供应商，如果发现它们与宝洛有业务联系，将立即终止合作关系。此后，除 1981 年底和 1982 年初一段短暂的和解之外，宝洛与古驰之间一直诉讼和对抗不断。1995 年底，宝洛死于肝炎。1996 年，由破产法庭裁定古驰母公司以 370 万美元买下 PG 品牌的所有权。

莫里吉奥·古驰：借外力平内乱，家族出局

1983年5月，一直与艾度父子平分古驰的罗多佛死于癌症，其唯一的儿子莫里吉奥·古驰继承了 50% 的古驰股份。35 岁即成为古驰最大股东的莫里吉奥，是第三代古驰家族成员中唯一的大学毕业生（法律专业），自有一番抱负，要对古驰进行现代化改造。为了取得大于 50% 的公司控制权，他找到一直与古驰对抗的宝洛，获得了宝洛的支持。1984 年 10 月，莫里吉奥出任古驰公司董事会主席，聘请艾度为公司名誉总裁。与此同时，艾度陷入了在美国的逃税官司，于 1985 年底将自己所持的 40% 古驰股份转让给了宝洛之外的两个儿子乔吉欧和罗贝托，使他们两位各持有 23.33% 的古驰股份。

艾度因为逃税被判入狱，激发了宝洛对莫里吉奥的报复之心。在纷繁的诉讼之争中，一项“伪造罗多佛股权转让签名”的指控曾使莫里吉奥逃离意大利，不过最终莫里吉奥被判无罪。为了摆脱艾度孩子们的股权控制，莫里吉奥通过摩根士丹利找到了一家由阿拉伯人内米尔·克达（Nemir Kirdar）于 1982 年创建的名为“投资集团（Investcorp）”的私募股权投

资基金，双方签订了一份主要内容为重塑品牌知名度、实现专业化管理和通过收购家族其他成员股份统一股东意志的协议。摩根士丹利出面代表投资集团收购莫里吉奥之外的家族成员股份。他们首先从宝洛的 3.3% 入手，于 1987 年 10 月以 4000 万美元的价格将其买下。这 3.3% 的股份已经可以使联合在一起的莫里吉奥和投资集团掌握古驰控制性的股份，让艾度的另外两个儿子乔吉欧和罗贝托如果不甘于小股东的地位就只能卖掉股份了。到 1988 年 6 月，投资集团经过摩根士丹利共从宝洛、乔吉欧和罗贝托手上收购了 47.8% 的古驰股权。罗贝托保留了 2.2% 股权，原本希望能与莫里吉奥合作掌控古驰，但在发现合作无望的一年之后也放弃了。到 1989 年 4 月，投资集团最后从艾度手上收购了所持古驰美国公司 17% 的股权之后，掌握了整个古驰集团 50% 的股份，莫里吉奥持有另外的 50%。84 岁的艾度，不得不和儿子们一样走出了古奇的大门，将自己打拼了一辈子的江山，卖给了一家金融机构。

1989 年 6 月开始，彻底平息了家族内讧的莫里吉奥，在投资集团支持下，开始了重振古驰的种种努力。可惜，莫里吉奥既没有艾度那样凭直觉管理公司的才能，又缺乏系统、理性的管理方法，还顽固地拒绝投资集团聘请专业人士管理的提议，致使古驰债台高筑，最后双方矛盾升级到了必须有一方退出的程度。莫里吉奥有心但是无力收购投资集团的股权。1993 年 9 月，在莫里吉奥引入投资集团逐走他的大伯和三位堂兄弟四年之后，不得不以 1.2 亿美元的价格将自己所持的 50% 古驰股权卖给了投资集团。古驰家族彻底从古驰集团出局。卖掉古驰之后，莫里吉奥创建了一家小公司。1995 年 3 月 27 日，在新公司尚无起色的时候，莫里吉奥被他两个孩子的母亲即他的前妻雇凶枪杀。

应对LVHM收购，古驰投入巴黎春天怀抱

1993 年，古驰集团第三代掌门人莫里吉奥 · 古驰将家族所持 50% 股份卖给投资集团。投资集团完全掌控了古驰之后，起用职业经理人负责管理和设计，古驰开始实现增长和盈利。1995 年和 1996 年古驰两次公开发售股份，投资集团共进账 24 亿美元。而后投资集团退出，古驰集团从家族企业变为上市公司，走上股权分散之路。

1997 年底，LVMH（酩悦 · 轩尼诗 – 路易 · 威登集团）开始悄悄增持古驰股票。为避免公司被恶意收购，古驰管理层想通过修改章程，将单一股东的最高投票权比例限制在 20% 之内，但是遭到股东大会的否决。1999 年 1 月，LVMH 持有古驰的股份比例达到了 34.4%，想要取得控制权，但不愿意全面收购。随后，古驰管理层推出了即刻向公司员工发行 2000 万股新股的 ESOP 计划，通过该计划可以使 LVMH 的持股比例下降到 25.6%。LVMH 将古驰告上荷兰法庭（古驰公司总部分设在意大利佛罗伦萨和英国伦敦，但注册地在荷兰阿姆斯特丹），法庭冻结了 LVMH 和古驰员工的投票权。在确信 ESOP

计划靠不住之后，古驰管理层找到了法国巴黎春天集团做白衣天使，定向增发新股，使巴黎春天集团以 30 亿美元投入占古驰 42% 的股份，LVMH 所持古驰股份则相应从 34% 稀释到了 20%。到 2004 年，巴黎春天集团已经持有古驰 99.49% 的股权，古驰使巴黎春天集团跃升世界第三大奢侈品集团，成为 LVMH 的强有力竞争对手。

8. ZARA 母公司：创始人控制与职业管理

ZARA 创始人阿曼西奥·奥尔特加·高纳（1936— ）的前妻即创业伙伴梅拉在二人婚变后的投票权委托，保证了阿曼西奥对公司的控制权。梅拉还和职业经理人卡斯特利亚诺共同推动了 ZARA 母公司 Inditex 的成功上市，但是没有能够进一步推动公司走向去家族化的管理转型。

股权与控制

1975 年，在创业 12 年并总结了一系列经验与教训之后，“自产自销，快速投放”模式的第一家 ZARA 专卖店正式开张，受到消费者欢迎，阿曼西奥由此决定增开店面并扩大生产规模。此时，ZARA 背后共有三家服装工厂，以 GOA 和 Samlor 两家公司的名义进行管理。GOA 是阿曼西奥及其兄妹三人的公司，Samlor 是三个外部合伙人的公司。1976 年，GOA 和 Samlor 合并为 Goasam 公司，承担集团总公司的职责。此后，兄妹三人又与一些不同的合伙人，按不同的出资比例共同成立了一系列公司，负责建造新厂房，经营不同系列服装。

尽管这些合伙人都只是其中一家或两家公司的出资人，不参与日常运营，所有公司都是在集团的统一管理之下运作，但是复杂的股权和集团架构还是避免不了一系列的矛盾。阿曼西奥醉心于追求公司成长，坚持不分红，将全部利润都用于再投资，这使其他股东很不满。由于各人在不同工厂的股份不同，对给 ZARA 商店供货的价格和工厂的利润率水平等，也就存在着不同的意见。此外，对于阿曼西奥所坚持的融生产和零售为一体的经营模式，也有人不赞同。

阿曼西奥个人的婚变也给其对公司的控制带来了变数。在拉玛雅工作时，阿曼西奥认识了比他小 8 岁的梅拉，二人于 1966 年结婚。他们的长女桑德拉于 1968 年出生，儿子马克斯于 1971 年出生（患有精神错乱症）。梅拉于 1973 年辞去了公司职务，转向慈善工作。1982 年阿曼西奥与公司的机械师弗洛拉 · 佩雷斯相恋，他们的女儿玛尔塔于 1983 年出生。1986 年二人正式离婚之后，阿曼西奥个人所持 Goasam 公司的股份只剩 23%，已经不足以抵御其他股东的不满并保持对公司运营的控制权。幸好梅拉比较大度并且可以说是有眼光，把她的股份投票权委托给了阿曼西奥，支持了阿曼西奥对公司的控制。否则，公司的未来也许就不会是今天这个样子了。2001年，公司上市之后，仍是公司第二大股东的梅拉退出了公司董事会，佩雷斯接替了这一职位。

1985 年 6 月 12 日，经过一系列的重组之后，Inditex 集团（Industria de Diseño Textil，S.A.）正式成立。重组成立 Inditex 集团的动因和目的就是要加强阿曼西奥和家族成员对整个公司的控制。凭借加利西亚储蓄银行提供的抵押贷款，阿曼西奥收购了其他非家族成员手中的公司股份，并由 Inditex 公司集中控制了下属公司的股份。此后，阿曼西奥可以完全自主地追求公司成长，而不用再听其他人指手划脚了。

向职业管理转型

尽管成长过程中一直缺钱，但是阿曼西奥却从未像今日中国一些公司那样积极寻求上市甚至就是以上市为经营目标。直到 1997 年，有外部成员加入了 Inditex 公司董事会之后，阿曼西奥才萌生了公司上市的想法。最先提出公司上市想法的人是时任公司首席执行官的卡斯特利亚诺。另外一位迫切希望公司上市的人是阿曼西奥的前妻梅拉，她要兑现一些自己所持的公司股票投入到她的慈善基金中去。阿曼西奥在犹豫了近两年之后，于 1999 年底同意开始进行公司上市的筹备工作。2001 年5 月 23 日，Inditex 公司股票在马德里证券交易所公开上市，是西班牙 IBEX35 指数股公司之一。

推动 Inditex 成功上市的卡斯特利亚诺，没有能够进一步推动公司走向去家族化的管理转型。卡斯特利亚诺是一位经济学家，曾长期从事 IT 工作。在 Inditex 公司正式诞生前夕，阿曼西奥为了将 IT 技术引进到生产和管理过程之中，从其所在地的拉克鲁尼亚商学院聘请来了卡斯特利亚诺。卡斯特利亚诺的才能与阿曼西奥正好形成了互补，对阿曼西奥非常不感兴趣的金融、组织和制度建设等方面的事务很擅长。于是，很快就形成了阿曼西奥作为董事会主席负责生产领域事务，而卡斯特利亚诺作为首席执行官负责余下其他事务的双头领导格局。

在从 1985 年开始的长达 20 年里，两人共同领导 Inditex 集团披荆斩棘、高歌猛进，但是最终却于 2005 年决裂。其中原因包括：阿曼西奥从不出席公众活动；而卡斯特利亚诺频频露面；阿曼西奥偏向自己的侄女婿塞夫里安（从专卖店经理爬到集团总经理，即第三把手）扰乱了卡斯特利亚诺作为首席执行官的职权等。但导致二人最终决裂的导火索是卡斯特利亚诺卖掉了所持公司股票，而后投资了一家房产公司。在阿曼西奥看来，世上再也没有比 Inditex 更好的投资对象了，首席执行官卖掉自己公司的股票是不可容忍的。正如当年亨利·福特见不得公司人员开其他汽车公司的车一样，这里反映出了某些伟大公司创始人的一种共同属性：挚爱自己公司所产生的一种近于偏执的情绪。

但是阿曼西奥并没有由此拒绝职业管理。2011 年，Inditex 公司上市 10 年后，阿曼西奥年满 75 岁，从其自公司创立起一直担任的董事会主席职位卸任，只担任董事，由巴勃罗·伊斯拉接任董事会执行主席。巴勃罗·伊斯拉于 1964 年出生，自 2005 年开始担任 Inditex 公司董事会副主席和 CEO。巴勃罗·伊斯拉直接持有 Inditex 公司约 200 万股，目前除任 Inditex 公司董事会主席之外，还是雀巢公司董事，麻省理工和清华大学经管学院的顾问委员会成员。2021 年 11 月，此前任公司法律总顾问和公司董事会秘书的奥斯卡·加西亚·马塞拉斯出任 Inditex 公司 CEO。

虽然阿曼西奥·奥尔特加·高纳目前只在 Inditex 公司担任普通董事，但他仍是公司的控制性股东，通过 Pontegadea Inversiones S.L. 和 Partler Participaciones，S.L. 持有 Inditex 公司 18.48 亿股，担任这两家公司的董事会主席，同时也是阿曼西奥·奥尔特加信托基金会（Fundación Amancio Ortega）的理事会主席。

9. 宜家之道："世间独一"的所有权结构

坎普拉德是一个超越了国家主义和民族主义的纯粹商人，但他又是一个绝对的理想主义者。起源于瑞典的宜家，1973 年将其总部随创始人移民而转移到了丹麦。2001 年，宜家集团总部又从丹麦迁至荷兰。瑞典和丹麦这两个北欧福利国家高额的遗产税也许是这种迁移背后的原因之一。作为现代公司制发源地，荷兰“有着适合建立商业基地的最古老也最稳定的法律基础”，坎普拉德表示，“我之所以努力，不仅为宜家长盛不衰，而且要使它成为一个独立于任何一个国家的公司”。

顺势而为与逆境成长

对于英格瓦·坎普拉德来说，家就是公司，公司就是家。1943 年，17 岁的英格瓦·坎普拉德创建了 IKEA（宜家），但直到 1948 年第一次打出家具广告之前，坎普拉德一直在业余地做着自己公司的生意，经营的都是圣诞卡、自来水笔等小东西。1948 年，宜家公司有了第一位雇员，但实际上还是坎普拉德一个人的公司，家人及陆续增加的几位雇员主要起个帮手的作用。

创始人的骄傲来自机遇和天才合作者的帮补。1951 年，经过长达一天半的持续交谈后，坎普拉德聘请了一位得力干将斯文·汉森。1952 年坎普拉德和斯文·汉森决定，采用一种长期性展览加销售的家具经营方式，解决过去单纯邮购模式下由于恶性价格战带来产品质量下降从而失去消费者信任的问题。宜家清仓处理了过去经营的各种小件商品，开始专注于经营家具。1953 年 3 月 18 日，宜家第一家展销式家具商场在瑞典阿姆霍特开业，顾客第一次能够在定购宜家家居用品之前看到并触摸这些产品。将邮购与家具商场合二为一的宜家家具经营之道正式诞生。

“宜家之道”与其创始人英格瓦·坎普拉德一样诞生在瑞典南部小镇斯马兰。由于资源匮乏，人们千方百计将有限的资源最大限度地加以利用。正是基于这种做事方式，宜家形成了最大限度地利用原材料，以能够为人们所负担得起的价格提供优质产品的经营之道。

低价是宜家商业理念和概念的基石。1950 年，针对宜家的低价策略，瑞典全国家具经销商联合会开始禁止宜家参加家具交易会。坎普拉德采取了注册一系列新公司等办法来应对。一些家具生产商采用匿名、假地址等方法偷偷地给宜家供货，同时也按宜家的建议稍稍改变一下家具款式，以使人识别不出货品的供应者。到 1954 年，瑞典全国家具经销商联合会甚至向家具生产商发出了最后通牒：如果哪家家具生产商向宜家供货，全国家具经销商联合会成员将不再经销其家具。但是宜家坚持自己“便宜有好货”、家具行业价格杀手的角色。

1955 年，宜家在其发出的 50 多万份商品目录封面上打出了“梦幻家居，梦幻价格”的口号。宜家受到消费者拥戴，有能力采取比同行企业更为善待供货商的策略：其他家具经销商普遍采用 3 ～ 4 个月的付款周期，而宜家的付款周期为 10 天。也许正是其他家具经销商的“限制”和“消极竞争”方式，促进了宜家的创新性经营和竞争方式。最初宜家家具自有风格的形成完全是为了绕开家具经销商联合会的抵制。坎普拉德表示：“禁止我们购买和别人一样的家具，我们就设计自己的样式，这使我们拥有了自己的风格，拥有了我们自己的品牌。”

宜家推出自有品牌和自己风格的家居用品甚至并没有聘用什么专业的家具设计师。宜家的第一位设计师吉利斯·隆德格兰实际是一位广告公司的年轻制图员，他能迅速地把坎普拉德的想法画成图样，交给家具厂家。吉利斯·隆德格兰与坎普拉德一起跑遍了家具生产厂家，观察制作过程，提出改进建议。1960年代初期，在波兰建立生产基地，也是为了解决供货问题。

瑞典是全球福利最高的国家，穷人和富人一样都会得到社会的关怀。关怀穷人，为大众创造更为美好的日常生活，也成为宜家的理想。以高价格制造优质产品，或者以低价格制造劣质产品，任何人都可以做到。但是，以低价格制造好产品，必须找到既节约成本又富有创新的方法。在好产品和人们买得起的产品之间存在着巨大的黑洞，宜家正是在这里发掘出了自己巨大的发展空间。

低价好货、顾客拥戴使宜家冲破了其他家具经销商的封堵，并进而形成了一种基于与顾客结成合作伙伴关系的宜家商业理念。宜家设计师与生产商的合作，使用现有的生产方式，找到巧妙的制作家具的方法。宜家采购人员在全世界寻找好的供应商，使用最适宜的原材料生产产品。在全球范围内大批量地购买产品，获得最好的价格。宜家顾客通过使用宜家商品目录册和造访商场，选择所需要的家具，在自助式提货仓库提取货物。大多数的货物为平板式包装，顾客可以轻松地搬运回家并自己组装产品。宜家不对顾客独自可以轻松办到的事情提供收费服务，和顾客共同为更美好的日常生活节省资金。

1973年宜家的雇员人数达到1000人，但是实际运作仍然完全是小企业的方式：董事会主席是英格瓦·坎普拉德的老爸，公司秘书是英格瓦的侄女贝莉。用贝莉的话说，“英格瓦基本上决定一切，绝大多数主意也来自于他”。英格瓦自己的说法也是如此：“宜家开始时是一个单人经营的企业，总是由我来做出决策。在家里我们很多人一起讨论各种问题，但是最后大家都听从我的意见。”

坎普拉德拒绝公司上市甚至拒绝“借钱”。坎普拉德曾表示，“说我谋杀也不能说我借钱”，“我不想让宜家变得依赖于金融机构，股票市场对于宜家来说并不是一个好的选择，只有长远规划才能保证公司持续增长”。

基金会、经理人与家族

1976年，50岁的英格瓦·坎普拉德出版了《一个家具商的信仰》，全面阐述了宜家的经营理念，同时开始考虑宜家的“长治久安”问题。英格瓦·坎普拉德想要建立一种具有独立性和长期视野的所有权结构和组织，为宜家构造他自己认为“世间独一”的所有权结构。

1982年，英格瓦·坎普拉德在荷兰创立了英格卡基金会，英格卡基金会是同样设于荷兰的英格卡控股有限公司（INGKA Holding B. V.）的所有者，而英格卡控股有限公司是宜家集团所属所有公司的母公司。通过英格卡基金会，英格瓦·坎普拉德还创立了一个慈善基金——宜家基金会。该慈善基金主要致力于改善发展中国家的儿童和青年权利，帮助他们最终掌握自己的命运。

斯地廷·英格卡基金会是一家独立的荷兰法律实体，没有也不能有任何股东或其他类型的法律上的所有者。斯地廷·英格卡基金会代表自己拥有其财产，没有任何受益所有人，资金只能用于慈善事业。董事会是英格卡基金会的最高决策机构。董事会有 5 个席位，董事一人一票。坎普拉德家族成员最多可占英格卡基金会董事会 5 个席位中的 2 个席位。这意味着，坎普拉德家族可以介入基金会，但是不能控制基金会。

设于荷兰的英特宜家系统公司（Inter IKEA Systems B. V.）是全球宜家商场的特许经营权授权人，负责授权和管理全部宜家商场（包括宜家集团自己拥有和其他人根据特许授权所有和经营）的特许经营权事宜。分别设在荷兰和瑞典的两个宜家服务有限公司（IKEA Services B.V. 和 IKEA Services AB）拥有九个职能部门，为宜家集团所属全部公司提供后勤和职能保障工作。

1986 年，根据荷兰法律，年满 60 岁的英格瓦·坎普拉德从公司管理岗位退休。时年 36 岁的安德斯·莫伯格成为宜家集团第二任总裁兼首席执行官。英格瓦·坎普拉德改任宜家公司顾问，对宜家产品开发拥有一票否决权。

作为宜家自己培养起来的经理人，莫伯格深得英格瓦·坎普拉德的信任。但是这位创始人能对宜家的管理不插手干涉吗？英格瓦·坎普拉德说：“我认为可以。如果事情不对头，让我作壁上观的确很难；但当一切进展顺利的时候，没谁会比我自己更乐得清闲。”在改任顾问的创始人英格瓦·坎普拉德和公司新任总裁莫伯格之间，一开始就有明确划分的职权范围，同时还共用一个助理（由年轻精英们轮流担任），以使两个人都能知道对方在做什么。

在莫伯格担任宜家集团总裁兼首席执行官的 14 年里，宜家从 1985 年的 1 万名员工和 60 家商场发展到了 1999 年的 5 万名员工和 158 家商场。1999 年，安德斯·代尔维格接替莫伯格，成为宜家集团的第三任总裁兼首席执行官。2009 年，麦克·欧森接替代尔维格，成为宜家第四任总裁兼首席执行官。

2018 年 1 月 28 日，英格瓦·坎普拉德去世，享年 91 岁。他的三个儿子皮特、乔纳斯和马休斯都在宜家集团或相关机构工作。目前，乔纳斯·坎普拉德是宜家集团股权所有者英格卡基金会的 5 名董事之一，皮特和乔纳斯是由 8 人组成的宜家集团母公司英格卡控股有限公司监督董事会的成员。

在将宜家集团转为英格卡基金会所有的同时，坎普拉德另外留下了一份家族产业。这就是与宜家集团有业务关联，但独立于宜家集团，由其孩子们持有的伊卡诺集团（Ikano Group）。伊卡诺集团目前开展银行、房地产、制造、保险咨询、数据情报和零售等六项业务（均为独立运营的公司），拥有 8000 名员工，在全球 17 个国家运营。皮特、乔纳斯和马休斯 3 人都是由 8 人构成的伊卡诺集团董事会的成员，乔纳斯任主席。7 位集团高级管理成员和 6 位业务负责人都是职业经理人。

第5章 日韩公司的家族控制与职业管理

1. 日本公司和董事会制度的引入
2. 从财阀和系列企业到公众持股公司
3. 公司股权和内部治理结构的新发展
4. 松下、ASICS和迅销：从创始人到职业管理
5. 盛田昭夫：我们需要再次向美国学习
6. 信任和授权的力量：经理人缔造7&I
7. 能者上：丰田汽车的管理层继任
8. 新家族主义：佳能的共生型治理
9. 美津浓：家族企业的百年传承
10. 富士通：战略转型的日式治理因素
11. 李秉喆：希望三星这个组织可以长存下去

日本公司没有欧洲大陆国家那样极端的家族控制。即使是二战前日本的财阀家族，也都是通过层层控股等方式来提高创始家族对整个集团的控制力，而不是直接通过分级股份制度、两合公司（可以视为一种极端的分级股份制度）或拒绝上市的方式来保持创始家族的控制。

日本公司中的职业经理人，虽然没有达到美国一些公司中那样的主导性地位，但是他们对公司的控制力和实际影响力都远远高于欧洲公司。除索尼和ASICS等公司之外，日本公司更多地处在一种创始家族和职业经理人之间“平等合伙”的状态，可谓“共生型治理”。由于企业内部崇尚实力主义，丰田、佳能等公司创始家族的后人实际是竞争上岗的，企业管理权在职业经理人和家族后代之间往往轮番交替。

1. 日本公司和董事会制度的引入

日本是非欧美国家中最先取得现代经济成功的国家，甚至长时期里是非西方世界中唯一的现代化国家，现代公司和董事会制度的引入是一个重要因素。

传统日本大型企业的非董事会治理

在 1868 年明治维新之前的近两个半世纪中，德川家族世袭幕府统治着日本。四个主要阶层构成了当时的日本社会：武士、农民、工匠和商人。这不同于欧洲的封建主义。欧洲封建主义把身份和财产所有权联系在一起。封建时代的日本，无论大名还是武士，都不占有财产。大名相当于是行政管理者，将军可以把他们调派到不同的地方。武士靠着他们的大名所给的薪金生活。

德川统治时期的日本不乏大型企业组织。这些企业组织采用了商人家族的形式。这些商人家族不仅在日本人口众多的城市中贩卖木材、油、棉和大米等商品，而且也将贸易中获得的财富用于放贷和投资，转型为银行家族。根据罗德尼·克拉克在其专著《日本的公司》中所述，最主要的借款者是大名和中央政府，最重要的投资机会是土地开垦。由于农业劳动密集导致工人缺乏，工匠和商人分属不同社会阶层致使他们各自的经济活动互相分离，日本的商人家族没有像欧洲商人那样进入工业领域。

商人家族是日本社会四大阶层团体中的一个子集。家族而非个人拥有财产或其他权利。世袭武士职位是一些武士家族的权利，农民家族有在确定地块上耕作的权利，而商人则是家族拥有商业资产，当前的家族首领为家族管理这些资产。这里的家族涵盖了他的祖先、当前这一代以及他的后人。在这一意义上，家族扮演着一种类似于公司的角色——一种可以占有财产的集体组织。

成功的商人家族发展出超越其由家族首脑、长子长媳及未婚孩子构成的简单结构。很多情况下，年轻些的儿子会得到一些财产，设立分支，并在家族的名义下进行运营。少许大型家族，如三井家族，没有在儿子之间分割财产，而是将家族财产中的所有权份额分给众多儿子。为了把更有才能的人引入家族，家族首脑可能会把他们的女婿收为养子，让他们加入到家族生意中。商人把年轻的非家族成员作为学徒工纳入到家族中，在十七八岁的时候提升为熟练工，三十多岁可能会成为经理。大家族可能有不止一名经理，他们中的一位或更多会成为首席经理。

商人家族，没有一个由所有者选举产生的董事会，而是以同仁团队的形式做出决策，并拥有选聘和监督企业高级管理人员的最终责任。最终权威掌握在家族首脑手中，所有的雇员和家族成员都对家族首脑有服从义务。

相比由董事会进行监督，家族首脑面临着若干约束。首要的约束是对家族及其成员的内在义务感，不仅包括当前活着的这代，还包括祖先和后代。其次，很多家族都有由先辈首脑制定并沿用已久的家族规则，这些家法确定了生意运营要遵守的一些原则和做法，其中包括，要求与外人诚实交易，遵守通常商业规则和道德，以及治理生意的家族宪章。最后，很多商人家族是在集体讨论的制度基础上做出决策的。

商人家族中的集体讨论制度，是集体做出决策，但是与公司董事会有着根本上的不同。有些家族会有一个由退休经理和现任首席经理组成的顾问委员会，来讨论如开展新业务这类的问题。无论如何，这种由雇员或退休经理参与的集体决策，与能够选择和监督经理、拥有公司最终决策权、由选举产生的董事会，是有本质差异的。

商人家族不仅提供了董事会的职能替代，而且长子继承制也免除了由董事会选择首席执行官这种制度安排的需要。绵延很多代的商人家族中，在长子缺乏领导能力时，会出现废除长子继承权的情况。但是这种情况下，现任家族首脑会收养女婿甚或是经理或首席经理作为继任者，而不是成立董事会。

股份公司和董事会制度在日本的发展

日本公司董事会治理的发展，是随合股公司作为一种企业形式的引入而来的。在 1868 年明治维新之后，日本对合股公司这种企业形式的引入，是其全面引入西方技术和思想的一个组成部分。

合股公司是给 1868 年之前到过西方国家的少数日本人留下深刻印象的制度之一。合股公司通过向投资者出售可交易权益筹集资本，这些投资者变成公司的股东。日本观察者认识到，合股公司在积聚巨额资本从事如修建和运营铁路这类项目上，具有较大的优势。实际上，德川政府对合股公司的优势已有所认识，在其倒台前不久，曾努力迫使向西方开放的那些港口的日本商人们组建贸易公司，以提高他们的竞争能力。

1868 年明治维新，推行了一系列有利于工商企业发展的法律和政策措施。1871 年，武士、农民、工匠和商人的四等级制度废除。合股公司是明治政府致力推广的西方制度之一，1872 年颁布了准许成立股份公司的法律。开始时，明治政府以与前幕府政权同样的方式推进合股公司的发展，强迫商人们组建合股公司。但是，这些早期的合股公司，在组建仅仅几年之后，就失败了。失败的原因主要是政府干预和缺乏对外贸易管理经验。

合股公司在银行部门的发展更成功。1872 年，日本政府仿照美国 1863 年银行法案，颁布了国民银行法案，但是只推动了四家银行业合股公司的组建。1876 年日本政府修订了银行法案，准许武士将以前放弃因为从大名处所得薪金后从政府所得的债券作为资本，投资到新的银行中，从而促成了 150 多家合股银行公司的成立。1876 年的国民银行法修订案，不仅增加了合股公司的数量，也为这些合股公司建立了董事会治理的标准。修订案内容包括了一个示范公司章程，规定由董事在董事会议上从他们自身中选举出银行总裁。

1878 年，日本政府修改了公司注册制度，授权地方政府颁发合股公司成立许可，推动了银行业之外合股公司的快速发展。各种各样的协会和企业都获得了公司身份。政府开展活动，鼓励组建合股公司和向合股公司投资。为把武士融合到经济中去，政府向武士提供工商业贷款，限定只能用于合股企业。此外，外国竞争压力和纺织、铁路等这类产业的高额资本需求，也催生了合股公司的组建，这些合股公司通常有 100 ～ 500 个股东。

由于没有一部完整的公司法，19 世纪七八十年代组建的非银行业的合股公司，在治理上五花八门，各有不同的章程。不过，这些公司章程通常都规定设立一个董事会。章程条款反映出对董事职责的各种各样的理解。典型的规定是，期望董事与总裁一起为公司作决策，并且集中关注有关雇佣和解聘职员及薪资这类的决策。这些公司要求增强商人家族之间的合作，公司的发起人在组建董事会时，只能模仿此前存在的涉及不同商人家族间合作问题的唯一组织——商人行会。模仿前明治时期日本商人行会所采用的轮流控制制度，日本早期公司设立了三位“总董”，轮流负责公司。

1893 年，公司法律供给滞后于公司制企业实际发展的状况得到改变。公司法作为以德国法律为蓝本起草的商法中的一个部分，发布生效。这是一部普通公司法，是与英国的 1856 年公司法和 1862 年公司法及美国各州的普通公司法基本类似的现代公司法律。法案确认了合股公司中董事的权威，在董事会之下的公司治理概念建立起来。这一法案随后被 1899 年的新商法所取代，进一步鼓励股份公司的发展，并促使工商业人士以新的方式来思考企业发展问题。1879 年日本有 153 家股份公司，1882 年有 3336 家股份公司，1902 年发展到了 8612 家。

股份公司在日本快速普及，得益于以下几个因素。一是在公司这种制度下，股东承担有限责任，股份可以自由转让，更容易筹集资本。二是公司这种企业形式，在当时是与备受推崇的西方制度和技术相联系的。三是更容易获得人才，当时日本社会中的精英人物——前武士们，不喜欢在传统家族企业中工作。即使废除了武士、农民、工匠和商人的四等级制度，武士及其后代仍在很长时间内是日本社会的精英团体。

19 世纪 80 年代的日本企业领导人中，19% 是商人的后代，31% 是小企业家的后代，23% 是武士的后代，22% 是农民的后代。到 20 世纪 20 年代，35% 是企业家的后代，37% 是武士的后代，

21% 是农民的后代。日本人甚至将工商业人士看作民族的新武士。为了推动维新，明治政府对 1871 年被行政长官取代的大名和 1876 年取消了俸给的武士，都给予了巨额的政府债券作为补偿，这些资金成为了新企业的重要资本来源。

2. 从财阀和系列企业到公众持股公司

日本公司从层层控股的财阀模式、交叉持股的系列企业模式，走到股权分散、董监事会控制阶段，可谓经历了从量变到质变的革命性变化。财阀和系列企业的基本目的都是保护企业关键人的控制权，前者中是财阀家族，后者中则是经理人。减少甚至放弃对股权控制的依赖，更多地采用董监事会控制，需要实质性的公司治理机制建设。

日本的财阀：家族控股下的企业金字塔

从明治维新日本走上兴盛之路开始，直到第二次世界大战日本战败为止，主导日本经济的企业组织是家族所有的财阀企业。

明治政府为日本传统家族企业和当时新兴的家族企业成长为大型财阀企业集团提供了第一推动力。明治维新中，日本政府出资兴办了大量工矿企业，导致政府负债累累。为了解决财务负担过重的问题，1880 年明治政府以低廉的价格大规模出售“国有企业”。三井、三菱、住友等当时已经有一定实力的家族企业都从中购买了一些重要企业，从而各自掌握了若干重要产业，如钢铁、煤炭、水泥、金属、机械、造船和纺织等。这些产业，尤其是矿山，为这些家族企业扩张至其他领域提供了持续稳定的现金流支撑。

如同中国的红顶商人一样，财阀家族与明治政府也发展出了互相支撑、互相利用的互惠关系。如三井家族在最初几年的困难时期里大力支持了明治维新运动，从而得到政府的信任，承担明治政府的金库代理业务，发展出了庞大的全国性的分支网络。三井物产还获得了日本国有煤矿优质煤出口业务的垄断经营权。当时这些煤出口到中国，利润十分丰厚，为此于 1876 年建立的上海办事处就是三井走出日本的第一站。

明治维新助推日本家族企业成长为财阀集团的另一个重要方面是，通过引进德国民法，为这些企业提供了一种新的组织形式——公司，从而能够更有效率并更低风险地吸纳资源。日本出台了民法后,这些家族企业开始以组建新形式企业——“公司”的方式从事新事业，进行业务扩张，引入优秀的家族外部人才。与此同时，家族企业也开始吸收家族之外的股权资本，包括公众资本，但是家族保持控股地位。这样逐渐形成了最上层是家族，家族持有绝大多数股权的财阀总公司（本社），下面是一层、二层、三层等层层控股的企业金字塔。

开放股权：日本财阀没有完成的转型过程

日本的财阀企业支持了国家的对外战争，也在对外战争过程中更为迅速地壮大。二战结束后，美国占领军认为推动日本走上军国之路并为战争提供了经济支持的就是日本的财阀，日本财阀因此被强制解散。

解散的方式是将财阀家族持有的股份卖给公众，转让的股份总额超过了日本公司股本总量的 40%。这导致战后的最初几年成为日本公众持有企业股权比例最高的历史时期。个人持有日本公司股份的比例在 1949 年左右达到了 70% 这一历史高点，持有公司股份的股东总数也从 1945 年的 170 万达到了 1950 年的 420 万。

解散财阀这种外部冲击下造成的股权分散，成为战后日本系列企业兴起的缘由。但是如果没有解散财阀这样的外部强加的制度冲击，日本的家族财阀企业会如何继续演变？

实际上，进入 20 世纪后，在不放弃家族对企业绝对控制权的前提下，日本家族企业进行了更多的外部股权融资，日本的资本市场由此得到了高度的发展。1936 年日本公司的股票市值总额达到了其国内生产总值的 136%。即使今天，也只有美国和英国等少数国家公司股票价值总额超过其国内生产总值。

财阀家族除了对本社（即控制财阀集团企业的母公司）和重要的第一层子公司保持着很高的股权比例之外，财阀整体对下属企业的控股比例下降趋势十分明显。到 1945 年被解散时，三井和三菱的本社也都已经不是100%为财阀持有。三井由三井家族持有63.6%的本社（三井合名）股份，加上第一层下属企业，财阀总体持有64.5%的股份。三菱由家族持有47.8%的本社（三菱合资）股份，加上第一层企业，财阀总体持有58.6%的股份。财阀下属子公司和孙公司的股权开放程度要比母公司大很多。

没有解散财阀这一外部施加的激进制度变革，三菱、三井这样的财阀企业集团也已经开始在母公司层面上扩大所有权开放程度，而对子公司保持着较高程度的股权控制，逐步地向现代企业集团的治理结构模式方向转变了。不妨与意大利作个对比。同样曾是法西斯，同样是战败国，二战前的意大利经济同样由家族企业统治，但是没有在二战后被强行解散。今天的意大利，大家族控制的大公司已经转而采用国际化的运作模式，剩余的则是汪洋大海一般的中小家族企业。如果没有解散财阀，日本大概也基本是这个样子，可能也就不会有我们下面要探讨的日本战后这种没有真正控制中心和总部的所谓“企业集团”了。

“系列企业”产生的历史与制度根源

战后日本由银行主导、法人相互持股的“系列企业”制度有其独特的历史背景和制度根源。

日本政府的战时统制经济措施废除了家族股东对企业的控

制权，甚至一度以战时法令的形式废除了股东的分红权，企业经理直接听命于政府的计划官员，按战争需要组织生产。这直接奠定了战后股东退居二线、银行走向前台、经理和政府官员操控企业的所谓“日本模式”的心理和文化基础。解散财阀的举措，进一步割裂了明治维新开始积累起来的股东主权文化与战后日本企业之间的联系。

战时统制和战后解散财阀这些“外部冲击”终止了日本家族财阀企业按照其本来很强的股东主权主义的逻辑和逐步分散股权的路径完成其向现代国际化企业制度模式自然演变的过程，但财阀还是为战后日本新形成的“企业集团”——系列企业，提供了重要且不可或缺的制度和文化基础。

战后日本企业的交叉持股本身有相当一部分直接就是财阀的“遗产”。在主要靠自我融资，资本相对短缺而又要保持控制的情况下，财阀下属企业之间，已经存在着大量的相互持股现象。而在解散财阀的过程中，只是解散了本社，并把家族持有的企业股份转卖给了公众，但没有涉及下属企业相互持有的部分。

公众可以在短时间内持有大量股份，却难以在短时间内学会做企业的股东。而且，由于战后日本普通民众非常贫穷，厌恶股票市场的风险，以至 1949 年东京证券交易所重新开始运营之后，民众蜂拥而至，出售股票。在大量个人股东纷纷出售了所持股份之后，金融机构和非金融公司成为了日本企业最重要的股东。这样的公司股权结构在 1960 年代日本资本市场自由化时期又进一步得到了加强，很多日本企业正是从那个时候开始进行了股东安定化的运作。由此带来的一个结果就是，在日本形成了一种在金融和非金融公司之间长期稳定地交叉持股的新型股权结构。到了 1991 年，金融机构和非金融企业合计持有日本公司全部股票的比例达到 70%，正好把 1949 年个人占有 70% 的状态翻过来了。

二战后日本企业构建起一套交叉持股关系，形成“系列企业”这种日本式的所谓“企业集团”，一定程度上是旧财阀企业以新形式“再生”。推动这种“再生”的要素主要有两个方面。一是这些企业之间业已存在的在前财阀中形成的历史联系，包括已经有的一部分交叉持有股份，和一种“父母不在了，兄弟姐妹们要相互照应”的情感要素。二是由于解散财阀导致的高度分散和不稳定的公司所有权结构，使经理人们感觉不适，产生构造新的可靠股东基础的要求，而且高度分散的股权结构带来了日本资本市场上的并购活动，迫使经理人们要采取一些可行的反并购和保持公司控制权的措施。

为什么面对股权分散和并购威胁，日本企业走上了交叉持股之路，而不是像美国企业那样采取一系列的反并购措施？除了前财阀企业的交叉持股遗产及前财阀成员企业之间的情感联系等软性因素之外，还有法规方面的一些硬性因素。

战后日本于 1947 年开始实施反垄断法，限制法人相互持股比例不能超过 5%，这使美国公司抵御并购威胁的“白衣骑士”变成了日本公司的“兄弟姐妹众人齐上阵”。公司法禁止企业回购自身股票（对此从 1998 年开始为了实施股票期权等已经有过几次修改），这使日本企业不能像一些美国企业那样自掏腰包高价赎回敌意并购者所持股票（“绿色邮件”敲诈），而是必须由关系户企业来做。每个企业都持有较低比例的“系列企业”内兄弟企业的股份，这样即可避免违反反垄断法，又能够达到股东安定、阻断敌意并购威胁的目的。

主银行和交叉持股形成的系列企业关系网

交叉持股推动了“系列企业”内成员企业之间一种长期、稳定和封闭性关系的形成与发展。在每一个企业系列内部，无论是核心企业或其主银行，还是普通的成员企业，都持有一定数额的归属于该企业系列的其他企业的股权。这种制度安排，塑造了整个战后日本公司治理结构的发展，可能也是日本式公司所有权和控制方式层面最为关键的特征。

尽管银行被反垄断法排斥在了证券业务之外，但它们在战后日本企业集团的形成中发挥了积极作用。家族对财阀的控制，变成了主银行对系列企业的控制。主银行不仅是系列企业集团业务资金的主要提供者，还扮演重要的支撑者角色，特别是在集团内企业陷入财务困境的时候。在战后的大部分时间里，主银行制度是日本最重要的公司控制机制。

与德国情况类似，日本的银行在传统上就与其客户保持着密切的关系。作为工业化的后来者，日本在其整个工业化进程中形成了一种银行参与公司治理的商业文化。由于反垄断法的限制，银行直接持有非金融企业股权不能超过5%，日本银行在单个企业中所持股份要远远小于德国。但是，以国际标准衡量，日本企业的债务融资水平非常高，同时向企业提供债权资金的日本银行要比德国银行具有更为重要的作用。

日本主银行制度的高峰期是1950至1970年代早期的高增长时代。一些经验研究显示，在这一时期中，日本的公司治理主要是通过主银行来实现的，而不是通过股东和债券持有人角色。不过从1980年代开始，日本主银行的公司治理作用明显减弱，主要原因是日本企业的融资方式发生了巨大变化。随着更多的企业偏好通过发行证券融资，银行借款开始减少。此外，因为不良资产大幅增长，银行自身也不愿意再扩大其客户企业的信贷规模。

可以说，通过主银行制度和交叉持股形成的关系企业网——“系列企业”，是战后日本企业在其独特的历史、文化遗产和制度条件约束下所“生成”出来的一种在股权分散条件下保持企业控制权的做法，是公司治理机制方面最为卓越的“日本创造”之一。

走向未来：股权分散的现代公众持股公司

根据日本学者青木昌彦的理论模型，日本企业是股东和员工之间的一种联盟，而经理人居间协调和整合以尽可能平衡二者之间的利益。经理人位居日本公司治理的中心，这源起于战争时期政府废除了股东的权力，将公司置于政府计划的控制之下。战后，这种状态又通过交叉与稳定的持股结构和终身雇佣制而得到强化。

但是，高增长时代结束之后，日本的公司治理态势已经开始改变。主银行和交叉持股这两个曾被作为其优势源泉的战后日本企业体制的主要特征，都受到了普遍的诟病。这种诟病并不仅仅来自学术界，在日本企业内部也形成了一股强大的反思和自主改革力量。正是因为缺少股东主权的约束，在银行的大力支持下，日本企业大量投资购买地产和股票，吹起了地产和股票两大泡沫，既葬送了持续几十年的高增长，又带来了十几年的“迷失”和艰巨痛苦的调整。

从 1990 年代早期泡沫经济崩溃开始，股价的长期持续下降导致了上市公司交叉持有和长期稳定持有的股份比例也都显著下降。从主银行、安定股东、交叉持股到终身雇佣等制度安排，无一不在逐步地减弱和消解，以金字塔结构和交叉持股为特征的日本企业的高度集团化特征成为过去时。

导致这一变化的一个重要原因是银行和保险公司为了重建其资本基础和消除坏账，以及获取现金投入效益更高的领域，于是大量出售业绩不良公司的股票。会计准则的改变要求日本公司以市场价格替代购买价格计量其所持股票的价值，也是一个重要的原因。1990 年代中期开始，日本的会计准则发生了很多改变，以市价计量金融资产从 2001 年开始施行。新的会计准则提高了管理的透明度,促使日本企业重组并卖掉其不良资产,不能继续将不良资产以转移到关联公司等手法来隐藏。

从制造业中成长起来的新兴大型国际化日本集团企业，已经不再主要依赖银行融资，而是走向了全球资本市场，通过全球发股、发债来融资，成长为新型的日本企业集团——股权分散的现代公众持股公司。

3. 公司股权和内部治理结构的新发展

现代日本上市公司已经既没有财阀式的金字塔持股结构，又很少有系列企业式的交叉持股结构，而是股权分散、公众持股，很少有母公司和控制性股东存在。董监事会，特别是外部董监事和独立董监事，成为日本公司的重要控制机制。

第一大股东持股比例很低，很少有母公司存在

从股权结构上看，日本上市公司已经与英美公司无异，股权高度分散，很少有掌握公司控制权的第一大股东存在。根据东京证券交易所发布的《东证上市公司治理白皮书 2015》，在截至 2014 年 7 月 14 日的全部 3114 家东京证券交易所上市公司中，只有 9% 的公司第一大股东持股比例在 50% 以上，

高达 56.2% 的公司第一大股东持股比例不足 20%。

为什么日本上市公司没有像中国沪深主板上市公司那样，由第一大股东保持绝对控股？可以说，日本上市公司和中国创业板上市公司一样，是自然成长起来的，在其上市前，公司创始人和第一大股东的持股比例就已经开始下降，并且很少有保持绝对控股的了。

中国上市公司不仅普遍存在绝对控股的第一大股东，而且普遍存在母公司。第一大股东不仅作为股东，还作为母公司额外行使股东权力之外的很多公司控制权力。相比之下，日本上市公司中，很少有母公司的存在。

根据东京证券交易所发布的《东证上市公司治理白皮书 2015》，在全部东证上市公司中，有 629 家即占总数 18.4% 的公司存在控制性股东。所谓控制性股东是指上市公司的母公司，或者自身及与其近亲合计持有上市公司多数投票权的大股东。在这 629 家存在控制性股东的公司中，有 389 家公司有母公司存在，占总数的 11.4%；有 240 家公司有控制性股东但无母公司，占总数的 7%。81.6% 的东证上市公司既无母公司又无控制性股东存在。

在 11.4% 的有母公司存在的东证上市公司中，9.5% 的公司母公司为上市公司，1.9% 的公司母公司为非上市公司。这与中国普遍存在的非上市公司作为母公司控制上市公司的情况迥然不同。母公司为上市公司的情况，多产生于上市公司业务分拆，其进一步的发展往往是完全独立的，即母公司把其所持下属上市公司股权出售，或者是直接分配给自己的股东。中国非上市公司作为上市公司母公司，往往是把下属上市公司作为母公司的所谓“资本运作平台”，完全无视其作为上市公司所应具有的独立性。

在上市公司自身很少有母公司和控制性股东存在的同时，日本公司的下属子公司数量也相对不多。65.7% 的东证上市公司子公司数量不足 10 个，只有 2.7% 的东证上市公司子公司数量超过了 100 个。中国上市公司中，子公司数量超过 10 个的比比皆是。与日本相比，中国上市公司热衷繁育很多子公司，与此同时又大都有母公司存在，这两种现象背后的原因和道理可能是一样的。中国公司治理机制尚不成熟，公司董事会不到位、不独立、权力不足，股东控制公司的权力和空间都很大。母公司和控制性股东希望通过增加公司层次，层层控股，放大自己控制的资本规模。子公司和经理人则相应地希望增设子公司，下放管理权，扩大自己的可控空间。这种博弈的结果是中国公司实际控制权在经理层和大股东之间动荡摇摆、高度不稳定。

监事会制、提名等委员会制和监查等委员会制

2002 年商法改革后，日本允许企业自主选择放弃日本传统模式即与中国公司法规定比较类似的股东会—董事会—监事会治理结构模式（监事会制公司），转向美国模式的股东会—

董事会—外部董事任职的董事会委员会这一当今世界多数大型企业采取的主流治理结构模式（委员会制公司）。选择董事会（和制汉字为“取締役会”）模式改革从而转型为委员会制的企业，可以废除原先依法必设的监事（和制汉字为“監査役”）制度，但必须在董事会下设立由独立董事任主席的审计、薪酬和提名等三个委员会。

然而十几年过去，选择新设立的委员会制（即现在所称的提名等三委员会制）公司模式的企业并不多。2015 年日本又通过公司法改革，引入了一种简化版的委员会制公司，名为监查等委员会制公司，不再要求设立审计、薪酬和提名等三个委员会，而只要求设立一个类似强化版审计委员会的监查委员会即可。

根据东京证券交易所 2018 年的统计数据，日本上市公司中主流的董监事会模式仍然是传统类型的监事会制公司，和制汉字名称为“監査役会設置会社”。在全部 3598 家东证上市公司中，监事会制公司为 2637 家，占 73.3%。监事会制公司应设有董事会（“取締役会”）和监事会（“監査役会”），监事会半数以上成员应为外部监事。

提名等三委员会制公司，和制汉字名称为“指名委員会等設置会社”，在东证上市公司中有 71 家，占 2%。提名等三委员会制公司应设有董事会、三个法定委员会——提名、薪酬和审计委员会。每个委员会由三名或更多董事组成，且多数成员应为外部董事（“社外取締役”）。该类公司不设监事会。

监查等委员会制公司，和制汉字名称为“監査等委員会設置会社”，在东证上市公司中有 890 家，占 24.7%。监查等委员会制公司应有董事会和一个法定的监查委员会，由三名以上董事组成，其中过半数为外部董事。监查委员会拥有对董事（包括高管）任命和薪酬的监督职能。与提名等三委员会制公司一样，监查等委员会制公司也不设监事会。

董事会委员会和法定执行经理制度

正如日本赋予了选择董事会模式改革的公司一个新名称——“委员会制公司”一样，这种新的公司治理法定形式与传统的日本企业形式和美国或者德国模式的企业形式都有所不同。不妨将日本的委员会制公司视作日美企业治理结构联姻的结果。与日本传统制度不同而与美国企业制度相同的是，委员会制公司要在董事会中建立审计、薪酬和提名等三个委员会；生成于日本企业制度自主改革而与美国企业制度不同的是，委员会制公司要建立法定的执行经理制度。

尽管形式上审计、薪酬和提名三个委员会也都是董事会的内部机构，但日本委员会制公司的这三个委员会是公司法上要求必设的公司机关，并且其决策不能被公司董事会推翻。这是日本委员会制公司治理结构上的一个独特之处。在美国，公司法并不干涉董事会的内部结构设置，有关董事会下属委员会的设置主要是由证券交易所的上市规则所要求的。董事会下属委员会的所有权力来自董事会，董事会有权接受或者拒绝来自其下属委员会的建议。此外，美国公司中并没有一种统一形式的董事会内部结构，事实上不同的公司拥有不同的董事会委员会设置。

在日本的委员会制公司里，董事会主要负责重要管理政策和法律要求相关的重大事项决策，同时监督董事和执行经理的职责履行情况。有关公司业务的决策制定问题，董事会通过决议将其绝大部分的权力授权给公司执行经理。

法定执行经理制度是日本委员会制公司的一个显著特性。这一制度安排实际上是在公司董事会和公司经理之间设置了一个新的组织层次和法定机关。这是与美国企业制度不同的。美国公司董事会的主要职责是监控高层经理的行为和结果，确保公司整体利益。美国企业中在董事会和公司经理之间并没有另外一层法定机关。从功能的角度看，日本委员会制公司中的董事会与其执行经理之间的关系，和德国公司的监督董事会与管理董事会之间的关系有些类似。

日本的公司法将委员会制公司的董事会和执行经理做出正式的划分，目的是要加强董事会的监督作用，并确保监督和决策制定职能分开。董事会任命所有执行经理，执行经理有权就董事会授权他们的事项进行决策。董事会还要在执行经理中任命一位或几位代表执行经理（“代表執行役”）。代表执行经理的角色与传统日本企业制度中的代表董事（“代表取締役”）一样，每位代表执行经理都有法定的权力在有关事务上代表公司。董事会还必须在代表执行经理中任命一位公司总裁和首席执行官。公司执行经理的任期为一年，但是没有连任期数的限制。一般情况下，执行经理人数在公司章程中规定。

对日本的委员会制公司这种新型企业治理结构作个简化理解，就是把传统上的大型董事会一分为二，主要行使监督职能的部分为新的董事会，主要行使业务经营职能的部分为新的执行经理。取消了公司监事制度，增加外部董事和由外部董事任职的董事会委员会承担监督和控制职能。传统上作为股东集体诉讼对象的公司董事和监事，变为公司董事和法定公司执行经理；传统上由代表董事和其他董事负责执行的业务经营，变为由代表执行经理和其他法定执行经理来负责。

日本公司内部治理结构改革的先行者是索尼公司。索尼于1970年建立了外部董事制度，1976年设置了“首席执行官”职位，1991年聘请了第一位非日本人外部董事。1997年，索尼将其董事会规模从38人削减到10人，引入外国人任独立董事，将原来日本式的庞大董事会中不再担任董事的成员转为执行经理，建立一个执行经理委员会制度。1998年，索尼建立了负责选聘经理层的董事会提名委员会和负责制定经理报酬的董事会薪酬委员会。2000年，索尼分离了董事会主席和公司首席执行官的角色。2003年日本公司法正式引入“委员会制公司”后，索尼便跻身于日本第一批委员会制公司。

多数企业的选择：法律上不转，实际行为上转

绝大多数日本公司拒绝了委员会制公司的法律形式，但这

并不意味着它们拒绝实施强化董事会机能的公司治理改革。

日本企业界在认识到国内外竞争环境的变化之后，自觉主动地发起了一场公司治理改革运动。很多因素迫使日本企业改变其公司治理做法。长期的经济萧条，使日本资本市场和投资者对企业责任和业绩都有了更高的要求，具体因素包括从 1990 年代以来股份回购、股票期权和控股公司制度的引入，以及金融市场的放松管制等。

此外，外国投资者数量和外国所有权份额稳定增长，要求日本企业的管理要有基于国际标准的透明度。交叉持股比例下降，也迫使日本企业要寻找替代性的股东。许多公司认识到，为了赢得新股东，必须在全球产品和资本市场上建立信誉，获得投资者的信任。

日本公司自主性治理改革中最重要的一项内容是重新构造其董事会和执行系统。大多数公司一方面保留传统的平行设置公司监事和董事会制度的法律形式，另一方面于实际运作层面进行改革，引进了很多新的公司治理机制，比如缩减董事会规模，增加独立董事和独立监事，设立非法定的执行经理制度和一些非法定的董事会委员会等。设立最为普遍的非法定的董事会委员会是薪酬委员会和提名委员会。对于那些没有在法律形式上选择转向委员会制公司的传统形式日本公司，没有必要设立董事会审计委员会，因为其公司监事会可以履行审计委员会的职责，并且可能更有效率，也更有权力。

即使像丰田这样最为坚持日本传统的公司（曾公开表示

反对美式公司治理，拒绝在法律上转型为委员会制公司），也同样在实际运作上进行了大量改革，大幅度缩减董事会的规模，并且增加外部监事。由索尼公司在 1997 年首创的执行经理制度很快流行起来，到 1999 年就有 200 多家日本企业采用，2002 年时，已经有 71.4% 的日本企业采用了执行经理制度。丰田也建立了“常务经理制度”，任命了 44 位非董事会成员的执行经理。尽管丰田称其为“常务经理”（managing officer）而不是索尼称谓的“执行经理”（executive officer），但实际职权是一样的。

日本企业愿意在管理实践层面学习美国企业的治理结构，而不愿意在法律形式上直接转换，原因可能是多方面的。日本的企业经营者不像美国的经理人那样一直要面对强大的资本市场压力和同样强大的产业工会压力。日本资本市场上很少“并购”，资本市场管不了“企业干部”。日本的工会是企业工会，虽然每年也有要求增加工资的“春斗”，但是往往流于形式。喜欢将从外面学到的新技巧、新技术融进自己的传统之中，“和体西用、洋为和用”已经成为现代日本的一种文化。

通过董事会、外部和独立董监事控制公司

日本公司法要求委员会制公司的各个委员会都必须由外部董事占多数席位，委员会制公司中外部董事很多，多的达 8 人以上。日本公司法没有对监事会制公司提出外部董事方面的硬

性要求，但是监事会制公司中也出现了设置外部董事的倾向，没有外部董事的公司比例逐年下降。

东京证券交易所在其上市规则中建立了独立董监事制度。公司要从其外部董事和外部监事中任命至少一位为独立董监事，并向交易所报告，由交易所确认其资格。在公司外部董事和外部监事中有多人符合独立董监事标准时，公司可以自己决定认定他们全部还是从中挑选出一位或几位，作为独立董监事向交易所报告。

日本的外部董事概念与美国的外部董事及英国的非执行董事等概念不同。美国的外部董事和英国的非执行董事基本就是独立董事。日本公司法对外部董事的定义是：第一，没有具体运营公司业务；第二，现在和过去都不是公司或其分支机构的执行董事、执行经理、经理和雇员。这使日本公司的外部董事成为大股东加强控制的一种手段。

2008 年、2010 年和 2012 年三个年度，第一大股东持股 50% 以上的公司中，设有外部董事的公司比例最高，分别为 53.3%、58.3% 和 63.2%，一直在一半以上。相比之下，第一大股东持股不足 5% 的公司在这三个年度中设有外部董事的公司比例分别为 37.7%、40.6% 和 48.9%，一直不足一半。在东京证券交易所要求上市公司提高董事会和监事会的独立性后，第一大股东持股不足 5% 的公司中设有外部董事的公司比例开始大幅提高，2014 年达到 73.1%，并且一举超过了此前一直在设立外部董事方面领先的第一大股东持股 50% 以上的公司（71.1%）。

在母公司和控制性股权消解，且董监事会是主要公司控制机制的情况下，董监事会成员的来源，特别是其中的外部董监事和独立董监事的来源，成为决定实际公司治理状况的重要因素。全体东证上市公司平均每家有3.53名外部董监事，其中2.16名（61.3%）来自其他公司，其次是律师（0.56人、15.9%）、注册会计师（0.36人、10.2%）、税务师（0.17人、4.7%）、学者（0.14人、3.9%）、其他（0.14人、4.0%）。全体东证上市公司平均每家有2.20名独立董监事，其中1.16名（52.4%）来自其他公司，其次是律师（0.43人、19.5%）、注册会计师（0.28人、12.9%）、学者（0.12人、5.4%）、税务师（0.12人、5.3%）、其他（0.10人、4.5%）。独立董监事中来自其他公司的比例低于外部董监事中来自其他公司的比例，独立董监事更多来自专业人士，如律师和注册会计师。

从不同来源的外部董监事被选为独立董监事的比例来看，在全部外部董监事中有62.5%的人是独立董监事的情况下，学者出身的外部董监事中有87.5%的人是独立董监事，其次是注册会计师（78.9%）、律师（76.3%）。来自其他公司的外部董监事中任独立董监事的人数比例最低，只有53.5%。

在全部监事会制公司外部董事中，来自母公司的外部董事所占比例为7.2%，来自关联公司的外部董事所占比例为9.8%。自身为大股东或在大股东公司工作的外部董事所占比例为11.7%。在全部监事会制公司外部监事中，来自母公司的外部监事所占比例为4.5%，来自关联公司的外部监事所占比例为

5.1%。自身为大股东或在大股东公司工作的外部监事所占比例为 3.8%。由于有母公司和控制性股东的公司数量在减少，来自母公司、关联公司和大股东的外部董事和外部监事所占比例都处在下降态势。

但是在存在母公司的情况下，母公司人员出任下属上市公司外部董事和外部监事仍然是一种重要的公司控制手段。在有母公司存在的监事会制公司中，有 51.0% 的外部董事和 37.2% 的外部监事来自其母公司。在有母公司存在的委员会制公司中，有 60.6% 的外部董事来自其母公司。不过，即使是在这些有母公司存在的日本上市公司中，随着独立董监事制度的发展，来自母公司、关联公司和大股东的外部董事和外部监事所占比例也都在下降。

总体看来，日本上市公司治理已经明显脱离了传统的母公司、大股东和关联企业集团化控制状态，其在股权分散、董监事会控制和职业经理人管理上，已经远远领先欧洲大陆，接近于美英水平。

4. 松下、ASICS 和迅销：从创始人到职业管理

松下电器和 ASICS 都在创始人去世之后完全走上了职业化管理之路。迅销集团（优衣库的母公司）在创始人柳井正的

掌控之下，正在导入职业管理，并通过一套委员会制度推进管理正规化。

松下幸之助：自来水哲学和职业经理人接班

松下幸之助被誉为日本经营之神。他的经营理念在日本、中国以至世界范围内的影响，远远大于松下公司的影响。在放弃家族传承、起用职业经理人领导公司方面，松下幸之助是一位先驱者。

1918 年 24 岁的松下幸之助与其妻子及妻弟井植岁男（后来另立门户创办了三洋电机）从一个制作灯头的小作坊开始创业，1923 年开发出自行车专用灯头后打出了“National”品牌，1935 年员工人数达到 3500 人，正式改组成为股份公司。1950 年松下家族持有松下电器的股份已经下降到 43.25%，1955 年降为 20.43%。1970 年代，松下家族持股进一步降至 5%以下，1994 年降为 3.5%，不再是第一大股东。

1961 年 1 月，松下幸之助辞去社长职务（总裁）、只任会长（董事会主席），松下正治接任了社长职务。松下正治生于 1912 年，1940 年进入松下电器公司工作。虽然隐没在松下幸之助的光芒之下，但是松下正治在职期间致力于海外网点建设，打下了松下电器国际化的基础。1971 年松下公司在纽约股票交易所上市。

松下正治是松下幸之助的女婿，本姓平田，收为养子后改姓松下。找个有能力的女婿收为养子改姓接班，是传统日本家族企业中常见的做法，有时即使有亲生儿子，也会这么做。儿子是天定的，可能因能力不足、兴趣不足或者年龄不够等因素而不适合直接接班，女婿则可以广泛地“择优录用”，有时就是经营中的重要助手。三井集团的历史传承中，“三井的女儿”就起着重要的作用。丰田佐吉也将其纺织帝国交给了女婿即养子丰田利三郎，而没有交给自己的亲生儿子丰田喜一郎。丰田喜一郎是从丰田自动织机公司的汽车事业部开始创建丰田汽车帝国的。

1977 年，松下幸之助放弃家族传承思想，没有选择此前一直作为第三代接班人培养的松下正幸（1946 年出生，松下正治的长子），而是选择了山下俊彦出任松下第三任社长。1986 年，山下俊彦转任会长，谷井昭雄出任社长，松下电器的会长和社长两个最高职务都开始由外姓和职业经理人担任了。

松下家族持股比例快速下降，松下公司走上职业管理之路，与松下幸之助有实现松下电器公司股份社会化、作为公众公司长久发展下去的目标相关，也与其重视人才、重视员工利益的企业经营理念密切相关。

松下幸之助注重技术的引进、消化和自主研发，但技术本身不是他经营的目的，他最看重的是人：“松下电器公司是制造什么的？松下电器公司是制造人才的地方，兼而制造电器。”

1960 年 1 月，松下幸之助在经营方针发表会上宣布："5 年以后，松下电器将采用五天工作制，同时薪水也不能比其他同行少，这将成为公司的基本经营方针。" 5 年后的 1965 年 4 月，松下电器开始推行五天工作制。

1967 年 1 月，松下幸之助又提出："今后 5 年，松下电器要在保持稳定的情况下，在经营和工资上超过欧洲，赶上美国。" 4 年后，松下电器的工资水平就赶上了欧洲工资最高的德国，5 年后成功超过了欧洲，缩短了和美国的差距。

松下幸之助为什么如此重视员工工资水平，以至把提高员工工资作为其企业经营的基本方针之一？这是他的社会责任感所在，也是他对经济活动内在关系的认识所致。"工资提高了，产品质量就会随之提高，日本的社会生活水平也就会相应提高——像公司这样的经济实体正是为这一目的而存在和活动的。"（《自来水哲学》第 129 页）因此，松下幸之助被比作日本的亨利·福特。福特认为要让员工能够买得起公司生产的汽车，公司才能大发展，从而实行了著名的日薪 5 美元制度。

为什么工资提高了，产品质量就会随之提高？这有供给和需求两个方面的因果联系。供给方面可参见效率工资理论，工资高了，员工的健康水平、素质和责任心都会提高，生产效率会提高，从而可带来更高的产品质量。需求方面，则是收入水平高了之后，人们选择更高质量的产品，高质量产品需求更大，低质量产品则会失去市场。

1973 年，松下幸之助 79 岁时从松下公司会长（董事会主席）

职位退下，改任董事会顾问，到 1989 年 4 月 27 日去世，享年 95 岁。

ASICS："命运共同体"理念下的职业化管理

ASICS 公司的主要前身是 1949 年创立的鬼塚公司，1978 年与另外两家体育用品公司合并为 ASICS 公司。1987 年，ASICS 公司的三位创始人之一、自 ASICS 公司成立起一直担任副社长的寺西光治去世。1989 年，另一位创始人、副社长舀井一马也去世了。三位创始人中的灵魂人物鬼塚喜八郎健在，并仍在担任社长，但是也要开始考虑接班人的问题了。1992 年，鬼塚喜八郎辞去已经担任了 15 年的社长职务，退居二线，担任会长（董事会主席），直到 2007 年 9 月 29 日因病去世，享年 90 岁。

1992 年，ASICS 公司的第二代领导人开始登场，但是公司大方向仍在创始人、会长鬼塚喜八郎的掌控之下。经过了 16 年的创始人任会长、职业经理人任社长的状态，ASICS 最终于 2008 年开始了完全由职业经理人控制和管理公司的新阶段。

1992 年三原圣治就任社长，1996 年高桥义行就任社长，2001 年和田清美就任社长。2008 年和田清美改任会长，尾山基就任社长。尾山基 1951 年出生，大阪市立大学商科毕业，1982 年加入 ASICS 公司，2004 年出任公司董事，2006 年出任常务董事，2008 年 4 月出任代表董事兼社长。

ASICS 能够随着创始人的离去而平稳过渡到职业化管理时代，与其核心创始人鬼塚喜八郎的管理理念是分不开的。早在1959 年鬼塚公司创立十周年时，鬼塚喜八郎就推行了去家族化改造,向员工发行股份,员工持股比例达到70%,并提出了“劳动和资本一体化经营的命运共同体理念”。

在践行“劳动和资本一体化经营的命运共同体理念”的同时，ASICS 还通过把公司股东变为顾客，扩大其命运共同体的内涵。ASICS 对股东有一套购买本公司产品的优待制度，根据持股数量和持股时间给予数量和折扣幅度不等的购买公司产品的优待券,可在公司直营店及指定代理店使用,可购买全部产品。

ASICS 公司算不上是全球性的大公司，但具有国际化的鲜明特色。ASICS 的股权结构相当分散，与索尼等日本顶尖的国际化大公司并无二致。ASICS 前十大股东均为机构，主要是银行，第一大股东也只持有 4.3% 的股份。

迅销集团：创始人掌控下的职业管理尝试

柳井正1972年接手仅有6名员工的家族服装店小郡商事，1984 年开设优衣库。1994 年小郡商事上市，更名迅销公司。

2002 年 11 月，柳井正尝试退居二线，只出任代表董事、会长（董事会主席）兼 CEO（首席执行官），推玉塚元一出任代表董事、社长（总裁）兼 COO（首席运营官）。但是三年之后，2005 年 9 月，柳井正还是重新出任了迅销公司的代表董事、会长兼社长，集日本企业的最高两职（会长和社长）于一身。2005 年 11 月开始，柳井正在担任母公司会长兼社长的同时，也担任核心企业优衣库的会长兼社长。柳井正还同时担任着集团多家下属企业的董事会主席。

2022 年，柳井正已经 73 岁，仍任迅销集团的董事会主席、总裁兼首席执行官。

从最高领导人和最高管理者这一角度来看，迅销和优衣库还处在创始人直接控制和直接管理阶段。这一体制与迅销公司的发展阶段和股权分散程度及股东构成是相适应的。作为优衣库和迅销公司的实际创始人，柳井正是第一大股东，个人直接持有公司 21.67% 的股份，加上其他柳井家人持有的股份，总比例在 30% 以上。

在坚持两职合一的同时，迅销在董事会构造方面走在日本公司前列，完全在向美国领先公司看齐。用公司自己的话说，“以成为世界第一大服装生产和销售企业为目标的迅销集团积极引进了现代公司治理系统，设立执行经理体制以保证决策和执行功能的分离。董事会的绝大多数成员为外部董事，以保证其独立性和监督职能的发挥”。

日本的委员会设置型公司要有法定的审计、薪酬和提名委员会等。迅销集团采用了监事会设置型公司这一组织形式，其董事会下设委员会属于没有法规要求的公司自愿行为。

通过委员会的设置，将董事、监事、公司高管和外部专家集合到一起，共同商议公司的相关重要事项，提出政策建议，是迅销集团作为监事会设置型公司在公司治理上的一个重要特色。

迅销集团设立了六个委员会，包括人事、企业社会责任、信息披露、IT 投资、行为守则和企业伦理。监事会负责总体上的公司监控职责，监事要列席公司董事会会议以及除 IT 投资委员会以外的五个公司委员会的会议。

迅销集团的六个委员会，根据各自的职责，配备了包括公司董事、监事、执行经理和外部专家等不同来源的成员。柳井正担任公司 IT 投资委员会主席，并是人事、企业社会责任和信息披露三个委员会的成员。除主席柳井正外，IT 投资委员会的成员包括一位全职（常勤）监事和四名经理或外部专家，另有两位外部董事任观察员。企业社会责任和企业伦理两个委员会的主席由公司企业社会责任部门负责人担任，信息披露委员会主席由负责向交易所披露信息的负责人担任。行为守则委员会主席由公司总务和雇员满意部门负责人担任。

迅销集团的治理安排说明，在创始人作为大股东、公司实际控制人及实际管理者的情况下，也可以改进公司治理，用好外脑，广纳英才。可以通过设立一些公司级别的委员会，让董事、监事、高管及外聘专家在关键事项治理上并肩作战。

迅销的成功，使柳井正和其家人共计四人，同时跻身日本十大富豪之列。柳井正以 2.4 万亿日元位居第二，柳井正长子柳井一海以 5283 亿日元、次子柳井康治以 5283 亿日元、妻子柳井照代以 2571 亿日元居第五至七位。柳井一海和柳井康治均为迅销集团董事。迅销很可能启用欧莱雅和沃尔玛的模式，家族成员坐镇董事会，内部培养经理人接班管理。

5. 盛田昭夫：我们需要再次向美国学习

“立足日本走向世界，不拘一格选用人才”，使索尼成为日本公司中引入美国公司治理和职业管理模式的领先者。

股票与产品同步征战

1945 年 10 月，井深大和几名原同事创立了东京通信研究所，1946 年 5 月 7 日改组为股份公司，正式成立东京通信工业株式会社（简称东通工）。出任社长的是井深大的岳父前田多门，曾任日本文部大臣职务。其时，井深大 38 岁，任董事，负责技术部门；盛田昭夫 25 岁，任专务，负责营业部门。

1955 年 8 月 8 日，东通工股票在东京证券交易所场外市场上市，12 月转为东京证券交易所一部上市。1955 年 3 月，东通工开发出第一代晶体管收音机，之后为了打开美国市场，决定启用“SONY”这一商标。1958 年，东京通信工业株式会社正式改名为 SONY 株式会社。

1961 年，日本政府从 100 多家申请者中，挑选和批准了首批发行美国预托存证（ADR）的16家公司。1961年6月，索尼ADR以日本ADR第一号的身份登陆美国资本市场，走在了日本企业引进外资的前列。

1970年9月17日，第一笔ADR发行十年之后，索尼成为纽约股票交易所第1305家正式上市公司，是在纽交所正式上市的第30家外国公司，是日本公司在纽交所上市的第1家。

到1977年，索尼公司股票已经在全球10个国家的18个主要证券交易所上市，一天24小时几乎不间断地在某个交易所进行交易。索尼公司在产品和股票两个方面同步实现了国际化。

自率先在美国上市之后，索尼公司的股东多样化和股权分散程度一直在日本企业中居于领先地位。

索尼的公司治理改革

从1946年创立到1995年出井伸之就任社长，索尼公司前50年共有5任社长，包括创立初期主要任监督和帮助者角色的井深大岳父前田多门，以及创业时期就加入了公司的岩间和夫、大贺典雄，然而井深大和盛田昭夫两位创始人一直实际领导着公司，公司处在创始人管理的阶段。

1995年开始，井深大和盛田昭夫退出管理层，在盛田昭夫会长（实际的CEO）之下已任12年社长（实际的COO）的大贺典雄决定转任会长而任命出井伸之出任社长。出井伸之是井深大女儿的同学，1960年从早稻田大学政治经济系毕业后就直接加入了索尼公司。1960 至 1970 年代，出井伸之被派往欧洲工作了 10 年，1980 年代历任索尼的音响、计算机和 VTR 等事业总部的负责人，1989 年出任公司董事。尽管如此，1995 年出井伸之就任社长，依然在日本企业界引起相当程度的震动。因为排在出井伸之前面的公司前辈有 14 位之多，这在讲究按资排辈的日本是非常“不合常理”的。出井伸之的大学专业是经济学，是靠技术起家、视技术如生命的索尼公司的第一位非创业者，也是典型的非技术人员出身的领导人。

1995 年 3 月 22 日的索尼公司董事会上，出井伸之被任命为社长。当时索尼陷入了过度扩张带来的财务困境，能够生存下去的概率不超过 50%。索尼没有像 IBM 或者惠普那样在需要彻底变革的时候从公司外引入新 CEO，而是采取了从内部提拔的方式。尽管出井伸之在索尼内部已经属于“唱反调”角色了，但是难免会面临巨大阻力，不能像外来 CEO 那样可以无所顾忌地大刀阔斧改革。

除了引进 EBITDA（未计利息、税收、折旧及摊销前的利润）等新业绩评价指标以及终结 DVD 格式之争等财务和业务战略上的举措之外，出井伸之对索尼的公司治理机制进行了改革。首先对索尼最重要的海外公司——索尼美国公司进行了着眼于加强索尼总公司对下属公司有效管理与监督的治理机制改革，包括迫使美籍总裁辞职，设立有外部董事的董事会，划分清楚索尼美国公司与索尼总公司之间的权利边界等。

在索尼总公司的治理改革方面，出井伸之延续并进一步增强了索尼公司中早已存在的“国际化”做法。从1961年发行ADR开始，索尼公司在日本公司引入欧美治理机制方面一直处于领先地位。索尼1970年开始设立外部董事制度，1976年正式设立了CEO职位，盛田昭夫任索尼首位CEO，使日本公司中开始出现CEO这类美式称呼职务和会长、社长等传统的日本公司职务并存的时代。盛田昭夫于1971年接任社长（井深大任会长），五年任期后社长由岩间和夫接任，盛田昭夫改任会长兼CEO，也就是董事会主席兼CEO，而社长相当于总裁兼COO。

1997年，索尼把40多人的董事会缩减到了10人，其中7人为执行董事，3人为外部董事，同时设立了董事会的薪酬委员会和提名委员会。索尼的董事会改革，引领了日本公司董事会自主改革的潮流，2003年修改后的日本新商法由此确认了“委员会制公司”这样一种具有新型治理结构的公司类型。

索尼的职业管理更替

2000年，大贺典雄70岁，按索尼规定需要从会长职位退休。出井伸之转任会长兼CEO，安藤国威出任社长兼总裁，统扩日本市场，霍华德·斯特林格负责索尼美国事务。

2005年，出井伸之70岁，从索尼公司会长职位退休，选择了霍华德·斯特林格接任会长兼CEO，中钵良治担任社长，安藤国威转任副会长。为了比较彻底地离开，出井伸之自己只接受了一个“最高顾问”的头衔，并且说服同代的公司老人们一齐退出，给公司新一代领导人自由发挥的空间。

霍华德·斯特林格 1942 年出生于英国，1965 年移居美国，1985 年加入美国国籍。斯特林格早先是美国哥伦比亚公司（CBS）的记者，1988 年升任 CBS 公司总裁。1995 年从 CBS 公司辞职，担任美国一家网络和有线电视公司 TELE-TV 的董事会主席兼 CEO。1997 年出任索尼美国公司的总裁。

索尼的主要领导人接替历程

上任时间	会长（董事会主席）	社长	备注
1946 年		前田多门	前田多门是井深大的岳父。井深大担任技术部门负责人；盛田昭夫担任营业部门负责人
1971 年	井深大	盛田昭夫	
1976 年	盛田昭夫	岩间和夫	井深大升任荣誉董事会主席；1976 年 6 月，导入 CEO 制度
1982 年	盛田昭夫	大贺典雄	岩间和夫逝世，由大贺典雄接任社长
1995 年	大贺典雄	出井伸之	1994 年 11 月，井深大就任“创立者—最高顾问”，盛田昭夫任“创立者—荣誉会长”。两位公司创始人退出管理层
2000 年	出井伸之	安藤国威	大贺典雄升任董事会名誉主席
2005 年	霍华德·斯特林格	中钵良治	霍华德作为首位非日籍最高负责人上任
2009 年	霍华德·斯特林格	霍华德·斯特林格	中钵良治转任董事会副主席
2012 年	平井一夫	平井一夫	
2019 年	隅修三	吉田宪一郎	平井一夫担任高级顾问

霍华德·斯特林格任职索尼公司董事会主席兼首席执行官到 2012 年，平井一夫出任索尼董事会主席兼首席执行官。平井一夫 1960 年出生，1984 年加入索尼，到 2019 年从索尼退休，在索尼工作 35 年。

2019 年开始索尼聘任隅修三为董事会非执行主席。隅修三出生于 1947 年，曾任东京海上控股株式会社总裁、董事会主席。从 2014 年起兼任丰田董事、三菱东京 UFJ 银行董事，并在 2017 年成为索尼董事。接任索尼首席执行官的是吉田宪一郎，1959 年出生，1983 年从东京大学经济系毕业后就加入了索尼。

盛田昭夫的精神遗产

从井深大创立东京通信研究所开始，盛田昭夫是第 7 位追随者，所以作为索尼公司创始人，盛田昭夫始终排在井深大之后。但是从索尼公司的实际发展历程来看，可以说盛田昭夫是其最主要的缔造者。

盛田昭夫曾出版《学历无用论》和《日本制造》等书，引起了强烈反响。索尼公司专注于技术，但是不讲究学历和出身。从 1991 年开始，索尼在招聘应届毕业生时，在应聘报名书上隐去报名者的毕业学校。索尼公司还是日本企业中录用有经验者和录用外籍人士的先驱，视其为通过输入异体血液的方法来强化公司。

1980 年代，日本企业独霸全球，盛田昭夫曾与石原慎太郎合著《日本人可以说“不”》。1987 年，在纽约的日本人聚会上，盛田昭夫提出“美国应该进一步学习日本”。然而，1993 年盛田昭夫最后一次发表演说的内容是：“我们需要再次向美国学习。索尼曾经通过巧妙地引进美国的技术获得了发展，并在 80 年代终于超越了美国。然而我们绝不能满足于此。今天，我们仍然需要再一次向美国学习。”

索尼公司的两位创始人井深大和盛田昭夫，一位专注于技术，一位擅长于市场，并同时具有“立足日本走向世界”的志向和“不拘一格选用人才”的胸怀，这也许是所有创业及转型成功企业都应该具备的要素。技术报国，学历无用，但是学习重要，并且是要“学习学习再学习”，也许这是我们最应该从索尼和盛田昭夫身上得到的启示。

6. 信任和授权的力量：经理人缔造 7&I

股权高度分散之下，优秀的经理人成就伟业需要有效资本市场和良好公司治理系统的约束与支持；股权不够分散，且有大股东、控股家族甚至创始人存在的情况下，优秀的经理人能否成就伟业还要取决于“老板”的眼光与胸怀。

有些日本企业，没有像松下那样完全放弃家族传承，而是保持家族传承，但在公司管理上给予职业经理人以充分信任和完全授权，使职业经理人能够近似于美国公司经理人那样主导公司大展雄图。

伊藤洋华堂（Ito-Yokado）老板伊藤雅俊任用铃木敏文，发展出日本第一、世界第五大的流通和零售企业集团 7&I 集团（旗下有华堂商场、7-11 连锁店、千僖零售、崇光百货和西武百货等），与老沃森缔造 IBM 一样演绎了职业经理人成就公司伟业的故事。

内企业家，创建日本7-11

1958 年伊藤雅俊接手家族事业，创立了洋华堂株式会社，1965 年正式更名为伊藤洋华堂。1971 年铃木敏文晋升为公司董事，在访问美国时偶然发现了美国的 7-11 商店。

雷·克洛克在发现麦当劳餐厅之后，没有直接复制其模式，而是获取麦当劳兄弟的授权许可。铃木敏文也是一样，没有直接在日本复制 7-11 的商业模式，而是努力取得其所有者美国南方公司的授权许可。

由于伊藤洋华堂内部很多人反对，没有人愿意负责 7-11 项目，伊藤雅俊社长对铃木敏文表示："既然你坚持这项事业，那么就由你来负责吧。"伊藤雅俊还表示："既然是成立新公司，自己负责运营，还是自己出资比较好。"这样，铃木敏文和几位重要下属个人也出了一部分资本金。1973 年公司成立时名为 Yorku 7，1978 年改成“7–11 日本”。1974 年 5 月 15 日，日本 7–11 的 1 号店正式开业。1979 年 10 月，日本 7–11 公司成立 6 年后，在东证二部上市，创下了日本历史上从公司成立到上市时间最短的纪录。

整个 1970 年代，在子公司日本 7–11 快速发展壮大的同时，母公司伊藤洋华堂的大型连锁商场业务也发展得顺风顺水，店铺数量从 23 家扩展到了 120 家。但是到 1981 年，伊藤洋华堂遭遇了利润下滑危机。铃木敏文临危受命，以 7–11 公司变革流通模式、加强单品管理和总部与店铺的沟通机制等经验成功改造伊藤洋华堂，迅速恢复了盈利能力，并于 1983 年就任伊藤洋华堂专务董事，1985 年就任伊藤洋华堂副社长。

1990 年，美国南方公司陷入困境，日本 7–11 公司通过入股 70% 的方式对其进行了救助。1929 年，丰田佐吉授权当时已经占据世界纺织机械霸主地位 70 年之久的英国普拉特兄弟公司生产和销售丰田 G 型自动织机，上演了一次纺织机械领域里的日英逆转。61 年后，则上演了一次连锁商业领域里的日美逆转。

美国南方公司诞生于 1927 年，最初是一家在全美各地开设连锁店铺的制冰公司。位于得州的一个店铺经营者接受了顾客的建议，在售卖冰块的同时开始销售面包和牛奶等食品，由此获得成功，被总部接受并全面推广。1946 年，店铺标榜从早 7 店开业到晚 11 点，将店名定为“7–11”。

南方公司由于业务过度多元化，进入了石油和房地产等产业，于1980年代中后期陷入困境。掌控南方公司的汤普森家族在经过了公司回购下市（1987年）、发行债券等努力仍无望扭转困境，于1990年将其位于夏威夷的58家7–11店铺整体转让给日本7–11，并提出了由日本7–11对南方公司进行股权收购的建议。收购了美国南方公司70%股份之后，铃木敏文对其7300多家店铺进行了管理和业务流程整顿。1999年南方公司更名为7–11公司（7–Eleven inc），并随业绩回升于2000年7月在纽交所重新上市。

临危受命，缔造7&I帝国

1992年10月，伊藤洋华堂涉嫌向总会屋（日本特有的一种“股闹”，通过在股东大会上闹事来勒索公司或者受雇于公司参加股东大会以帮助公司达到某种目的）提供资金，伊藤雅俊引咎辞职，时任副社长但已经60岁正准备退休的铃木敏文再次临危受命，出任伊藤洋华堂社长，并很快兼任了会长。

2005年，作为子公司的日本7–11公司市值已经比其母公司伊藤洋华堂还高。为了便于集团管理，以及利用日本于2003年开始准许成立纯粹控股公司的法律便利，伊藤洋华堂进行了集团架构重组。2005年9月1日，7&I控股集团正式成立，伊藤洋华堂及其旗下各家公司通过换股收购等方式纳入7&I控股集团旗下。铃木敏文表示，7代表集团的便利店、超市和餐厅等七大业务领域，I代表创新。但实际上，7也可以说是代表7–11，

I 则是伊藤洋华堂（Ito–Yokado）英文名称的第一个字母。

日本国际化的大公司一般会明确会长和社长谁是 CEO，社长为 CEO 的居多，但是 7&I 控股集团明确铃木敏文会长为 CEO，是公司的最高经营责任者，而社长村田纪敏（同为“代表取締役”）为 COO，是公司的最高执行责任者。

铃木敏文自我评价：“想说就说，想做就做，可能我这样的人在其他人手下做事，不出三天就会被解雇。”但是，他却在伊藤雅俊（引咎辞职、退居二线后一直担任公司的董事会名誉主席）手下相伴走过了半个世纪，做出了创建 7–11 这番大事业。这与作为公司创始人和老板的伊藤雅俊心怀雅量是分不开的。伊藤雅俊本人处事甚是谨慎，但是在充分了解和理解了铃木敏文的大胆想法之后，总会放手让其去做。

2016 年，83 岁的铃木敏文从 7&I 控股集团辞职，1957 年出生的井阪隆一出任 7&I 集团代表董事、总裁（社长）。伊藤雅俊的儿子，1958 年出生的伊藤顺朗任董事和常务执行经理。

7. 能者上：丰田汽车的管理层继任

丰田家族只持有 2% 左右的丰田股份，与欧洲几大汽车家族相比，对企业的控制要弱很多。从丰田汽车管理层传承过程来看，丰田家族成员对丰田汽车公司一直有着重要的影响，但是按资历和“能者上”的机制要更明显一些。

财务困境下，创始人退出

1937年8月28日，丰田自动织机公司将汽车部独立出来，组建成立了丰田汽车公司，26位股东包括家族成员、公司管理层人员以及三井公司。丰田利三郎出任丰田汽车公司首任总裁，丰田利三郎以执行副总裁身份实际负责丰田汽车公司的管理工作。1941年，丰田利三郎改任丰田汽车公司的董事会主席，汽车业务创始人和实际负责人丰田喜一郎正式出任公司总裁。

二战结束之后，丰田很幸运没有遭遇日本财阀企业的解散命运。占领军当局迫使丰田家族出售了家族成员持有的大量丰田股份，但没有禁止家族成员担任丰田汽车公司的高管职务，丰田喜一郎继续领导丰田汽车公司。但是战后经济萧条，丰田汽车公司于1949年底陷入困境。1950年初，日本银行名古屋分行出面组织银团贷款拯救丰田汽车公司，丰田喜一郎“引咎”辞职，时任丰田自动织机公司总裁的石田退三出任丰田汽车公司总裁，三井银行则调派中川不器男任专务，协助石田退三工作。

第三任和第四任：职业经理人

1952 年，在丰田汽车转危为安之时，丰田喜一郎和丰田利三郎相继去世，本想还权于丰田喜一郎的石田退三只好继续担任丰田汽车公司的总裁。此时，丰田喜一郎的长子丰田章一郎（1925 年出生，1947 年毕业于名古屋大学工学部）刚刚加入丰田汽车公司工作，在丰田汽车里工作的主要家族成员是丰田英二。丰田英二是丰田佐吉（丰田喜一郎之父）的侄子，1913 年出生，东京帝国大学工学部机械制造专业毕业后，接受丰田喜一郎邀请，进入丰田自动织机公司工作，受命在东京的芝浦建立汽车研究所，几乎可以说是丰田汽车事业的共同创始人。

继丰田利三郎和丰田喜一郎之后担任丰田公司第三任总裁的石田退三在任 11 年，其间丰田推出了非常成功的皇冠和花冠等车型。1961 年石田退三退休，但是当时一直担任执行副总裁的丰田英二还只有 48 岁，因此丰田汽车公司第四任总裁由另一位执行副总裁即 1950 年由三井银行派过来监管财务的中川不器男出任。

第五任至第七任：家族成员

1967 年中川不器男去世，54 岁的丰田英二出任丰田汽车公司的第五任总裁。在丰田英二领导的 15 年里，丰田汽车公司一路高歌猛进，开拓美国市场，进而走向全球。1980 年日本一举超过美国，成为全球最大的汽车生产国，丰田家族在这次经济奇迹中发挥了关键作用。

1982 年 7 月 1 日，1950 年在银行的要求下分离出去的丰田汽车销售公司重新并回丰田汽车公司，丰田英二“功成身退”，卸去社长的职务，改任董事会主席。接替丰田英二出任丰田汽车公司第六任总裁职务的是丰田章一郎。丰田章一郎领导下的 10 年，丰田汽车公司蒸蒸日上。1992 年丰田章一郎的弟弟丰田达郎出任丰田汽车公司第七任总裁，丰田章一郎改任董事会主席。丰田达郎没有他的哥哥那么幸运，任职仅仅三年，公司动荡不安。

第八任至第十任：职业经理人

1995 年，奥田硕出任丰田汽车公司第八任总裁，成为丰田汽车公司历史上第三位外姓总裁。

奥田硕于 1932 年出生，一桥大学商学部毕业后加入丰田。1999 年，又一位外姓人——1937 年出生、毕业于东京大学法学院的张富士夫接替奥田硕，出任丰田汽车公司第九任总裁。奥田硕出任董事会主席，丰田章一郎则由董事会主席改任董事会名誉主席。2006 年，奥田硕改任公司最高顾问，张富士夫改任董事会主席，已在丰田工作了 42 年之久的渡边捷昭出任丰田汽车公司第十任总裁。毕业于庆应义塾大学经济学系的渡边捷昭，以“成本杀手”著称，但是被看作是“过渡总裁”，在丰田章男能够接手之前主持工作。

第十一任：创始人长孙执掌丰田

丰田章一郎的长子丰田章男，是自丰田佐吉算起的丰田家族第四代，是丰田汽车创始人丰田喜一郎的长孙。丰田章男于 1956 年出生，1979 年毕业于庆应义塾大学，1984 年进入丰田汽车公司工作，到 2000 年出任董事的 16 年内，丰田章男从零开始，做过生产管理，推销过汽车。2002 年丰田章男升为常务董事，一年后再升为专务董事，2005 年出任副总裁。2009 年 6 月 23 日，丰田汽车公司举行董事会会议，正式批准 52 岁的丰田章男出任丰田汽车公司第十一任总裁。渡边捷昭改任董事会副主席，董事会主席继续由张富士夫担任。2013 年张富士夫卸任，内山田竹志出任丰田董事会主席。内山田竹志于 1946 年出生，1969 年从名古屋大学毕业后就进入丰田汽车公司工作。

自 1937 年正式创立以来，丰田汽车公司的十一任总裁中有 6 位丰田家族人和 5 位外姓人，形成了一种交替：家族人（1937 ～ 1950 年，两任）——外姓人（1950 年～ 1967 年，两任）——家族人（1967 ～ 1995 年，三任）——外姓人（1995 ～ 2009 年，三任）——家族人（2009 年至今）五个阶段。

丰田家族与丰田汽车公司之间的关系，展现出了一幅“既家族又现代”、不拘一格的企业画卷。如果丰田佐吉没有将其成熟的纺织产业交由养子—女婿丰田利三郎打理，同时鼓励并支持亲生儿子丰田喜一郎在汽车领域开创自己的事业，如果丰田家族没有保持开放思维，善用有能力的外姓经理人员，丰田的故事不会如此精彩。

8. 新家族主义：佳能的共生型治理

佳能和丰田类似，创始家族对企业一直有着影响，但不是仅凭股权的控制，而是从创始人与创业元老及公司员工之间的共生关系，演化为创始人家族与企业之间的共生关系。股权有继承、职位不继承，家族后代也和职业经理人一样，遵循凭能力和业绩“竞争上岗”的原则。

从内田三郎到御手洗毅：股东管理时代

1933 年 11 月，吉田五郎和妹夫内田三郎，在东京麻布区六本木竹皮屋公寓三层共同创立了今日佳能公司的前身“精机光学研究所”。内田三郎出任法人代表。1934 年初，内田三郎任三一证券大阪分公司经理时的部下前田武男进入研究所，作为吉田五郎的助手，主持事务性工作。

为了筹集资金，1937 年 8 月 10 日，精机光学研究所改制为精机光学工业株式会社（股份公司），资本金 100 万日元。公司没有设社长（总裁），而是由内田三郎出任代表常务董事，为最高经营责任者。

1939 年 7 月，本职工作还是医生的御手洗毅出任精机光学工业公司的董事。1942 年 2 月 15 日，日本占领新加坡之后，军方命令内田三郎赴新加坡任占领区行政官，内田三郎将公司的事务交给了御手洗毅掌管。1942 年 8 月 14 日，公司董事会提出由御手洗毅担任社长，9 月 10 日的临时股东大会做出了正式决定，御手洗毅成为佳能公司历史上第一位正式的社长。

1943 年，内田三郎完成军方任务从新加坡回到日本，虽然仍有经营公司的积极性，但是看到公司在御手洗毅的领导下已经确立起了一套有效的运转体制，只好继续让御手洗毅作为社长（总裁）掌管经营职责，自己出任不掌管经营的会长（董事会主席）。1947 年公司改名为日文片假名的“佳能照相机”之后，内田三郎看到了公司的巨大变革，辞去了董事职务。

新家族主义：“资本、经营和劳动”三分配

1963 年，佳能在德国国际摄影器材展览会上成功展出了其自动对焦照相机，对此美国《先驱论坛报》报道：“传统技术的、高质量的德国造形象正在崩溃。其原因是工人缺少自尊

心，劳动力不足，频繁地更换工作岗位。”在维持劳资合作方面，德国有法律保障的“劳资共治”型公司治理似乎还没有日本没有法律保障但有文化支撑的佳能这类公司所执行的“共生”型公司治理更为有效。

佳能强调实力主义（不讲究学历）和新家族主义。佳能有劳动者财产形成制度、持有股票制度等一系列职工福利保障制度。佳能不仅使用职工，而且是与职工一起创造美好的公司。用御手洗毅的话说是“喜悦也好，悲伤也好，一起经历”。从1950年10月开始，佳能实行了将利润按资本、经营和劳动三方各1/3进行分配的三分配制度。

从1960年开始，佳能探索缩短职工工作时间的方法，1966年开始完全实行每周五天工作制，这在日本企业中是很领先的，甚至受到了日本经济联合会的批评。佳能倡导“三自”精神——自发、自治和自觉。在佳能法国公司遇到一件难事犹豫不决时，御手洗毅鼓励当事人：“按照你的自信去做。”

竞争上岗：佳能的社长接替

佳能在经过37年创始人管理，又经过19年外姓经理人管理之后，回归到了创始人家族—经理人管理的状态。

1974年，由于石油危机的冲击，佳能照相机出口减少，开发台式电子计算机项目又遭失败，73岁的御手洗毅引咎辞去社长职务，提名前田武男（1962年任专务，1966年任副社长）担任社长，自己就任会长，同时御手洗毅和前田武男都有代表权。御手洗毅表示：“我自己有 30 多年的经验，能从最高点，也能从侧面对今后以社长为中心的一切业务提出各种各样的建议。今后，会长作为董事会的主席，主宰公司方针的决定、董事的任免。在对外方面，股东和股份的相关问题以及财务对策等也要由会长决定。”御手洗毅于 1984 年 10 月 10 日因肺炎辞世。

1977 年前田武男病逝，贺来龙三郎出任佳能第三任社长。贺来龙三郎于 1926 年出生，1954 年从九州大学经济学部毕业后进入佳能。51 岁就任佳能社长，这在当年日本大企业的社长中是非常年轻的。贺来龙三郎提出了佳能创建优秀企业的构想，并于 1978 年实施了事业部制。贺来龙三郎积极推动了佳能的经营多样化，并认为：“美国的投机企业是在赚钱之后把公司卖出去，可是日本企业要对员工、顾客、股东以至全社会负责，所以日本企业要永远生存下去，绝对不能单打一地专业化经营，而是要多样化经营。”但是，佳能的多样化经营坚持三个铁的原则：一是要在已有销售渠道和已有专业技术领域内多样化；二是只进行关联多样化；三是多样化经营要实行垂直统一领导。如果不能坚守这些原则，插手与自己无关的业务，名曰多样化经营，实为不务正业。

贺来龙三郎任佳能社长 12 年后退居二线，只任会长，由山路敬三出任佳能第四任社长。山路敬三 1951 年毕业于东京大学物理专业，1989 年出任佳能公司社长。

1993 年，御手洗毅的长子御手洗肇，经过在佳能公司近 20 年的历练之后出任了佳能第五任社长。御手洗肇于 1938 年出生，1973 年获得斯坦福大学电子工程博士学位，1974 年 1 月进入佳能公司。御手洗肇大力推进了佳能的 LBP 系列激光打印机。1995 年 8 月 31 日，56 岁的御手洗肇因肺炎病逝，董事会决定由当时 59 岁的副社长御手洗富士夫就任佳能第六代社长。御手洗富士夫是御手洗毅的侄子，于 1935 年出生，1961 年自日本中央大学法政部毕业后加入佳能。御手洗富士夫上任后，引入了一些美式企业经营理念，使佳能不再唯技术至上，强调利润和现金流。不过佳能重视技术、视技术为企业发展原动力的传统并没有改变，长期坚持将营业收入 10% 左右投入研发。

2006 年 5 月，御手洗富士夫从社长职位退下，担任会长，照相机技术开发出身的内田恒二出任佳能第七代社长。用美式高管职位用语来说，就是御手洗富士夫为佳能董事会主席兼首席执行官（会长），内田恒二为佳能总裁兼首席运营官（社长）。内田恒二于 1941 年出生，京都大学工学部毕业，1965 年进入佳能。

2012 年初，由于业绩不佳，71 岁的内田恒二辞去佳能社长职务，留任公司顾问。当时已经 77 岁的御手洗富士夫出任会长兼社长（第八任）。截至 2022 年 4 月 3 日，87 岁的御手洗富士夫仍是佳能公司的董事会主席兼首席执行官（会长兼社长、CEO）。

佳能历任领导者

上任年份	姓名	注释	治理类型
1937	内田三郎	未设社长职位，代表董事执行社长职能	创始人治理 37 年 1937—1974
1942	御手洗毅	开始正式设立社长职位	
1974	前田武男	御手洗毅出任会长	内部成长，外姓经理人治理 19 年 1974—1993
1977	贺来龙三郎	前田武男病逝	
1989	三路敬三	贺来龙三郎任会长	
1993	御手洗肇	御手洗毅的长子	内部成长，家族经理人治理 1993—
1995	御手洗富士夫	御手洗肇病逝	
2006	内田恒二	御手洗富士夫任会长	
2012	御手洗富士夫	董事会主席、会长兼社长、CEO	

佳能的股权与治理架构

佳能公司于 1949 年 5 月 16 日在东京证券交易所上市，此后也在大阪证券交易所（1953 年）和名古屋交易所上市。2000 年，佳能在美国纽约股票交易所上市。佳能的主要股东都是日本和美国的金融类机构投资者。第一大股东持股 6%，前十大股东合计持股 32.1%。

尽管在股权结构上，佳能与非常美国化的索尼、甚至是美国公司无大差异，都是高度分散，且以金融类机构投资者为主，但是佳能在公司治理结构上却保持着非常鲜明的“日本特色”。

佳能没有像索尼等日本电子行业的其他公司那样，在

2003 年日本新商法生效之后选择转向“委员会制会社”，即取消监事制度，引入独立董事制度。佳能选择继续保持监事制度，5 名监事中有 3 名外部监事。董事会则保持全部为公司内部人的状态，没有外部董事。

9. 美津浓：家族企业的百年传承

在公司和商标都以家族姓氏命名的同时，美津浓的公司治理也保持了家族企业的特性，百余年的历程里，由前后三代共四位水野家族人士相继掌舵。

从水野兄弟商会到美津浓株式会社

“美津浓”的日语发音和其创始人水野利八的姓氏“水野”一样，都是 MIZUNO。

水野利八 1884 年 5 月 15 日出生在日本岐阜县大垣市。7 岁时，一场大地震摧毁了水野利八的家，第二年父亲由于过度劳累而去世。12 岁时，水野利八从小学退学，到大阪打工。

1903 年，19 岁的水野利八在观看了京都三高棒球俱乐部的比赛后，被棒球的魅力吸引，决定要创办体育用品商店。1906 年 4 月 1 日，水野利八和弟弟水野利三在大阪北区创立了"水野兄弟商会"(商店),销售棒球以及其他一些西洋杂品。棒球在日本如同乒乓球在中国一样,是国民性体育项目。有过服装店打工经历的水野利八,最终选择了棒球用品生意。1910年,店铺迁移到大阪梅田新道,并正式更名为"美津浓商店"。1912年,创业六年之后,美津浓走出大阪,到东京开设了分店。从此开始,美津浓一步一个脚印地成长为日本首屈一指的体育用品品牌。1923年,水野利八将美津浓商店变更为美津浓运动用品株式会社,并开始开发滑雪用品。

1929年水野利八赴欧美各国考察,之后决定美津浓要着力向体育用品制造方向发展,并劝导本来志在经营学的儿子水野健次郎报考了大阪大学理学部。继棒球和滑雪用品之后,高尔夫球用品成为美津浓新的重点业务领域。随着业务领域的日益扩展,1942年,美津浓去掉了公司名称中的"运动用品"四个字,改为美津浓株式会社。1961年至1962年,美津浓先后在大阪证券交易所二部和东京证券交易所二部上市。

家族第二代和第三代

1970年3月9日,美津浓公司创始人水野利八去世,享年86岁。去世前一年,水野利八将公司管理大权交给了儿子水野健次郎,自己由社长改任会长(董事会主席)。水野健次郎就任社长(总裁),成为美津浓这个家族控制上市公司的第二代领导人。水野利八去世后,根据其遗愿和其捐赠的美津浓公司股票，创立了美津浓运动振兴财团。

除曾涉足中国之外，水野利八的美津浓事业版图主要限定在日本国内。第二代领导人上任之后，首先把海外扩张的目光瞄向了美国，1970 年即在洛杉矶设立了美津浓美国公司。1972 年，美津浓股票同时在东京和大阪两个交易所从二部转到一部。1979 年，美津浓开始实行东京和大阪双总部体制（“两本社制”）。1987 年，美津浓开始实行事业部制，整个集团划分为 5 个事业部，公司名称也统一为日本片假名“ミズノ”（水野、美津浓均为其对应汉字）。

1988 年，水野健次郎改任会长（直至 1999 年去世），水野正人就任社长，家族第三代开始登场。水野正人于 1943 年 5 月 25 日出生，1966 年自甲南大学经济学部毕业，1970 年自美国威斯康星州迦太基学院理学院毕业，进入美津浓工作。进入家族公司工作 10 年后，37 岁的水野正人出任公司董事，1984 年出任代表董事、副社长。1988 年水野正人出任代表董事、社长时是 45 岁，已经在公司历练了 18 年。

水野正人担任美津浓社长到 2006 年（63 岁），改任代表董事、会长，代表董事、社长职务交由他的弟弟水野明人担任。2011 年水野正人从代表董事、会长职位退任。水野明人于 1949 年 8 月 25 日出生，1974 年自美国伊利诺伊州卫斯理大学商学院毕业，1976 年自日本关西学院大学商学院毕业。1984 年，35 岁的水野明人出任美津浓董事，而后 37 岁任常务董事，41 岁任专务董事，45 岁任董事、副社长。2006 年 6 月，水野明人 57 岁，正式出任美津浓公司代表董事、社长。截至 2022 年，水野明人 73 岁，仍然担任这一职务。

公益基金持股，家族控制企业

美津浓至今 116 年的历程里共有三代四位领导人（社长）。创始人水野利八从 1906 年到 1969 年，从创立到企业上市和分享股权，在任 63 年。水野健次郎，创始人之子，从 1969 年到 1988 年，在任 19 年，领导美津浓成功进行了国际化。第三代水野正人和水野明人，创始人孙辈，领导美津浓迈进全球化时代。水野正人从 1988 年到 2006 年在任 18 年。水野明人从 2006 年到 2022 年已经在任 16 年。

水野家族的下一代，1974 年出生的水野英人，已经是个成熟的经营者，很可能会接班。水野英人拥有日本金泽技术学院商业建筑师硕士学位，美国迦太基学院化学学士学位及日本庆应义塾大学经济学学士学位。2006 ～ 2016 年，水野英人曾任美津浓公司专务董事，负责大店销售、全球品牌开发、业务品类研究及开发等。2016 年 6 月起，水野英人出任美津浓运动振兴财团的副主席。2018 年起，出任永旺（香港）百货有限公司独立非执行董事。

为了保持家族控制和代际传承的稳固，美津浓的股权分散进程相对缓慢。前十大股东中，有美津浓运动振兴财团、美津浓公司（自持股份）和美津浓员工持股会。由水野家族捐赠美津浓公司股票创建的美津浓运动振兴财团持有美津浓公司16.03% 的股份，是水野家族对美津浓公司股权控制力的主要来源。

110 多年历史的美津浓没有像 70 多年历史的 ASICS 那样在管理上实现去家族化，同时在股权分散和股东分布上，也没有像 ASICS 那样彻底和广泛。美津浓第一大股东持股 16.3%，而 ASICS 第一大股东持股只有 4.3%。美津浓只在日本国内的两个证券交易所上市，外国投资者持股 20.89%；ASICS 则是同时日本国内和海外的多家证券交易所上市，外国投资者持股 37.05%。

10. 富士通：战略转型的日式治理因素

索尼白手起家的创业历程很美国化，富士通则诞生于传统的日本财阀企业体系之中。富士通在电子产业里的崛起，更是带着浓厚的日本特色。

富士电机分立通信设备业务

富士通的起源可以追溯到日本十大财阀之一的古河财阀。古河财阀创始人古河市兵卫于 1874 年开始从事制铜业，到 1890 年代已经把持了日本铜产量的 40%。随着制铜业务的成功，古河财阀又陆续成立了古河矿业（1905）、古河银行（1917）和古河商事等核心企业，以及旭电化工（1917）、横滨护谟（后来的横滨橡胶，1917）和古河电气工业株式会社（1920）等。

1923 年 8 月，古河电气工业株式会社与德国西门子公司合作创建了富士电机制造株式会社。“富士”最初的原文名称并不是现在的“FUJI”而是“FUSI”，取自古河电工的首音“FU”和西门子的首音“SI”，并以 F 和 S 两个字母的组合图形作为公司徽标。

1935 年 6 月，富士电机的通信和电话业务事业部分立，富士通信机制造株式会社正式成立。这一名称中的“通信机”在日语中就是电话机的意思。今天的“富士通株式会社”，是富士通信机制造株式会社开发电话机之外业务，尤其是计算机业务之后才开始采用的名称。富士通信机制造公司，作为富士电机的电话机业务子公司，成立之初由富士电机社长吉村万治郎出任董事会主席，其他的董事和监事人员也都是来自富士电机和古河电气。公司资本金 300 万日元，员工 700 人。富士通信机制造公司发展很快，1949 年 5 月在东京证券交易所上市。

从富士通信机到“通信与电子的富士通”

由于通信设备制造业务严重依赖于日本政府的电信部门和国营电信公司这类客户，富士通信机制造公司在摆脱国营电信公司的驱动之下，从 1940 年代末期开始着力开发新业务，

1954 年开发出了日本第一台继电器式计算机 FACOM100。

但是，通过发展计算机业务，从富士通信机公司向“通信与电子的富士通”转型是在 1959 年底，冈田完二郎（公司创立时的监事，原古河矿业社长）就任社长之后才开始的。1961 年 3 月，冈田社长将公司改组为通信事业部和电子工业事业部两个部门，8 月将公司的简称定为“富士通”，11 月又正式决定公司名称为“富士通株式会社（FUJITSU LIMITED）”，并使用“通信”和“电子”两个词作为副题。冈田作为社长领导富士通在 1960 年代成为日本电子产业领域里的先锋企业。1970 年 5 月，冈田转任会长。

在“通信和电子的富士通”之后，富士通又设立了“开辟信息时代的富士通”和“信赖与创造的富士通”等公司战略目标和定位，逐渐确立起富士通在日本国产计算机领域里的领导者地位。1961 年，富士通将专注计算机开发业务的电子工业事业部置于与公司主营的通信设备业务平起平坐的位置，实际是一个部门（计算机）在烧另一个部门（通信机）赚来的钱。1962 年，冈田提出富士通“要在电子计算机上孤注一掷”时，计算机业务是亏损的（当时还没有任何一家日本企业的计算机业务是盈利的），并且占富士通销售收入的份额也还不足 10%。可以说，冈田社长的个人因素在促使富士通从通信机制造企业转型为计算机制造企业方面起了重要作用。那么冈田是从何而来这种眼光和魄力呢？他的个人职业经历或许能提供一部分解释。

富士通战略转型的日式治理因素

冈田完二郎生于 1891 年，父亲是银行职员，1913 年毕业于日本一桥大学的前身学校东京高等商业学校，因为仰慕古河财阀创始人古河市兵卫而进入了古河合名公司（合名公司一般为财阀系列企业的控股企业或说母公司）。冈田精通英语、德语，1920 年代，作为调查员出访欧美诸国，进行“关于欧美诸国的调查研究”。1941 年，古河合名公司与古河矿业公司合并，冈田升任古河财阀核心企业古河矿业的董事。

1945 年 10 月日本战败之后，古河财阀的第四代家族传人古河从纯辞去了古河矿业社长职务，冈田接任，成为第一位与古河家族没有血缘关系的社长，也可以说是古河财阀的第一位职业经理人。1946 年底，冈田因为日本解散财阀从古河矿业社长的位置上被免职。1947 年进入宇部兴产公司，1952 年出任宇部兴产的副社长，1958 年因宇部兴产原社长去世而从宇部兴产退位。

1959 年，68 岁的冈田完二郎受时任富士电机社长兼富士通社长的和田恒辅之邀，出任了富士通的社长。富士通是从富士电机分离出来的子公司，富士电机是古河电气与西门子合办的公司。古河电气实际上是要比古河矿业低一个级别的，因为古河矿业是财阀的核心，并且是由古河合名与古河矿业合并而成的，实际是整个财阀的母公司。

古河财阀核心企业古河矿业的前社长，出任古河财阀孙级公司富士通的社长，并不是“屈尊”或者“大材小用”那么简单。这一“奇迹”现象背后的原因之一，就是冈田看好计算机。冈田虽是经济学专业出身，但是痴迷于高新技术。在冈田出任社长之前，富士通的社长基本由母公司富士电机的高管兼任。富士通业务快速发展的势头和冈田的特殊身份，带给了富士通相对于其母公司富士电机的独立性，使富士通能够做出“在开发电子计算机上孤注一掷”这种大胆甚至近乎赌博性质的决策。

在坐满了来自富士电机及古河系其他企业大人物的富士通董事会上，来自富士通经理层和年轻技术人员们的关于发展计算机业务的提议，按照“人人平等、一人一票”的常规原则是不可能通过的。但是冈田完二郎的特殊地位使他可以顶住守旧的董事们的压力，支持年轻经理和技术人员的创新。用冈田自己的话说：“比如有 10 名董事，其中有 3 人赞成的话，就应该下令去做；如果有 5 人赞成的话，就已经动手晚矣。”

1960 年富士通决定兴建计算机制造工厂，董事们纷纷质疑：“我们公司靠国营电信公司的业务就已经获得了足够的收益，何必还建计算机工厂呢？”“把通信部门汗流浃背挣来的钱投进前途未卜的计算机，岂不是对股东背信弃义的行为吗？”但是冈田坚持建厂，并劝服说：“诸位学习得太不够了。单靠国营电信公司的业务，富士通不过就是一个承包工厂，无法获得飞跃发展。我咨询过电子专家和公司经营者，都认为电子计算机产业前景广阔。”

股权分散、机构投资者和交叉持股并存

虽然出身于财阀这种旧时的日本企业制度之下，但是富士通成功地崛起于“美国模式”主导的 IT 产业，其股东和股权结构也逐步演变为以机构投资者为主的股权分散的公司模式。截至 2021 年 3 月底，富士通公司前十大股东合计持股 34.19%，其中 7 家为金融和信托机构。母公司富士电机持有富士通 1.43% 股份，为第十大股东。富士通员工持股会持有 2.23%，是第五大股东。

值得一提的是，虽然从出身上来说，富士通是富士电机的子公司，但是由于富士通发展的规模比较大，并且反过来又持有富士电机 2.85% 股份，是富士电机的第三大股东，所以在股权隶属上，富士电机和富士通已经是互为母子公司的关系了。两家股权分散的大型上市公司之间的这种相互持股关系，在英美模式中是很少见的，这也许算是富士通仍然具有的一个重要的“日本特色”。

一般认为，以产品创新为主的电子行业需要灵活性，英美式公司治理占优，而以流程创新为主的产业如汽车，日德式公司治理占优。但是，脱胎于旧式财阀企业的富士通却能够“变通与灵活”，在电子行业里走在世界前列，这也许说明，公司治理模式对公司战略行为和业绩的影响也许不是单一和线性的。公司的成长，既要依存于其历史，又要走出其历史。

11. 李秉喆：希望三星这个组织可以长存下去

三星创始人李秉喆，经过长时间的观察与思考，在四儿六女十个孩子中选出三儿子李健熙接班，费尽周折，就是为了“让三星这个组织可以长存下去”。

家族传承，还是公司长存：李秉喆的思考

李秉喆曾留学日本，1938 年三星创建时韩国还处于日本统治之下，并依用日本商法，这使三星集团的架构和治理机制与日本同时期的财阀体制非常相似。

韩国公司法源于日本公司法。1911 年“朝日合邦”，韩国法律由朝鲜总督府令规定。1912 年 3 月颁布《朝鲜民事令》，日本的商法等在韩国被“依用”，称为“依用商法”。1963 年韩国颁布了新商法，1984 年颁布修正商法，确立了董事会的中心地位。从依用商法、新商法到修正商法，均为三机关设置，即股东会、董事会和监事会。后经多次商法修正，引入事实董事和累积投票制度（1998 年）和董事会内设委员会制度（1999 年）等，韩国公司的内部治理结构也与日本一样，在向美国模式靠近。

日本、韩国和中国一样，太子之争是不断上演的王朝故事。

企业世界里，为了减少“太子之争”的纷乱危害，日本和韩国都发展出了长子继承传统。理论上说，在难以判断兄弟之间谁更有能力、更合适继承企业的情况下，长子继承是一种简单、清晰、能避免纠纷的规则。李秉喆没有不假思索地遵从长子继承这一传统，而是将商人思维转变为企业家思维，又从一位成功的企业家转变为一位伟大的组织者。

在被问到“您是想让自己的子孙来继承事业，还是要让三星作为一个组织流传下来”时，李秉喆的回答很明确：“如果我的子孙可以继承，当然最好不过。但是这是不可能的。首先，最近的年轻人不喜欢生孩子；再者，我们也不知道这些孩子适不适合做经营者。我希望的只是三星这个组织可以长存下去。”

关于长子继承这种“在很难作判断的情况下，通过制订一个明确规定并严格按规定执行来维持组织安定”的惯例做法，李秉喆认为：“如果判断的标准非常明确，也可以不遵循既有的模式喽？”把企业当作一个社会的组织、促进社会进步的工具，而不完全当作个人赚钱的工具，这样一种“公司”理念，促使李秉喆进一步得出结论：“一个人是不是把企业视为自己个人所有，也会使他做出不一样的判断。所以如果是法人公司，情况就会不一样了。公司虽然是我成立的，但不是我一个人私有的，而是属于股东、投身于此的工作人员、公司客户、购买商品的顾客等所有人的。换句话说，一家公司一旦成立，不管是谁成立的，它就不是个人的东西，而是属于社会的，是公家的东西了。这样看来，把长子继承的规则用于全民组织的做法是错误的了。”

李健熙：财阀家族第二代的继承与创新

1979 年 2 月 27 日，三星创立 41 年后，创始人李秉喆的三儿子即三星第二代掌舵者李健熙出任三星集团副会长，开始了接班的过程。1987 年 11 月 19 日，李秉喆去世，李健熙正式接任会长，开始完全掌控三星。

李健熙，1942 年出生，在一众兄弟姐妹中竞争出位，可说是一波三折、十分不易。

韩国本是有着长子继承传统的国家，李秉喆也在 1966 年一度因为公司丑闻退出三星的管理一线，长子李孟熙被自然地当作了接班人。可是，李孟熙的能力没有得到李秉喆的认可，1969 年借三星进军电子领域之机，李秉喆重返三星的管理一线。1973 年，李孟熙离开了三星公司，直到李秉喆去世，父子二人也没有和好。次子李昌熙为了竞争继承权，给时任韩国总统朴正熙写告密信，揭露李秉喆逃税，被李秉喆“驱逐”出了韩国：“只要我活着，你就别想再踏入韩国。”

李健熙可谓不负父望。1979 年就任副会长，而后在李秉喆身边静静观摩和学习了 8 年，1987 年李秉喆去世后正式就任会长。1988 年在三星集团创立 50 周年的庆典上，李健熙宣布三星开始“二次创业”，志在成为世界级企业。李健熙进一步提出了二次创业的第二阶段——新经营时代。“新经营”是三星发展过程中决定性的转折点，整个公司以“质量第一”为基础重新进行定位。为了质量控制，任何员工只要在生产流程中发现不合格产品，都可以立即叫停整个生产线，直到问题得以解决。

李健熙时代三星的主要成就是电子，而电子这一方向的确立还依据李秉喆的决策。1969 年，三星在汽车和电子两个产业方向之间作选择，李孟熙主张汽车，李秉喆主张电子，这可能也是李秉喆重新出山而李孟熙出局的原因之一。1994 年，李健熙新经营时代的三星还是尝试了汽车业务，但没有几年就破产了。

三星在李健熙的领导之下取得了辉煌的成绩，由此而论，李秉喆的决策是正确的。在当时作出这样一个有违惯例的决策，是需要魄力和胆识的。促使李秉喆作出这一决策的因素有多个方面，包括先给了长子李孟熙机会，但是没有看到出色的表现，以及遭受次子李昌熙的背叛等。这些都给了保持忠诚并耐心等待的李健熙以出位机会。但是，最重要的还是李秉喆本人的企业理念，这是其能够成功创建三星帝国并能够为三星选好接班人的基石。

2020 年 10 月 25 日，李健熙去世，享年 78 岁。

财阀体制的功过与前景

从李秉喆到李健熙，从贸易和混合多元化到电子业突起，三星集团演绎了一幅韩式财阀企业体制向现代企业体制发展的图景。

三星集团下属的60多家公司，其中有十几家是上市公司。统治者“集团会长”通过由智囊人员组成的秘书室（李秉喆时代）、结构调整本部（李健熙时代）和由下属公司总裁组成的社长团会议，进行集团统合。总体来看，三星将二战前日本基于股权和家族控制的财阀企业体制和二战后日本基于金融、业务关系和历史原因形成的集团模式（包括交叉持股形成的系列企业）结合在了一起。作为集团内企业之一的三星电子的崛起，与富士通从古河财阀中崛起，也很有几分相似。

日本通过解散财阀解决了旧式财阀企业体制的问题，通过金融大爆炸和公司治理改革又逐步解决了系列企业的问题，现在日本企业的治理模式已经很清晰，与美国模式之间也没有多少本质差异。相比之下，三星这类韩国财阀企业集团未来会如何演化尚不清晰。但是我们基本可以断定的是，随着全球化的推进，传统家族式的控制模式和缺乏透明度的集团企业模式都面临着挑战。经营失败者自不必说，成功如三星集团者也同样面临着挑战。这种挑战来自家族、国家（社会）和全球竞争三个层面。

家族层面看，互联网时代各国企业家的下一代之间都比上一代之间更为趋同，都会更为自主和独立。第一制糖、中央日报、新世界百货和全州造纸等三星集团中诸多企业的分离和独立，就是第二代兄弟姐妹分家和分割财产的结果。

国家和社会层面看，财阀体制的王朝特性及由此带来的政商连通和官商勾结，越来越遭到质疑，而不是支持。李秉喆因为走私等面对质疑一度被迫宣布退居二线，李健熙则直接因为偷漏税等而被判刑，不得不正式辞去会长职务。

也许，这些年来，三星集团突出的业绩只是延缓了其财阀企业体制必将解体的进程。事实上，三星集团内众多企业，真正具有世界级水平的也只有三星电子，而三星电子本身的股权已经高度分散、高度国际化（外国人占 50% 以上），包含外部董事的董事会以及整个公司的透明度，都已经在向国际化大型现代公司看齐。

第6章 中国公司的股东控制与职业管理

从文化传统上来说，中国各类组织中，不乏“庸者下，能者上”机制。在政府官员选拔上，还发展出来了一套长期领先世界的科举制度。相比之下，在企业管理者方面，虽然一直有着东家基于信任而选拔掌柜的优良传统，但是没有进一步发展出一套有效和成熟的职业经理人制度。

1. 近代中国公司制企业发展缓慢的原因

19 世纪末至 20 世纪初的二十几年，是公司制从英国扩及德、法、日、意等国，美国从古典企业和大亨时代向现代大型公众公司和职业经理人时代转型的时期，中国则从官督商办发展到了官僚资本主义。官僚们从代表政府监督企业，到把自己的资金投入其中，掌握经营权力，直至最后完全主宰中国所谓的现代企业。

政府控制与精英意识

传统政治结构下，中国始终有一种过度的精英意识。张之洞在推选盛宣怀督办铁路公司事务时评论道："官不通商情，商不顾大局，或知洋务而不明中国政体，或易为洋人所欺，或任事锐而鲜阅历，或敢为欺瞒但图包揽而不能践言，皆不足任事。"

在关于为京汉铁路筹措资金的计划中，盛宣怀写道：“（总公司）原以招集商股为归宿，但华商须待工成利见而后来。臣经办轮船、电报，前事不忘。”在 1899 年 11 月 18 日的一份奏稿中，盛宣怀写道：“有资财者皆好图一人一家之私利，即所谓朋充者不过数人合开一店而已。如泰西之股份公司，总不能畅行于中土，而权利极大之举不得不让外国人为之，甚可慨也。”

同样面对铁路建设在各地兴起又搁浅的局面，摩根用资本市场手段进行整合，并由此带来了现代公众持股公司和职业经理人制度的发展，盛宣怀则是上奏朝廷将铁路收归国有，并由此引发了导致大清覆亡的社会动乱，他自己也成了大清的罪人，险被问斩。

从官督商办到官商合办，皆因难以回避的政府控制而失败。到周学熙这样的官僚资本家横空出世后，名义上的政府控制干脆让位于官僚个人和其代理人的个人控制。公司成了官僚资本主义下权贵个人的敛财工具，普通民众和普通商人日益与之远离，中国的铁路修建和重化工业发展等，也就日益无法通过市场化和真正的现代公司制方式去实现。

现代企业制度的公司，不是需经官方批准才能成立的传统特许公司，而是民众可自由组建并得到法律保障的普通公司。从特许公司到普通公司的发展，形式上保持了董事会控制的相同特征，但实质上是掌握公司管理权力的董事从官方任命变成了由公司股东选举产生。

在所有权构成上，随着传统特许公司向现代普通公司的发展，从以皇室、政府、达官贵人和大商人为主导，逐渐变成了以白手起家的创业英雄和普通公众为主导，公司之“官”——董事和经理人，与政府之官员成为两部分人，依据两种不同的规则，在两个不同领域里发挥作用。

清末的现代企业努力，从洋务运动到《公司律》颁布，之所以成效有限，都是因为没有解决好政府之“官”主导一切的问题。以税款所建事业为官办，完全由官主导；由社会融资所建事业，无论所谓官督商办还是官商合办，最后和实质上还是由官主导。即便一些名义上完全商办的事业，只要上了一定规模，引起了官的注意，也会通过各种途径变成由官主导。

“官本位”体制下，公司这种本应由民众自行组织起来的现代企业形式，沦为官府甚至是高官个人用来吸纳社会资源达成其自身目的的一种工具。

先天不足的资本市场

中国的商业制度带来了 16 世纪到 18 世纪前所未有的经济增长，但同样的机制却不足以带动 19 世纪蒸汽机时代的规模经营。西方能够成功应对这场变革，是因为自 16 世纪开始逐渐奠定了现代的银行、公司和商法基础。这些机制催生了有效的金融市场和层出不穷的金融工具，使得贸易和工业的大规模融资成为可能。

中国人自古并不排斥放贷生息，却没有发展出有效的现代资本市场，这看起来似乎有些奇怪。西方金融市场发展经历了国债、铁路股票和工业公司股票三个阶段，中国从第一阶段的国债市场开始就走上了岔路，接着又错过了第二阶段的铁路股票市场，也就没能力发展出有效的工业公司股票市场。

中国和欧洲出现了大分流，原因就在于政府对高级金融活动的遏制。在国家的权力可以不受限制的情况下，严格意义上的“国债”无从诞生。普天之下莫非王土，皇帝拥有至高无上的权威和所有权，事实上可以随意获取民间财产。明朝的盐引交易，本来很有希望发展成国债交易性质的第一阶段资本市场，但被具有无上权威的皇帝直接掐死了。

明朝盐引，是从 14 世纪末开始，朝廷为了换取民间商人给其北方边境驻军运送粮食而发出的食盐专营权利券。具体做法是，商人先运送粮食到北方驻军处，凭交粮条从朝廷换出盐引，再凭盐引到盐场换取食盐拿到市场上销售。由于从开始运粮到得到食盐再销售要有长达两年的周期，于是出现了粮商和盐商之间的分工，前者运粮得到盐引后，直接将盐引卖给后者，这就产生了一个盐引的市场。1617 年，明万历皇帝废除了这种市场化的盐引制度——按市价的一部分从持有者手中把盐引买回，同时将食盐专营权授予了当时已经出现的大盐商家庭。

从现代的观点看，盐引相当于政府发行的一种“债”，只是获得这种国债的方式不是直接以货币购买，而是通过粮食交易。盐引进入市场交易，等于形成了一个国债市场。废除盐引和相应的盐引交易，代之以政府直接授权给大盐商，同时向大盐商索取“报效”，终止了通过市场办法解决政府“融资问题”的路径。

西方资本市场发展的第二阶段是铁路融资。铁路从资本集聚上，跨越了普通工商业者资本的自我积累或是数量有限的亲朋好友集资，直接进入需要利用资本市场从千千万万人手中融集资本的“公众股份公司”阶段。另一方面，铁路建设和运营所必需的统筹协调和专业人员管理，开启了现代大型企业的管理和内部控制模式。

中国的铁路发展直接受到了皇室的阻挡，铺好的铁路不让蒸汽机车牵引，而是用马拉，因为怕惊动了帝王的神灵。这与英国当年严重阻碍了其汽车工业发展的红旗法案，很有一比。19 世纪末和 20 世纪初，率先发生工业革命的英国在发展汽车工业上落伍了。英国的贵族老爷们害怕汽车轰鸣上路惊动了他们座驾的马匹，使议会通过了一个红旗法案，规定汽车上路要在前方由人举着红旗警示和引路。

当清政府着手进行铁路建设的时候，虽然允许各省通过股份制的方式筹集资金，但无法形成使公司对股东负责的机制。1911 年，清朝政府在没有提供任何补偿的情况下将民办铁路收归国有，掐死了通过铁路股票发展出的公众广泛参与的资本市场，也阻断了中国人通过铁路公司发展引入现代大型企业管理的道路。以铁路债券和股票交易为主的资本市场发展第二阶段，也就错过了。

相比国债和铁路，工业对大规模融资的需求要小得多，工业融资可以通过化整为零和由小变大、自我积累而至少是部分地得到解决。西方国家在通过国债和铁路融资发展出一套资本市场体系之后，又用这套体系去解决工业化过程中产生的企业联合问题，进而直接创生了现代工业股票市场。换句话说，资本市场不是伴随工业企业由小变大而发展起来的，它在现代工业发展起来之前就已经通过国债和铁路融资形成了。中国在错过了国债和铁路融资阶段之后，试图直接以工业股票为主发展资本市场，一个直接的结果就是这些工业企业的发展规模、经营模式，特别是其运作上的透明度，远远达不到资本市场有效发挥作用所需要的那种程度和高度。

有限责任、融资需求和人才因素

从香港《公司条例》到大清《公司律》，都提供了股东有限责任和股份可自由转让等公司制企业的优势要素，却没有对后来的中国企业形成太大的吸引力，部分原因在于，公司制企业所具有的一些优势，在中国传统社会里也确实存在着。

首先就融资来说，中国高度发达的强势政府能够通过行政手段解决一些庞大工程的建设问题，除长城这一代表作之外，还有规模庞大的官窑等。民间手工业和商业发展的融资需求，则可通过家族和宗族制度得到相当程度的解决。

从宗族制度到传统合伙经营，中国商业实践中都不乏“股份制”的要素。四川自贡的盐井合伙人所持有的契约代表着他们所持有的资本以及可分得的利润，并且这种契约是可以转让的，只是还没有一个可以公开转让的市场。公开转让市场的发展需要正式的有限责任制度支撑。

19世纪中期，英国在最初讨论有限责任和创设现代公司制时，工商业者也有不支持的。他们认为，稳健的企业家不能通过家庭储蓄和企业收益筹集到必要的资金吗？有限责任会不会只是把商业风险强加给了供应商、顾客和贷款人？有限责任的支持者则认为，不允许商人采用这样一种工具，本身就是狭隘和违反自由精神的。如果人们愿意通过合同条款把他们的资本损失限定在一定数额，这在自然正义上是没有什么不妥的。

当时英国已经是君主立宪的现代法治国家，有限责任的法律准许十分重要。正是在准许有限责任的同时，设置了董事和公司监察人制度等公司治理的基础规则，才创设了法律意义上的现代公司。这种法律意义上的现代公司制度得到工商业者的普遍采用和拥护，实际还是此后几十年中大规模工业化和现代（工业公司）股票市场发展的结果。

直到1930年代，中国还没有实现严格意义上的整个社会和经济活动的法治。诸多工商业者基于合约而自创的合理但并不合法的做法普遍存在而不会受到处罚。这就使中国工商业者可以不顾公司法律的制度规定，而在其传统形式的合伙经营企业中引入一些他们喜欢的事实上的公司制要素，比如有限责任，同时规避掉他们不喜欢的一些要素，比如董事会治理机制。

公司制最大的一个优势——有限责任，已经在中国传统合伙经营模式中部分地实现了。中国传统民间合伙经营中，按习俗和惯例，合伙人并没有对合伙企业的债务承担现代合伙制企业那样严格意义上的无限连带责任。

中国传统的合伙经营中，合伙人按比例分享合伙经营收益，同时也按比例承担合伙经营损失。对于合伙经营中所欠债务，合伙人需在合伙财产之外拿出家产来偿付，也就是承担无限责任，但只是按比例承担相应份额，而不是相互连带的。并且，这类债务纠纷，在地方商会调解之下，合伙人往往只是“尽力承担”，债权人会让步，最后承受部分损失。这在一定程度上，类似于现代的公司破产重整制度，只是没有国家立法层面上的清晰一致和全国统一的规则。另一方面，中国没有英国历史上那种残酷的债务人监狱制度，中国传统商事中的“无限责任”还是有个基本的人道的限度的。

资本主义始于家庭，企业依据家族的原则创建并发展，商人以家庭、宗族和同乡关系为纽带组成业务网络，这在古今中外都没有本质差异。但是，凭借宗族或家族的纽带，中国人可以在一定范围内共同支配财产，这点中外大不同。原因在于中国一直没有发展出成熟的个人权利概念。

在一个事实上不存在公司法的社会中，为了强化合作，将血缘关系和商业运作机制结合起来是至关重要的。从中国历史上看，宗族或家族是最有效的商业组织方式。以祖先的名义，宗族或家族共同支配财产，带来了许多对资产进行管理和分配的方法，如各房之间有清晰的股份划分，发展出一种极其类似于股份制的经营结构。

宗族还拥有一个管理结构，可以成功地规范其成员的行为，宗族财产可以各房轮值管理或者由才能比较卓越的一房进行统一管理等。学者科大卫把中国传统的宗族看作公司。中国企业的优势和劣势都与这个结构有关，其最为现代的表现就是所谓“分股经营”。名义上大家走到一起，组建成一家公司，可是实际运作上，还是各位股东各管一块，各自为政。

在人才方面，中国的科举制度无疑具有相当的优势，可以实现优秀人才自下而上的流动。企业经营中，家族企业的长期雇工和伙计，往往最终也能成为合伙人。这使中国的优秀人才既会热衷于科举考试晋升，又不会拒绝进入传统文化下的家族企业发展。他们对体制依附和人身依附很习惯，公司制企业所提供的制度保障上的人身平等，没有成为他们的追求。

在中国传统合伙经营模式中，尤其是资本（银股）与劳动（身股）合伙中，出钱者与出力者合作，按约定比例分享盈利。通过“身股”和“人力股”的创设，出钱的东家给出力的伙计分利，在一定程度上解决了传统合伙经营企业的人才引进和职业管理问题，类似于现代公司中股权激励机制的作用。

一种极端形式的资本与劳动合伙，所谓领本经营，就是有经营能力的人全权管理生意，出钱的人有事先约定的固定利率保障（所谓官利），实际具有相当程度上的“劳动雇佣资本”性质，跟现代形式的公司创始人与风险资本关系也有几分相似。

从董事会到内部管理：“还是老办法好使”

中国在错过了通过国债和铁路融资发展资本市场的同时，也错过了通过技术革命和铁路公司发展导入现代公司治理并促发现代企业管理革命的机会。

从传统的家族商号向现代的家族控股公司转变时，企业的治理和内部管理结构也要发生改变，才能吸纳更多的投资者。这需要有合法真实的产权、公开透明的会计制度和有效的公司治理。但在中国的传统家族和宗族商业思维及家长制习惯下，只看到了公司的股份制属性，而忽视了其更为重要的董事会机制。

公司制所要求的董事会集中管理——民主决策机制，在中国商业中一直没有得到重视，并且是中国传统文化之下的商人们所不熟悉，甚至普遍厌恶的。然而，恰恰是董事这种治理机制的设置，才能使有限责任不会被滥用，使中小投资人和债权人的利益得到基本的保障。

中国宗族中的年长者组成一个类似于董事会的委员会，但是这种宗族长老委员会和公司董事会存在本质上的差异。宗族成员没有像公司股东那样选举产生长老，而且这些长老只充当荣誉角色，并没有选择宗族生意管理者的真正权力。对股东负责、拥有控制公司管理的最终权力，这一董事会的概念对中国商人来说是很陌生的，也是很难由衷认可的。

直到 1946 年，公司制度正式进入中国 42 年后，已经数次彻底修改的中国公司法还保留着早期公司中才有的董事资格股规定，即：董事须为公司股东。这种董事资格股的规定，与大股东权力不受限制一样，实际弱化了董事会的能力，也使公司不能有效地通过董事会这一核心治理机制实现物资资本与人力资本之间的有效合作。有钱才能成为股东，股东才能成为董事，这使现代公司与传统企业相比所特有的两大优势——通过有限责任广纳资本和通过董事会及职业经理人制度广纳英才——中的“广纳英才”不能得到发挥。公司不能广纳英才来管理，反过来也会影响其吸纳资本的能力，也就逃不出只能靠自身老本和慢慢积累而发展的传统企业羁绊。

资本市场没有改变中国家族企业的经营方式，而是促使家族企业采用了一些新的控制方式。清末民初，大部分股份制公司的实际控制权都掌握在一些强有力的个人手里。张謇的大生公司，包括一家经营纺织厂的股份公司和几家合伙制的土地垦殖公司。张謇是纺织厂的创始人和大股东，也是垦殖公司的主要合伙人。对大生公司账目作过深入研究的经济史学者伊丽莎白·柯尔发现：“大生公司的破产，应主要归因于其经营方式和会计方式，它的融资手段一方面损害了整个企业的运作，另一方面给张謇个人带来了利益。”大生公司的许多贷款都被转移到了张謇和他合伙人的私人账户。银行于 1924 年开始对大生公司进行账目审查，撤换了一部分管理层人员。

在中国传统家族和宗族商业思维及家长制习惯下，董事会是无关紧要的，强有力的家长才至关重要。可以看看被普遍视为中国近代企业楷模之一的大隆机器厂。大隆机器厂 1902 年由严裕棠、严裕棠的岳父以及一位名叫褚小毛的铁匠三人以 7500 两白银创建。严裕棠负责招揽生意，褚小毛负责内部管理，严裕棠的岳父不参与经营。1905 年，褚小毛与严裕棠的岳父冲突，严裕棠买下褚小毛的股份。后来严裕棠又买下了其岳父的股份，将企业变为独资。1927 年收购苏纶纱厂时，严裕棠建立了光裕公司，从 1918 年开始负责生产管理的长子严庆祥要建立一个由总经理和各公司经理组成的董事会，严裕棠不同意，以至严庆祥于 1930 年离职，还发表了一篇文章谴责他父亲的独断专制。1936 年，光裕公司成立了董事会，主要成员是严裕棠和他的四个儿子，仅有一位非严家人担任董事。这样一个董事会也是不到半年就解散了。

现代化工厂是 19 世纪上半期工业革命的产物。它所包含的除了雇佣劳动制度，还有用于生产管理的会计制度，以及以此为基础的内部统一调度和管理制度。西方现代大企业的发展源于铁路，铁路内在地要求统一管理和统一调度，不能分段承包经营。中国也是从 1933 年的国有铁路公司最先开始采用集中化财务管理制度的。

组织内部层层分包，是中国的历史传统。大型新机器设备的使用，本来可以使工人们集中在一起生产，且建立统一的生产管理和财务控制体系，但是中国企业还是按照传统习惯，以老办法行事。清代的造币厂，工人们不是直接受雇于工厂，而是受雇于炉头。炉头负责雇佣工人并支付工资。洋务运动中，那些看上去规模庞大的中国官营工厂，也并没有成为内部统一管理的现代企业，而是被分包给熟悉技术的工头，这些工头独立经营他们自己的生产作坊。

轮船招商局的总部和分支机构主要以承包制的方式经营，各地的分支机构都承包给了当地实力较为雄厚的个人或团体。上海的总局并不能详细地掌握各地的经营情况，更无法有效地控制其账目。直到 1933 年刘鸿生上任国营招商局总经理，才初步建立起集中管理的财务制度。

2.　一股独大阻碍职业管理的发展

改革开放之后，现代公司制度在中国得到长足发展，但是由于资本市场发展水平等多方面的原因，公司治理还存在着很多不足和有待改进之处。其中最主要的问题是一股独大和纵向集团模式下的公司缺乏独立性，这使中国公司很难走上市场控制和董事会主导下的现代职业经理人管理之路。

上市公司和公司治理机制的发展

1990年3月中央政府正式允许上海和深圳两地试点公开发行股票，1990年底和1991年初，上海和深圳两个证券交易所相继开业。经过四十年的发展，中国上市公司总数已经有4000多家，上市公司总市值接近国内生产总值。公司制成为中国的主流企业形式，上市公司成为中国经济的主导性力量，上市公司治理成为事关中国经济增长和高质量发展的一个重要因素。

1994年7月1日《公司法》正式实施，通过“试点”诞生出来的公司制企业开始有了国家法律层次上的正式身份。1999年《证券法》正式实施，标志着新中国股票和股票市场“试点性质”的结束。《公司法》提供了公司制企业的基本制度基础，《证券法》则为上市公司的发展，特别是股票发行、交易等提供了基本制度框架。《公司法》《证券法》以及证监会和证券交易所的相关规则，为中国上市公司的规范和快速发展提供了制度支撑，也为上市公司治理提供了基本规范。

在《公司法》和《证券法》提供的治理规则基础上，中国证监会通过《上市公司独立董事制度指引》和《上市公司治理原则》等一系列指引和规范，有力推动了中国上市公司治理水平的提高。与此同时，以公司化和现代企业制度建设为重要内容的国有企业改革，特别是2015年中共中央、国务院《关于深化国有企业改革的指导意见》、2017年国务院办公厅《关于进一步完善国有企业法人治理结构的指导意见》，以及 2021 年中央和有关部门出台的《关于中央企业党的领导融入公司治理的若干意见》《国有企业公司章程制定管理办法》和《中央企业董事会工作规则（试行）》等，进一步为国有企业和国有控股上市公司的治理体系建设和治理能力提升提供了规范和操作指引。

2015 年中共中央、国务院《关于深化国有企业改革的指导意见》明确提出了要“切实破除体制机制障碍，完善现代企业制度”，加大集团层面公司制改革力度，创造条件实现集团公司整体上市，健全公司法人治理结构，重点是推进董事会建设，实现规范的公司治理，推行职业经理人制度，董事会按市场化方式选聘和管理职业经理人。

一股独大、敌意并购与公司管理的稳定性

与非上市公司相比，上市公司在制度上的优势也是其最主要特征之一，就是股东可以自由地每日每时改变而公司管理和基本战略可以保持不变及连续性。当然，这要在股权高度分散的条件下才能很好地实现。

中国上市公司中，无论国有控股还是民营控股，一股独大和纵向集团模式都是普遍现象。国有控股公司普遍采用明确的纵向集团模式，民营控股公司多采用隐藏或关系网型的集团模式，一个集团（或核心控制机构）拥有和控制众多上市公司，

上市公司实际上是被控制的下属企业，而不是独立企业。这种情况下，中小股东不起作用，独立董事是摆设，甚至董事会也只是傀儡，控制权的私人收益巨大，不公平关联交易普遍存在，上市公司不能纯粹以股东利益最大化为经营目标。

上市公司缺乏相对稳定但又可竞争的控制结构，高管变动处在凝固和剧变两种极端情况中。大部分上市公司处于大股东的牢牢控制或是创始人陷阱之中，既没有变革的动力，又缺乏变革的能力，一股独大之下久久不变，大股东自己不想变，其他力量无法改变；另一部分上市公司控制权随大股东改变而改变，一朝天子一朝臣，任何股权或者控制权的变动都会带来公司高管层面的大换班，或是前几大股东势均力敌情况下的频繁变动。两种情况下都没有董事会的位置或说董事会没有实际控制权，职业经理人制度也就难以发展起来。

一股独大和纵向集团模式下，公司控制权市场尤其是敌意并购无法有效发挥作用。所谓“敌意并购”是就被收购公司管理层的态度而言的。公司管理层不欢迎敌意并购，往往会采取一些抵制行为。对公司股东来说，敌意并购是件好事，是维持资本市场健康和改进公司治理所必需的金融手段。中国上市公司中，只有少数股权分散到一定程度的公司，才出现了公司控制权市场。

有公司控制权市场，人们可以按资本市场规则去公开争夺公司控制权，这是公司治理进步的结果。与此同时，在这种按规则争夺公司控制权的过程中，会产生诸多公司治理具体规则的理解和需要通过实际案例进行清晰界定的问题，而这也正是实际有效的公司治理规则得以产生的历史过程。

一股独大问题的成因

上市公司中一股独大，即使不是中国所独有，恐怕也以中国为最严重。中国上市公司之所以普遍一股独大，有其自身的历史原因，也有中国公司上市审批制度和监管政策取向方面的原因。

中国计划经济时期形成了大量的国有和集体企业，改革开放、发展股票市场之后，这些国有和集体企业改制成为上市公司。企业体量已经比较大，股票市场规模还比较小，企业的股权多元化和股票上市又几乎同步进行，自然形成了上市后一股独大的现象。在以国有企业改制上市为主的沪深主板市场上，一股独大现象普遍，程度严重，主要是这一历史原因造成的。

创业板和中小板上市公司中，一股独大现象要少一些，程度也更轻一些，因为这些公司多是改革开放以后创立和逐步发展起来的。这些公司中，有些是多人共同创立的，上市前就已经实现了股权多元化，有些还在上市前经历了多轮股权融资，股权已经分散化了。相比主板上市公司中一股独大的控制模式，中小板和创业板公司中更多的是前几大股东合计持股比例很高，共同控制。

公司上市审批制度和监管政策取向，也是导致中国上市公司一股独大或是前几大股东集权并且在上市后维持长期不变的一个重要原因。可以说，是监管懒惰导致监管政策取向上偏好股权集中、形成确定性的实际控制人。一些股权已经相对分散的公司，在上市前，为了满足证券法的200人限制或是监管层的偏好，通过股权转让形成集中持股的所谓实际控制人。一些中小国有和集体企业的改革中，也向管理人员特别是核心管理人员倾斜，实现集中持股的政策。

中国公司上市很多年后仍然普遍由第一大股东保持控股地位，有更深一层的原因。中国资本市场具有某种非市场属性，公司再融资空间很小，股权结构固化。中国公司治理上董事会的不到位和权力不足，使绝对控股成为第一大股东保持公司控制权的一个优先选项。限制中国上市公司股权分散进程的中国资本市场的非市场属性，不仅表现在股份发行的审批制剥夺了公司股份发行的自主权上，还表现在投资者和监管者的双重不成熟上，二者合力把增发新股和减持——第一大股东持股比例下降的两个通道都给堵死了。

这背后也有人治和家长制的公司治理文化方面的原因。小企业时期基于人际关系的信任，没有在上市之后随着公司规模的扩大和企业组织的发展，转变为基于规则的信任。人类组织发展超越了自然界的水平，但并没有完全脱离自然界组织的基因。如同自然界有蜂王和工蜂一样，人类也在深层习性上存在着一种权威与服从、中心与外围的行为模式。脱离一股独大，走出人治和家长制传统，需要一种基于规则的信任构建和组织运作能力。

一股独大何以成为问题

一股独大本身也许并没有什么问题，成为问题的是一股独大为什么会长期持续，并且在很多时候，似乎一股独大还更有效。

有大股东高度关注公司，这本是一件好事。有学者把分散股权下的资本市场和集中股权下的大股东或大债权人并列为两种有效的公司治理机制。这里的问题是，一股独大者在关心和支持公司发展的同时，也存在通过不公平交易掠夺公司的动机。

信息披露和关联交易监管可以在一定程度上抑制这种掠夺，但是无法真正有效解决这一问题。因为一方面监管者很容易被俘获，另一方面，监管者的激励远远小于被监管者的激励，这些被监管者又常常是比监管者更为聪明的一帮人。而且，无论如何加强信息披露，监管者和被监管者之间的信息不对称都会存在。更何况，过度的信息披露本来就会给商业运营带来负面效应，会损害公司的商业机密和私有信息，也会给公司（特别是金融机构和高科技公司）在信息收集和处理投入上带来负向激励。

一股独大是否会阻碍有效的公司治理？表面看来，答案是肯定的，但背后的因果关系很复杂。与其说一股独大导致公司治理无效，不如说是公司治理无效导致一股独大成了一种有效选择。

公司治理有效，组织按规则运行，一方面会使一股独大者的控制权私人收益降到最低，与其选择控制权不如选择搭便车，倾向于分散投资而不是集中持股；另一方面会使公司股权价值得到提升（在控制性股份控制权溢价下降时，非控制性股份的控制权折价也会减少），使一股独大或集中持股者愿意接受股权稀释，并能从这种股权稀释中得到更大的股权价值提升。

在一些法治不健全、公司治理水平不高的国家，一股独大、集中持股以及由此形成的纵向集团架构，有时似乎能够带来更好的公司业绩。有些学者也以此来支持股权集中和集团架构。可是透过表面看本质的话，可以发现这些国家的大型企业集团实际操控了这些国家的法治进程，也阻碍着这些国家公司治理水平的提高。懒惰的监管者也喜欢大集团架构的存在，这可以有效地减少需要它们直接监控的对象数量，同时也可以为监管者个人提供更好的潜在牟利和未来就业的机会。

从微观层面来看，一股独大带来的主要问题是会使一些企业进入“大股东（及创始人作为大股东）陷阱”——大股东能力不足或创始人不适应公司发展又不愿意放权，控制一切，致使公司陷入永远发展不起来的半死不活状态。

一股独大问题的有效治理

有效解决一股独大问题，需要从资本市场、公司治理和法律规则三个方面下手。

资本市场方面，需要明确资本市场定位，改变监管政策导向。资本市场的本质是公司融资和公司控制权市场，二级市场是为一级市场服务的。促进资本市场发展，需要放开直接融资管制，取消为了维护二级市场而对大股东减持行为进行限制的各种反市场措施。

资本市场越发达，社会和法律对中小股东的保护越充分，公司在资本市场上的价值越大，股权融资要比债权融资更容易，并且成本更低，公司股权就会越分散。这种情况下，依然坚持一股独大、阻碍公司走上股权分散之路的，就只会是极少数顽固不化的大股东。在发达的资本市场上，大股东限于自身眼界或者偏好，宁愿公司发展缓慢也要把公司牢牢掌控在自己手里，致使公司停在“大股东陷阱”中的情况不会持久，市场力量会把这种公司清理出局（产品市场业绩不佳而萎缩，或是资本市场交易不足而被摘牌）。

公司治理方面，不仅要解决现有的一股独大问题，还要防范新的一股独大产生。可以探索修改公司章程，把单一最大股东的持股或投票权比例限制在20%以内，并随股权分散度的提高而进一步下调。这是发达国家公司法普遍许可且中国公司法也没有禁止的做法。雀巢公司1988年开始规定单一最大股东的持股和投票权比例不能超过3%，致使在1974年换股收购欧莱雅后成为持股4.09%的雀巢最大股东的欧莱雅控股家族，将其所持雀巢股份减持到了3%以下。

法律规则方面，一是证券法上取消“IPO 前公司股东不能超过 200 人”的限制，二是公司法上引入对上市公司股东投票权的最高比例限制。同时，加强对公司治理基础规则的落实，如刺破公司面纱、事实董事制度、公平交易义务和关联交易管理等，提高一股独大者的公司控制风险，降低其控制权收益，使其保持一股独大得不偿失。

当前发达国家中，由于存在发达的资本市场，股权的集中与分散已经完全是公司创始人和主要股东的自主选择问题，与公司立法导向无关。只要公司法及证券法针对公司和大股东欺诈小股东问题提供足够的防范和救济措施即可。但是在中国这样资本市场非常原始、股权高度集中的国家，要促进现代公司制度的快速发展，立法对大股东权力进行适当限制还是很有必要的，否则将长期难以走出“大股东陷阱”：股东大会成为大股东会，甚至就是流于形式，只是大股东的橡皮图章。

这里有个需要注意的问题是，中国目前同时存在着一股独大和创始人（及公司核心团队）保护问题。前者需要大股东投票权限制，后者需要分级股份制度。对于新兴科技和创业型公司，需要提供足够的公司自治空间，使公司能够自主设置创始人（及公司核心团队）保护机制，如分级股份制度、分类董事制度和投票权信托，以及公司控制权变更时的经理人保护条款等。如何能在提供创始人保护机制的同时，又不使公司陷入大股东（及创始人）陷阱，是一个值得深入研究的问题。

3. 格力和康佳：从大股东控制到市场控制

公司治理进步的核心是实践。规则可以还是那些规则，但公司治理实践发生了变化，才是真正的公司治理进步。2012 年 5 月的格力董事选举和 2015 年 5 月的康佳董事选举，及其后续的相关调整与适应，都是中国公司迈向市场控制和职业经理人体制的重要一步。

意外，还是公司治理新常态

1994 年开始实行的中国公司法，明确规定了股东通过股东大会选举产生公司董事会，公司董事会选聘和解聘公司管理层。但是这一最基本的现代公司治理规则在落实之中还面临着种种困难，这在各种董事选举纷争和双董事会现象上都有充分体现。

2012 年格力电器国资委方推荐董事落选，2015 年康佳公司中小股东方人选占据多数席位后产生新的董事会，并能够立即到位且被有关各方所接受。这两个事件可谓中国公司治理的重大进步，是中小股东发言权和资本市场控制力的体现，同时也预示着中国公司治理的一种“新常态”。

2012 年 5 月 25 日，格力电器股东大会进行董事换届选举，9 名董事候选人中有 8 人通过，珠海市国资委全资拥有的大股东格力集团所推荐的一位董事候选人落选。2015 年 5 月 28 日，康佳公司股东大会选举出来的公司新一届董事会中，4 位由公司大股东和原董事会提名的董事候选人落选，中小股东提名的 4 位董事候选人当选，占了 7 个董事席位的多数。

第一大股东不能完全掌控公司董事会人选，在中国上市公司中已经不能算是新鲜事了。并且，上市公司和上市公司的第一大股东也在逐渐认识和适应这种“公司治理新常态”。2015 年康佳公司的董事换届选举，比 2012 年格力公司的董事换届选举又向前一步，发展到第一大股东提名人选开始低于当选董事人数的一半了。

康佳公司及其第一大股东华侨城对此事态的反应与应对，相当理性并合理、有序。虽然最后还是第一大股东提名人选而不是先前的中小股东提名人选出任了董事局主席，但这是各方面协调和商讨后取得的一致意见，并且同时伴以董事会委员会职位和高层管理人员职位的相应调整，最后的结果是七名新当选董事一致同意的。

2012年的格力电器董事选举

2012 年 5 月 25 日，格力电器股东大会进行董事会换届选举，9 名董事候选人中有 8 人当选，组成了公司新一届董事会。8 名董事既符合中国公司法中股份有限公司董事会成员人数 5 到 19 人的外部规定，又符合格力电器公司章程中董事人数不少于6人的内部规定。原公司副董事长董明珠在5月25日举行的新一届董事会会议中当选董事长并被续聘为公司总裁，黄辉、庄培也被续聘为公司副总裁。

让人感到意外的是，珠海市国资委通过其全资拥有的格力集团，作为持股比例约20%的格力电器第一大股东，推荐的格力电器董事候选人周少强在公司股东大会上落选。周少强原为珠海市国资委副主任，此前不久刚刚被委派到格力集团担任总裁兼党委书记。在当时的商业环境下，集国资委派遣和大股东总裁双重身份于一身的董事候选人落选，确实少见。但国资委通过格力集团推荐的另外3位董事候选人均顺利当选，表明格力电器股东之间仅仅在国资委"空降兵"问题上出现分歧，国资方推荐董事仍然占非独立董事人数的3/5。珠海市国资委在5月31日对媒体表示："格力集团按照团队搭配原则推荐了格力电器第九届董事会成员候选人，新一届董事会由格力电器2011年度股东大会依法选举产生，我们尊重本次股东大会的决议。格力电器董事会一经选举产生，代表的是全体股东的利益，我们相信格力电器董事会会正确履行权利义务。"

在大股东推荐的一位董事落选的同时，有机构投资者推荐董事成功入选，有人对此提出疑问：机构投资者持股流动性高，如果抛售，他们推荐的董事代表谁？这是对董事代表性问题的典型错误理解。现代公司的董事会是独立的法人机关，不管董事个人出身于何处，都是受托于全体股东，代表整个公司。金融类机构投资者从公司所能得到的就是分红和资本增值，这与包括国资在内的全体股东的利益是一致的。他们支持现有管理层，只是因为公司业绩及预期前景好。管理层要获得他们的持久支持，需要持续努力把公司做好。

格力电器这次董事选举，与此前发生的原东北高速公司因股东矛盾而新董事会难产，宏智科技和正清制药等的双董事会现象完全不同，甚至也没有像胜利股份和国美之争等等那样双方公开对垒、争取第三方的投票支持。原东北高速那样因争议股东之一方没有提名出新董事候选人而导致董事候选人人数不足，进而无法产生符合法定人数规定的新董事会，和正清制药那样大股东和公司现任董监高均缺席争议股东方提议召开的选举新任董事会成员的临时股东大会而产生了两个“董事会”，都属于没有遵守公司法和公司治理基本规则的错误。

2015年的康佳董事选举

2015 年 5 月 28 日，康佳公司年度股东大会的董事会换届选举中，由中小股东提名的董事占据了康佳公司新一届（第八届）董事会 7 个席位中的 4 席。从两波中小股东提出增加董事监事候选人的议案开始，到股东大会的选举结果出来，康佳公司董事会及其公司第一大股东华侨城的反应和应对，都非常理性、遵守规则，并且能基本平静地接受结果。

康佳公司董事会先是完全按规则发出中小股东要求增加董

事和监事候选人的公告，并将之列入公司发出的股东大会通知之中，这使提出议案的中小股东无需另外支付与广大公司股东之间的沟通费用。也就是说，提出异议的中小股东可以和大股东及其掌控之下的原董事会在同一个平台上发出自己的声音。双方没有爆发选战，公司股东可以在没有额外噪音的情况下，很便利地对所有的候选人进行审视，理性地按自己的意愿从中选择。

康佳公司拥有长期的董事会治理历史，甚至其董事会名称都沿用香港叫法“董事局”，而不是内地所称呼的董事会。康佳公司自身及其各相关方都比较熟悉以董事会为中心的现代公司治理规则，并能当然地接受按现代公司治理规则产生的公司治理机关。按现代公司治理规则，通过股东大会选举产生的新董事会，即使其构成人员出乎公司第一大股东和其他一些相关方的预料，也不该发生任何人试图不承认这一结果或不尊重新董事会权威的情况。

走向市场控制的三大推力

控制性股东不能完全掌控董事会人选的根本原因是大股东减持或公司融资导致的股权分散。在格力和康佳，还有高度竞争的产品市场压力。如果控制性股东的股权比例下降到 20%左右，同时公司又处于高度竞争性行业，就有机会出现中小股东联合起来参与公司治理，并大大削弱第一大股东控制权的情况。作为充分竞争性行业上市公司，公司信息和行业标准（同业竞争者公司数据）都是公开可比的，市场控制可以有效地替代大股东控制。

在股权分散达到一定程度的基础上，董事选举中的累积投票制和股东大会的网络投票方式加强了中小股东联合起来发挥决定性作用的效力。2015 年康佳公司股东大会的董事选举中，中小股东推荐的董事候选人能够顺利当选，累积投票制发挥了重要作用。

因为双方并没有进行代理权争夺战，2015 年康佳股东大会的参与率（出席股份占总股份比例）维持在了 57.63% 这样一个正常水平。仔细分析各位董事候选人的得票情况可以发现，大股东和原公司董事会提名的四名非独立董事候选人和三名独立董事候选人之间得票率差异很小：非独立董事当选者陈跃华为 53.9607%、刘凤喜为 53.6759%，落选者何海滨为 53.6170%、王晓雯为 53.6134%；独立董事当选者张述华为 53.8572%，落选者李罗力为 53.6308%、邸晓峰为 53.6075%。这说明，大股东华侨城在力保这七位候选人全部当选，将其投票权平均投给了他们每一位，而中小股东的投票导致了他们之间的差异，决定了谁当选与谁落选。中小股东提名的三位非独立董事候选人和两位独立董事候选人之间，得票率差异则很大：非独立董事当选者靳庆军为 94.0439%、宋振华为 68.9803%，落选者任维杰为 0.8692%；两位独立董事当选者中，张民为 66.2898%、肖祖核为 55.5596%。中小股东利用累积投票制，进行了集中性的投票，以确保自己最中意的候选人能够当选。

除累积投票制的作用之外，网络投票也发挥了重要作用。康佳公司股东大会采用现场投票和网络投票两种方式，并在股东大会通知中非常具体地告知了网络投票的方法，为中小股东的参与提供了便利。康佳的这次股东大会有代表 22.64% 的 769 名中小股东通过网络参与了投票，使通过现场和网络两种方式参与股东大会投票的中小股东总数达到了 786 人，代表股份占总股份的 32.63%。以康佳这次股东大会 57.63% 的参与率，中小股东 32.63% 的股份比例占全部出席股份的 56.62%。如果这些中小股东达成一致意见，可以在任何议案上都取得胜利。

无论国有企业还是民营企业，由大股东控制走向市场控制（或者说是市场控制下的职业经理人主导）是中国公司中还少有的现象。当前中国有关公司治理的语言体系都还停留在公司治理发展的初级阶段，人们还是习惯于出身论和成分论，如习惯性用国有商业银行指称工农中建，而用股份制商业银行指称民生、兴业等。其实，这是不准确的。工农中建也都是股份制企业，并且是上市公司了。

股份公司就要遵循股份公司的规则，上市公司就要遵循上市公司的规则，与控股股东的所有制身份无关。大股东放手让公司按照现代公司治理规则自治和自主运作，看好其前景则保持股份搭便车，不看好其前景则逐步减持，转移资源到更好的企业。

4. 缔造联想：经理人的角色

柳传志不是联想的创始人，却是联想的实际缔造者。柳传志缔造联想的身份是经理人，与老沃森缔造 IBM 和铃木敏文缔造 7&I 一样，属于经理人缔造公司伟业。

中科院计算所创建联想公司

联想公司前身是 1984 年 11 月由中国科学院计算技术研究所创办的中国科学院计算所新技术发展公司。当时中国还没有现代概念的公司法，股本金、有限责任和董事会等这套概念都无从谈起。作为中科院计算所的员工，柳传志等人是公司创立的推动者，但真正决策者是时任中科院计算所所长曾茂朝。公司创始人和全部创始资本的提供者是中科院计算所。

中科院计算所作为联想公司创办者和创始人，不仅表现在最初成立时投入了 20 万元“资本金”和将计算所传达室提供给公司作为办公场地，还表现在公司最初的三位负责人王树和、柳传志和张祖祥，都是作为员工被计算所任命为公司负责人的。并且这一任命中，还明确着三人各自的行政级别：王树和为总经理（正处），柳传志和张祖祥为副总经理（副处）。从计算所的角度看，中科院计算所新技术发展公司就是计算所新设立的一个二级单位（事业单位办企业）。

在中科院计算所新技术发展公司发展起来并最终改名为联想公司的过程中，计算所发挥了重要作用。顾名思义，中科院计算所新技术发展公司，顶着计算所的招牌，并实际背靠计算所，将计算所研发的技术进行市场化和产业化，是其当时有别于中关村其他公司的一个关键特征。公司的名称从中科院计算所新技术发展公司变为中科院计算所公司，最终演变为联想公司，源于公司 1985 年开始投放市场的第一款成功产品——联想式汉卡。"联想"最初是中科院计算所研究人员倪光南开发出来的汉卡（LX–80 联想式汉字系统）所具有的一种功能，先是用作产品品牌，从 1988 年创办香港联想公司时开始，又成为公司名称。

柳传志：经理人缔造联想

联想公司的创办者是中科院计算所，做出这一创办决策的是时任所长曾茂朝，联想作为产品品牌的创始人是联想汉卡发明人倪光南，这是历史事实。指出这一历史事实，有助于我们理解联想改制的核心内涵，而并不会有损柳传志在中科院计算所新技术发展公司成为今日联想帝国过程中的核心作用和历史地位。

产品品牌创始人、公司创始人和公司帝国缔造者分别是不同的人，很多世界级公司都是这种情况。麦当劳品牌创始人是麦当劳兄弟，麦当劳公司创始人是雷·克洛克。星巴克品牌创始人是杰瑞·鲍德温等三人，星巴克公司创始人是霍华德·舒尔茨。可口可乐产品发明人和品牌创始人是彭伯顿，公司创始人是坎德勒，公司帝国缔造者是伍德罗夫。在IT领域里，这种情况也很多。奠定IBM公司核心业务领域（信息处理）的前身公司制表仪器公司的创始人、制表机发明人是统计学家霍列里斯，IBM公司（前身C-T-R）创始人是弗林特，缔造了IBM帝国并且给公司取了IBM这一名字的人是老沃森。老沃森作为职业经理人，从仅5%的分红权激励开始，把C-T-R打造成了IBM。

从职业经理人缔造企业帝国这一点来说，柳传志与老沃森很相似。区别是老沃森是公司成立十几年后受聘加盟的，而柳传志是从成立公司动议就参与了。还有一点重要区别是，老沃森从加盟开始就明确拥有5%的分红权，而柳传志是在经过长时间的改制和多次重组——中国式产权明晰化过程之后，才最终拥有了联想控股3.4%的股权（根据联想控股香港上市申请书）。

作为中科院计算所的员工，柳传志从一开始就参与创办联想公司（甚至可以说是主要策划者），但从严格的法律和责任承担意义上，他不是公司的创办者和创始人，而是公司创立的经办者，也是以事实上的“职业经理人”身份缔造了联想企业帝国的。在这一点上，柳传志的角色与铃木敏文十分相似。铃木敏文作为日本伊藤洋华堂的经理人缔造了日本7-11公司，日本 7–11 公司作为伊藤洋华堂的子公司发展得比母公司还好，最后重组为 7&I 集团。联想作为中科院计算所的下属公司发展起来了，最后也把中科院计算所的大部分资产和人员重组进了联想公司。

联想的改制与股权变更历程

产权明晰化是中国从计划经济向市场经济转轨的漫长过程中的一个特色概念。纯正国有企业的公司化改制和上市，是在以市场化的概念重新界定清楚国有资产——国有股权之后，实现国有资产与私人资本的混合。这里的关键问题，只是国有资产的定价问题，这种定价与私人企业的上市定价并无本质差异。定价过低，产生所谓“国有资产流失”，等同于创业者的回报不足，可以选择不卖；定价过高，则会无人认购。

联想则属于中国改革之后产生的一类特殊国有企业，或说新型国有企业。特殊或新型在于，它们的诞生本身就是传统国有单位（例如中国科学院计算所）迈向市场的一种探索。公司可以基本没有或只有少量来自国有单位的资本投入，但从创业之初到后来的成功，却一直都依靠其母体国有单位的各种支持。理论上，我们完全可以把这种企业看作还没有“混合所有制”概念时的一个实际上的混合所有制企业。联想漫长的改制历程，就是随着市场经济和现代公司概念的深入发展，逐步将模糊的混合所有制清晰化、明确界定股权比例的过程。

1984 年中科院计算技术所新技术发展公司创立，为注册资本 130 万元的国有独资企业。柳传志最初为副总经理，1986 年开始出任总经理。1990 年公司注册资本调整为 100 万元。1991 年 4 月，改名为北京联想计算机新技术发展公司。

1988 年香港联想公司创立，柳传志成为香港联想主席。公司注册资本 90 万港元，股东为中科院计算所、中国技术转让公司和香港导远公司三家，各占 1/3。

1994 年，北京联想公司更名为联想集团，香港联想公司以香港联想控股公司名义在香港交易所上市，北京联想持有上市公司香港联想 38.78% 的股权。

1997 年北京联想与香港联想合并，柳传志出任联想集团主席。

1998 年 8 月，联想集团正式更名为北京联想集团控股公司，9900 万元资本公积金转增注册资本，注册资本增加到 1 亿元。计算所改制，千余人缩减到百人，大部分人并入联想集团。成立了联想员工持股会（640 人参与），获得 35% 分红权。

2001 年 6 月，联想集团控股公司改制为有限责任公司，并正式更名为联想控股有限公司。5.6 亿元资本公积金转增注册资本，注册资本增加到 6.6 亿元。联想员工持股会用未分配的历年利润购买了联想控股 35% 的股权，正式形成了中科院（通过国科控股）出资 4.3 亿元、占股 65% 和联想员工持股会出资 2.3 亿元、占股 35% 的联想控股公司股权结构。

2009 年中国泛海以 27.55 亿元人民币的价格从国科控股手中收购了 29% 的联想控股股权，形成了国科控股 36%、联想控股职工持股会 35%、中国泛海 29% 的股权结构。

2010 年，源自联想员工持股会的有限合伙企业联持志远创立。创建人为联持志同（作为普通合伙人）和 15 家有限合伙企业（作为有限合伙人，由原职工持股会的 618 名成员和联持志同创立）。

2012 年，以员工激励为目的的有限合伙企业联恒永信成立，创建人为联恒永康（作为普通合伙人）和 4 家有限合伙企业（作为有限合伙人，由联想控股的 127 名员工和联恒永康创立）。联恒永信从中国泛海受让 8.9% 的联想控股股权。

2014 年联想控股改制为股份有限公司，注册资本 20 亿元，公司发起人包括国科控股（36%）、联持志远（24%）、中国泛海（20%）、联恒永信（8.9%）四家机构和柳传志（3.4%）、朱立南（2.4%）、宁旻（1.8%）、黄少康（1.5%）、陈绍鹏（1%）和唐旭东（1%）等 6 位自然人。

对比 2009 年以来几个时段的联想股权结构变化数据可以看出，6 位自然人共计持有 11.1% 股份中，11% 来自原员工持股会（从 2009 年的 35% 下降到 24%），0.1% 来自中国泛海。中国泛海 2009 年时持 29%，现持 20%，减少的 9% 中，8.9% 转让给了联恒永信。

柳传志和联想的标杆含义

柳传志缔造联想与王石缔造万科的历程很像，都从传统体制出发，并依靠了传统体制的各种资源和优势，但主要是通过到市场上打拼，缔造出一个形式和名义上国有，而事实和实质上很民营化的大型企业。这与国家将大量有形资产注入所形成的传统国有企业有所不同。

柳传志与王石的价值取向也有一定的类似性，就是在名和利之间，更多地选择了名。他们没有像同时代直接选择了脱离传统体制、创建私人企业的企业家那样，做个彻底的商人。就柳传志和王石来说，相比他们缔造出来的企业和企业创造的社会财富，他们个人财富上的所得可以说只是个零头。也正是因此，作为那个特殊时代的企业家，他们获得了巨大的影响力。

纯粹和传统的国有企业，学不了联想的这种改制做法。无论是职工持股会 35% 股份的取得，还是中国泛海以略高于净资产评估价的价格受让一家成功公司的 29% 股份，在那些依靠国家大量投资形成的国有企业里，都是行不通且不会被社会所接受的。对于那些新兴和新型的创业者，时代的发展已经为私人企业提供了更为平等的机会和更为广阔的发展空间，他们已经没有必要再像前一代人那样，先戴上顶红帽子，然后再费力地去把它摘下来。

柳传志缔造联想以及推动联想改制，是中国经济转轨过程的一个生动写照。从这个意义上来讲，柳传志是这个特殊时代的特殊的企业家，是一个特殊时代的典范。

5. 万科模式：关键人控制下的职业管理

2000 年，创立 16 年的万科在已经摆脱了原大股东深特发一股独大且股权相当分散了之后，主动选择了华润成为新的大股东，以“背靠大树好乘凉”。2017 年，创立 33 年后的万科，又重新回到了深圳地铁一股独大模式。

从深特发、华润到深圳地铁，从创始人王石到继任者郁亮，万科都在政府和国有开明大股东支持下采用了一种关键人控制模式，没有真正实现“股权分散和董事会控制”下的职业经理人管理模式。

艰难的自主之路：创始人控制的王石模式

创始人保持公司控制是市场经济和现代企业制度中常见的一种现象。成熟环境下的创始人控制不同于创业者或创业者家族凭借股权比例优势保持控制的状态，而是创始人的思想、理念成为了公司的灵魂，在公司发展至股权分散之后，创始人仍然能够保持着对公司经营权的控制。

作为深圳证券交易所上市的 000002 号公司，万科企业股份有限公司，曾是到 2017 年为止中国公司中最具创始人控制公司治理模式特色的公司。尽管王石对万科公司经营上的控制权力在很大程度上来自于他与公司大股东华润之间的良好关系，但是王石之于万科，与任正非之于华为、柳传志之于联想、张瑞敏之于海尔及李东升之于 TCL 等，都呈现出了很大的不同。华为没有上市，处于股权封闭状态；联想和海尔虽然都是上市公司，但是股权仍然控制在各自的集团公司手里；李东升则是通过管理层收购实现了个人对公司股权的控制。王石之于万科，则既没有借助“集团公司”模式的控制，又没有个人直接控制大量股权，但是自 1984 年万科（前身公司名为深特发下属深圳现代科仪中心）正式成立至 2017 年底的 33 年时间中，王石一直保持着对万科经营权的控制。

1983 年 5 月，王石作为广东省外经委派到深圳市特区经济发展公司（简称深特发）的人员，利用深特发的经营许可证和银行账号，开始做贸易生意，盈利由省外经委和深特发平分。做了一年左右的玉米和饲料贸易之后，到 1984 年 9 月，万科前身公司深圳现代科教仪器展销中心成立，王石出任中心经理。其时，王石已经脱离广东省外经委，成为深特发的一员。从政府机关工作人员到企业职工的身份转换，是王石作为企业经理人要自己主宰命运的第一次重要决策。

摆脱了省外经委这层关系之后，王石结束了一仆二主的尴尬局面，但是作为深特发下属机构科仪中心的经理，还是在深特发的掌心之中，并没有多少经营上的自主权。为了尽可能地保持对科仪中心经营的控制权，王石拒绝出任总公司副总，并劝说深特发贸易公司在其科学仪器科的基础上成立了一个新一代企业公司，行政上将科仪中心再下放一级，与深特发总公司之间隔了贸易公司和新一代公司两层。拉长行政控制链条，虽然可以有点“山高皇帝远”的感觉，但并不能让一心想独立做大一家企业的王石真正定下心来。

1986 年，作为中国改革开放前沿阵地的深圳市开始搞股份制试点，当年 10 月 15 日深圳市政府颁布了《深圳经济特区国有企业股份化试点暂行规定》。可是，当时的几家大国企如深特发、贸易进出口公司、贸易发展公司及物资总公司等，却没有一家响应。原本根本“不够级别”的深特发下属第四级机构（深特发—贸易公司—新一代公司—科仪中心）深圳现代科仪中心经理王石，偶然看到《深圳经济特区国有企业股份化试点暂行规定》后“如获至宝”，预感到股份化是公司可以独立自主发展的一个机会。

大企业自身不积极甚至坚决反对，大企业下属小企业积极争取进行股份制改造，除了直接由几家信用社联合而来的深发展之外，深圳早期的几家股份制企业万科、金田和原野都是这种状态。王石的科仪与东家深特发之间的矛盾公开化。经过种种曲折之后，在深圳市领导的支持下，最终于 1988 年底成功完成了科仪中心（此时科仪中心的名字已经改为深圳现代企业有限公司）的股份制改造，正式确定了“万科企业股份有限公司”这一名称，王石出任了万科的法人代表和董事长兼总经理。股改及发行新股的基本方案是：原公司净资产 1324 万元折合 1324 万股，国家占 60%、员工占 40%；公开募集社会资金 2800 万元，其中 1000 万元是由境外投资者购买的特别人民币股。这样深圳特区发展公司，则从原来的上级主管公司变为持股 30% 的第一大股东（资料摘自王石《道路与梦想：我与万科 20 年》）。

君万之争的“教训”：单一优势股东模式

通过股改和公开发行股份，王石把原上级主管公司、理论上持股 100% 的深特发变成了持股 30% 的万科第一大股东。为了扩张，可能也是为了进一步摆脱深特发作为第一大股东对公司的控制，万科进行了多次扩股，到 2000 年时，万科第一大股东深特发的持股比例已经降到了 8.11%（向华润转让股份时）。经过几年柜台交易之后，万科股票于 1991 年在深圳证券交易所正式上市。从 1991 年到 2000 年，万科扩股 4 次，融资 17 亿元。

但是，王石并没有把万科的股权分散化道路进行到底（真正股权分散的一些国际大型上市公司第一大股东持股比例在 1% 以下），而是在经历了分散化的过程之后，又重新走了股权相对集中的道路。这可能是王石从著名的“君万之争”中总结出的一条教训。

1993 年 5 月，万科发行了 4500 万 B 股。由于市场不好，大量万科 B 股股票砸在了承销商君安证券的手中。到 1994 年 3 月底，市场还持续低迷，万科 B 股价格低于发行价，持有约 1000 万股成本（12 元）高于市价（9 元）万科股票的君安证券联合其他几家股东发起了内容包括改组万科董事会的股东倡议书，震惊了当时的中国证券市场，更是震惊了王石。如果不是发挥了高超的游说能力、高专业水准的反击能力和机敏干练的危机处理与应对能力，王石的万科董事长宝座可能当时就丢掉了，很可能也就没有今天这个万科公司了。

君安联合的股东包括了当时万科的第一大股东深特发下属的新一代实业有限公司，以及拥有董事席位的中创和海南证券等公司。王石游说中创高层阻止了中创股权代表人参与君安的联盟，游说海南证券以及另一个重要股东深圳市投资管理公司保持中立，并争取到了深特发总经理的支持，将其下属机构新一代实业有限公司持有的万科股权的股东表决权授权给王石。与此同时，王石团队调查出了君安联盟中主要操刀人事先巨额购入万科股票建老鼠仓的行为，并以此为据在深交所坚决不同意万科股票连续第 4 天停牌时紧急请示中国证监会批准第 4 天继续停牌。在连续停牌无利可图、主要股东撤销给君安的委托以及中国证监会和深交所有关人员的介入和调停下，君安放弃了对万科控制权的继续争夺。鉴于当时君安持有 3.43% 的万科股权，万科给了君安一个董事席位。

君安争夺万科控制权事件，及与其他得大股东荫蔽而轻松运作的上市公司的命运对比，让摆脱了大股东控制的王石，又想寻找大股东支持，王石称之为“策略性股东”。由于主营业务定位上的不匹配以及其他一些原因，在得不到深特发鼎力支持的情况下，王石最终于2000年给万科自找了一个新婆家——华润。2000年8月，深特发将其所持8.11%的万科国有法人股转让给华润。完成该项转让后，华润集团及其关联公司总计持有万科15.08%的股份。随后的几家机构投资者持股合计约占万科10%左右，流通股（包括A股和B股）占82.49%。2008年底华润作为第一大股东持有万科14.73%的股份。随后的9大股东中除刘元生占1.22%外，另外8名股东持股均在1%以下。

2000年以后，华润成为万科的“单一优势股东”。万科的公司治理模式演变方向，也从2000年以前的股权逐步分散下的创始人控制模式，转变为股权重新集中的单一优势股东模式。而且，仅仅单一优势股东地位似乎还不能让华润感到满意，让万科感到塌实。2000年12月，万科提出向华润定向增发4.5亿股B股、占万科原股本比例高达70%的方案，由于遭到A股市场投资者的强烈反对而放弃。如果这一巨量的定向增发方案得以实施，万科的公司治理模式也就完全回归到了一股独大的、与其他国有控股上市公司没有实质差异的典型中国上市公司状态了。

1988年首发股票时曾亲自上街推销万科股票的王石，是非常善于处理资本市场问题和中小股东关系的。1989年，万科股票还处在柜台交易状态的时候，就曾因为朱焕良在股东大会上一席很有价值投资理念的发言而邀请朱作为小股东代表进入万科董事会（此人后来随万科做过实业，最后却因中科创股票操纵案而潜逃）。即使如此，王石还是选择了背靠“策略性的大股东”，而不愿意把万科的根基——股东基础完全建构在资本市场上。

君万之争使王石没有将万科的股权分散之路走到底，并且让王石“一朝被蛇咬，十年怕井绳”。12 年后的 2006 年，已经成为中国企业教父级人物的王石仍对那场事变记忆犹新：“那几日惊心动魄的较量仍让我深深意识到股权分散可能带来的危险。”

“策略性股东”策略的失策

选择走股权集中、背靠所谓策略性大股东的回头路，在当年的那种市场状况下，也许是一种合理的选择。可是在随后的 15 年中，王石似乎很安于他的这种平衡木上的状态。结果很明显，无论技艺如何高超，走在平衡木上总是一个危险的事情。

君万之争 21 年后的 2015 年，远比君安更为凶猛的宝能又出现在了王石和万科的面前，宣告王石在吸取君万之争教训后的“策略性大股东”策略失效了。

网上披露出来的王石在万科北京办公室的谈话表明，宝能收购万科股份最初并非敌意。宝能希望王石能够接受自己成为万科的第一大股东，但是王石不接受。王石认为，以宝能的信用和管理能力，不配做万科的第一大股东。王石自己主动选择站在了宝能收购行为的对立面，把这场收购变成了敌意并购。

宝能方面的态度则是，王石和公司管理层要是欢迎更好，不欢迎也没有关系，他们更看重的是万科公司本身。在明确知道了公司管理层的抵制态度之后，宝能继续收购万科股份，并于 2015 年 8 月 26 日持股 15.04%，超过华润，成为了万科的第一大股东。在华润增持到 15.29%（截至 11 月 20 日）夺回第一大股东地位之后，宝能更是大举收购，并且持股比例大大超过了华润，达到了 23.81%（截至 12 月 11 日）。宝能不仅不顾万科管理层的抵制态度，进行敌意收购，而且不怕与国有大集团华润展开一场并购战，铁了心地要把万科纳入旗下。万科股票于 12 月 18 日下午开市前因重大资产重组停盘，战斗从二级市场转到了一级市场，从公开方式转为了非公开方式。

宝能在公开市场收购万科股份之所以演变为一场引起各方高度关注的敌意并购，关键因素就是超级强势的公司董事长替代了公司董事会做出决策，将其变成了敌意收购。谁有权决定面对一项收购时的公司政策？在面临宝能收购这样一个重大问题面前，没有看到当时万科董事会出面，从全体股东和公司整体利益出发作出决断。

按现代公司治理原则，在出现并购等公司控制权竞争情况下，公司董事会都要成立一个特别委员会，对情况进行评估。由于这种情况下，公司执行董事存在严重利益冲突，执行董事要回避相关事项的董事会决策过程，更不要说由身为执行董事的公司董事长个人直接做出相关决策了。在国外，董事会中一般很少有执行董事，也很少有股东董事，外部董事基本都是独立董事。在中国，如当时的万科公司董事会，除了执行董事和当时第一大股东华润方董事，其余就是独立董事了。这种情况下，应该由全体独立董事作为无利益关联董事组成特别委员会，进行评估、讨论并做出董事会层面的决策。可是当时没有看到万科公司独立董事作为一个整体发出任何声音。唯一出声的独立董事华生，是以个人身份发表文章，并不代表万科公司全体独立董事，更不代表万科公司董事会。

相比之下，安邦收购民生银行股份时，尽管被媒体宣扬为“强行入室”，但是民生银行方面能够相对平静并比较超然地面对，使安邦的股份收购没有演变为敌意并购，民生银行的董事会构成和公司治理模式演变也相对平稳。

导致万科和民生银行对公开市场收购做出不同反应的原因在于二者之前公司董事会独立性和公司治理基因不同。民生银行股权更为分散，众多大股东之间势均力敌，公司董事长不是公司创始人，相比其董事会不是太强势，这些都给民生银行的董事会提供了更大的独立性和权力空间。万科则有单一优势股东存在，是单一优势股东支持下的创始人控制，董事长很强势，这种模式下的公司董事会就是一个强势大股东和同样强势的经理层之间的联合论坛，合则一致，不合则翻脸，董事会的独立性和董事会的真实权力空间都很小。

君万之争和宝万之争，都属于公司控制权市场范畴，都可归为公司控制权之争，但是二者的源起和性质很不同。

1994 年的君万之争本质上属于股东委托代理权争夺（proxy contest），与 2010 年的国美之争性质类似。2015 年的宝万之争则是一场典型的敌意并购。股东委托代理权争夺主要靠游说能力，公司管理层通常具有优势，除非其业绩实在太差。敌意并购是真刀真枪的战斗，是货币说话，公司管理层并没有太多优势。君安是被迫成为了万科的股东，宝能则是主动要成为万科的股东，并且剑指第一大股东。从君万之争到宝万之争，经过二十多年的发展，中国公司控制权市场终于进入了一个新阶段。

2000 年时，中国资本市场是相对小并且凝固的，王石选择华润作策略性大股东，以仅持股 15% 左右的单一优势股东模式保证了万科 16 年的稳定。但是 2016 年时的中国资本市场远非 2000 年时可比，资本市场的流动性和资金规模、并购者的资金调动能力、中小股东权利意识的觉醒等，已经使 15% 甚至是 20% 左右的单一优势持股难以保障公司控制权的稳定。2012 年的格力董事会换届选举和 2015 年的康佳董事会换届选举，持股 20% 以上的第一大股东都没有完全实现自己的意志。

可是，政府的干预力量还是比资本市场的力量更为强大，干预市场的惯性也仍存在，这使第二次万科之争中，正蓬勃兴起的公司控制权市场竞争最终熄火。

1994 年的万科之争，是中国证监会和深交所有关人员的介入和调停，使君安放弃了对万科控制权的继续争夺。2016 年的万科之争，是中国证监会、保监会和国资委都有表态，并有深圳市政府出面协调。关键一环是，“华润被要求不得与宝能一致行动，不得再就万科事件随意表态，任何行动要预先征得国务院国资委同意。华润方面试图部分改组董事会、让王石先出局的意见也被上面否决。到董事会开会讨论宝能要求罢免董监事的议案时，华润方面的董事开始首次投票反对宝能，并从此淡出万科之争直至最后完全退出，按相关协调意见将股权转让给其此前一直高调反对的深圳地铁”（引自华生《万科之争的真相与遗憾》）。在强大的行政压力之下，“华润以股权转让给深圳地铁而离场，宝能从频频举牌直逼全面收购、要求罢免全部董事到声明作为财务投资者支持万科健康稳定发展，恒大则向深圳市政府表态一切听从安排”（引自华生《万科之争的真相与遗憾》）。

从 1994 年的君万之争，到 2015、2016 及 2017 年的宝万之争和华万之争，起因和动力机制有所不同，但最后的结局和熄火机制、最终解决方式却是惊人的相似。两次万科之争最后的决定力量，都是政府和行政干预，而不是公司控制权市场，最终结局都是万科更换东家、重回股权集中之路，是万科公司的胜利，也是“股权分散—职业管理”模式的失败。

控制权争夺中董事会的角色

相隔 23 年的两次万科之争，从代理权争夺到敌意并购，各路资本大张旗鼓地行使中国《公司法》所赋予的股东权利，向公司管理层挑战，按规则去争夺公司控制权，是中国公司治理历史的进步。但是很可惜，没有进一步的规则之争，进而清晰、明确和改进一些相关的公司治理具体规则。

万科之争前半场的宝万之争中，完全没有独立董事集体的声音，甚至就看不见董事会的身影，可以说是完全缺乏董事会的独立性。到了后半场，宝万之争演变为华万之争，引爆华万之争的是一次董事会决议通过与否的规则之争。

为了稀释宝能持有万科股份的比例，2016 年 6 月 17 日万科公司第十七届董事会第十一次会议，讨论万科通过定向发行股份收购深圳地铁前海国际发展有限公司的议案。万科公司公告称，张利平独立董事向董事会申明：就本次会议议案，由于本人任职的美国黑石集团正在与公司洽售在中国的一个大型商业物业项目，带来潜在的关联与利益冲突，存在《公司章程》第 152 条第 2 款所述之关联关系，不得对该等议案予以表决，特此回避本次会议议案之投票表决。万科公司据此认为，相关议案以 10 名董事中的 7 人赞成，比例超过了 2/3，获得董事会通过。但是公司股东华润“委派”的三名董事均投出了反对票并认为，该等议案获得公司全体 11 名董事中的 7 人赞成，比例不足 2/3，因此没有获得董事会通过。华润在此时与万科之间出现分歧，原因很简单：这种巨量的定向股份增发，会在稀释宝能所持股份比例的同时，也稀释华润所持股份比例。

中国公司法规定董事会形成有效决议的赞同比例计算，是以包括未出席和弃权董事在内的“全体董事”为分母的。在有关联关系董事回避时，董事会形成有效决议的赞同比例计算，则是以扣除有关联关系董事后，同样包括未出席和弃权董事在内的“全体无关联关系董事”为分母的。7/10 还是 7/11？万科和华润争执的焦点在于独立董事张立平“回避”投票。如何认定张立平独立董事的所谓“回避”投票，决定着要不要把张立平算在“无关联关系董事”内。

中国《公司法》第 112 条规定：“董事会会议应有过半数的董事出席方可举行。董事会做出决议，必须经全体董事的过半数通过。”万科《公司章程》第 152 条第 1 款也一字不落地明确了这一规定。董事会形成有效决议需要“全体董事”的过半数通过，这是中国现行公司法所特有的一种规定。其他国家通行的规则是，只要有符合法定人数（通常为全体董事的过半数）的董事出席，出席会议的董事过半数通过即可形成有效的董事会决议。中国历史上的第一部公司法《清公司律》规定，“董事局会议如有三人到场即可议决各事”，到场董事多数同意可形成有效决议。中国公司法“投赞成票的董事要占包括未出席董事在内的全体董事半数以上才能形成有效决议”这一更为严格的董事会议有效规则，初衷可能是防止少数董事滥用权力，但实际效果是严重限制了董事会的作为空间，增加了董事会议的难度，使董事会更少作为。

如果按国外通行的“出席董事过半数通过”这一现代公司董事会会议决策规则，2016 年 6 月 17 日的万科公司董事会会议，选择回避的张立平，可以看作没有出席会议，就可以理所当然地按 7/10 计算董事会投票，显然议案获得了通过（因为所议事项属董事会特别决议范畴，因此需要过 2/3 通过，而不是普通决议的过半数通过）。

如何定性张利平的“回避”，直接决定了万科 2016 年 6 月 17 日董事会定向增发议案的通过与否。万科公司以其《章程》第 152 条第 2 款的规定，把回避投票的张利平排除在了董事会计票分母以外，得出了 7/10 的算法。该款原文是：“公司董事与董事会会议决议事项所涉及的企业有关联关系的，不得对该项决议行使表决权，也不得代理其他董事行使表决权。该董事会会议由过半数的无关联关系董事出席即可举行，董事会会议所作决议须经无关联关系董事过半数通过。”

这是中国《公司法》第 125 条的规定，其意图是避免与“决议事项所涉及的企业”有关联关系（直接或者间接的利益关系）的董事参与投票，损害公司利益。但万科公司公告给出的张利平选择回避的理由是，“由于其本人任职的美国黑石集团正在与公司洽售在中国的一个大型商业物业项目，带来潜在的关联与利益冲突”。这里的利益关系，是张利平所任职的黑石与万科公司之间有关联关系，而不是与“决议事项所涉及的企业”深圳地铁集团之间有关联关系。黑石“正在与公司洽售在中国的一个大型商业物业项目”，这会使张利平在万科收购深圳地铁前海国际发展有限公司的议案上，立场偏向深圳地铁方面吗？如果不会，张利平的这个回避理由就不成立，他的回避就可以被看作没有实际出席董事会会议，由此他就要被计入分母，就要按 7/11 来计算，相关董事会决议就没有获得通过。

就公司治理原则来讲，关联人回避投票是一种公平交易义务，而不是权利，董事会和股东大会两个层面皆是如此。

在股东大会层面，这个问题不大。各国法律都无法强制上市公司股东必须参加股东大会。参加股东大会是股东的权利，而不是义务。股东没有关联关系，也可以自由地不参加股东大会。因此，各国法律也都没有对股东大会的股东参与率做出下限规定。股东大会通过决议，都是以参加股东大会的股东所代表的投票权总数为分母来计算，而与公司全体股东的投票权总数无关。在股东大会层面，存在关联关系的股东有法定义务回避投票。如果该等股东没有回避，参与了投票，异议股东可以据此申请法院判定该股东大会决议无效。

但是，在董事会层面，这个问题则至关重大。各方没有对此进行深入讨论，而是集中关注于张利平的独立董事身份上。"独立不关联，关联不独立"，甚至成为了一时的流行语。万科独立董事以不拿报酬作为自己立场独立的一种论据，也成为一时话题。监管层人士没有出面就华万之争中涉及的公司治理基本规则问题给予关注和明晰，反倒对公司控制权市场发展本身"发飙"，这是走偏了。

作为董事，在与董事会所议事项所涉企业或人存在关联关系时，回避是一种法定的公平交易义务，而不是一种权利。作为一种公平交易义务，相关董事要将相关的关联关系事项在董事会会议正式开始之前，向董事会报告。如果相关董事没有报告，并参与了相关事项的董事会投票，该等董事会决议则存在法律瑕疵，可以被判定为无效。但是，这种情况，不能用于对抗不知情的善意第三人。

关联董事回避不是董事的一种权利，在其向董事会报告了相关关联事项之后，要由董事会来判定他是否需要和是否有权回避。参加董事会是董事的法定义务，如果董事可以以任意一种所谓关联关系而回避投票，等于是为董事提供了一种逃避其法定义务的便利。不存在有实质影响的关联关系而回避，和存在有实质影响的关联关系而不回避，同样会影响董事会的决策质量，也会使董事会难以有效作为。

就万科 2016 年 6 月 17 日的董事会会议来说，问题的关键是，在董事会正式开始之前，是否就张利平董事的关联关系申明进行讨论，并明确做出了张利平是否需要回避的决定。如果做出了该等决定，则可进而在会议正式开始时，就明确本次董事会会议有投票权的总人数，到底是 10 人还是 11 人。可是在宝万之争中，我们不仅没有看到万科董事会有此前置决策过程，甚至在争议发生之后，也没有“亡羊补牢”进行后续的讨论与补充决策。

万科之争从宝万之争演变为华万之争后，华润和万科双方的争议涉及了董事会会议计票规则这样一个看似非常简单、实际非常复杂和重要的公司治理基础规则问题。放眼中国公司治理的进步历程，万科控制权之争，谁输谁赢都不重要。由此促进公司治理具体规则的改进，使某些模糊的原则有了清晰的界定，并使一些正确的公司治理理念和知识得到传播，才是最有意义的。可是直到万科之争终结，都没有看到万科之争中涉及的公司治理具体规则得到改进，模糊原则得到有关方面的清晰界定。

在这个意义上，2015 年到 2017 年的万科控制权之争，还不如 2000 年时的山东胜利股份控制权之争。2000 年 3 月爆发的胜利股份之争涉及征集股东投票代理权过程中委托书传真是否有效等具体规则问题。当时中国证监会及时介入，给予明晰，并于 2000 年 5 月 18 日发布了《上市公司股东大会规范意见》。当事企业胜利股份也由此成为中国第一家制定公司治理原则的上市公司，只比世界上第一个公布公司治理原则的通用汽车公司晚 7 年。

职业经理人制度的基石是独立有效的董事会

2000 年时万科被迫放弃向华润巨额定向增发而没有达到的目的，经过 2015 年下半年到 2017 年上半年历时近两年的第二次万科之争达到了。2017 年 1 月华润将所持万科股份全部转让给深圳地铁集团，6 月中国恒大又将所持万科股份全部转让给深圳地铁集团，深圳地铁集团占万科股份比例达到 29.38%，超过宝能系 25.4% 的股份比例，成为万科公司第一大股东。万科公司的股权结构模式由此回到了上市前 1988 年股份制改造时的原点状态，当时第一大股东深特发（深圳特区发展集团）持股 30%。万科 30 年完成了一个轮回，重新成为了地方国有控股企业。

深圳地铁作为万科新任第一大股东和事实上的控制性股东，表态要做万科公司的基石股东，全力支持万科管理层，保持万科公司治理模式不变。“基石股东”，相比之前称呼华润的“策略性大股东”一词，似乎更是个开明大股东，是个甘居幕后的公司支持者。万科之争从宝万之争发展到华万之争，“策略性大股东”华润对万科的策略发生变化，已经表明了立足于开明大股东支持下的职业经理人制度是不成熟且不稳定的。

贴上“基石股东”标签的深圳地铁，持有万科股权的比例（29%）虽然高于以前的“策略性大股东”华润（15%），但是相比第二大股东宝能 25% 的股权比例，仍然没有形成单一优势股东模式，发挥令万科公司股权稳定的基石作用，也许还没有当年华润的效力更大。而且资本市场环境变化，会使这种维持稳定的效力下降。万科之争本身就说明了这一点。如果不是政府干预使蓬勃兴起的公司控制权市场竞争暂时熄火，万科之争的结果可能就不是现在这种结局了。

即使29%的第一大股东股权可以保证公司股权上的稳定，把职业经理人制度建立在开明大股东支持的基础上，也只能是一种短暂的权宜之计，甚至可以说是一厢情愿而已。如果没有独立有效的董事会，开明大股东之下的职业经理人，实质上更近似于中国传统的东家与掌柜的关系，而不是现代公司的职业经理人制度。现代公司的职业经理人制度是和董事会中心主义的公司治理模式同步发展起来的，只有在独立有效的董事会控制之下，才有真正成熟和稳定的职业经理人制度。

就万科目前的情况来说，新的董事会构成模式和先前的董事会构成模式完全一样：经理层、第一大股东和独立董事。但是现在万科的股权结构与之前不同：之前的第一大股东华润虽然持股比例没有现在的第一大股东深圳地铁高，但是华润是单一优势股东，没有具有实力的第二大股东；现在万科有一个持股 25% 以上的第二大股东宝能，并且其在新的董事会中还被完全忽视了。可以说，目前的万科“职业经理人”模式蕴藏着第一大股东改变主意和第二大股东逼宫的双重不确定性。

如果万科当年继续走股权分散之路

中国人的思维总是偏好集中，以为集中起来才安全。比如，所谓涉及国计民生的行业要保持国有，可是集中起来的国有，不还是要由官僚体系选择出来的一些个人来具体掌管吗？一旦这个人不可靠，其危害力是巨大的。其实，集中是更危险的，越是分散的才越安全。当年，范德比尔特家族控制美国铁路，美国政府出于国家安全考虑，强令其将所持铁路公司股票转售给公众。高度分散的公众持有才是最安全的。精英意识作怪之下的公司管理者口口声声中小股东，但实际最看不起中小股东。

在公司股权结构选择上惧怕分散，实际是一种精英意识在作怪。不得不说，王石所表现出来的就是一种精英意识，他看不起宝能，认为是“突然冒起来的人物，大家根本不知道是谁，名不见经传的突然就爆发起来，迅速地成长”（引资网上披露出来的王石在万科北京办公室的谈话）。市场的力量就是来自“无名之辈”，比尔·盖茨最害怕的挑战是“有人在车库里进行全新的发明”。

万科没有继续推进股权分散，有施行审批制的中国资本市场一直存在着严格的公司再融资限制这方面的原因，但更主要的还是当事人的认识问题。中国创业板上市公司的股权分散速度就远远快于主板上市公司。创业板上市公司主要来自市场，它们相信并且也只能通过市场的力量来发展和壮大。

如果万科当年不是走了股权集中的回头路，而是继续推进股权分散会怎样？万科会早就被人收购了，王石也早就被人赶走了吗？中国第一代企业家的典型特征是，利用政府关系和国有资源起步，在市场中把企业做大。吊诡的是，赶走他们的力量主要来自政府和国有股东，如褚时健和倪润峰等，市场力量恰恰很看重他们。

退一步讲，股权分散的上市公司，只要不是业绩实在太差，像万科这样优秀的公司，完全有机会通过修改公司章程，引入一些市场化的合同治理机制，来抵御敌意并购，保护公司管理层的职位稳定和利益。万科靠上了华润之后，就没有在这方面进行相应的制度设计。可以采用的办法其实很多，如：按投票权不同进行的分类股份，按任期不同进行的分类董事，公司股东权益保障计划（俗称“毒药丸”），经理人控制权变更条款（俗称“金降落伞”）以及单一股东及代理他人行使的最高投票权比例限制条款等等。

万科如果不是走回头路，本来最有机会实行的一种制度是单一股东及代理他人行使的最高投票权比例限制条款。比如，2000 年时，万科的第一大股东持股比例已经下降到了仅有 8.11%，可以通过公司章程设定：公司股东大会上，单一股东及代理他人所能拥有的投票权最高不能超过 9%。然后再随着第一大股东持股比例的下降，逐步把公司章程中单一股东及代理他人的最高投票权比例限制降低，可以直至 3%、2% 甚至 1%。中国桂林一家内部员工持股的公司，为了避免社会资本通过代理人进入，通过公司章程设定单一股东及代理他人最高可以拥有的投票权比例为 2%。

所谓“事业合伙人”：员工间接持股

万科的所谓“事业合伙人”制度中的“事业合伙人”，并不是万科公司的“合伙人”，而是投资万科公司股票的一个有限合伙制企业——盈安合伙的有限合伙人。

2014 年 4 月 25 日，有限合伙企业盈安合伙创立。包括郁亮在内的全部 8 名董事、监事、高级管理人员，以及几乎所有中层管理人员共有 1320 位被称为“事业合伙人”的万科员工，签署了《授权委托与承诺书》，将其在万科公司集体奖金账户中的全部权益，委托给盈安合伙的一般合伙人进行投资管理。截至 6 月 3 日，盈安合伙持有万科股票的比例已达 1.34%，成为了万科的第二大股东。据称，所谓“万科事业合伙人”团队最终将通过盈安合伙实现对万科 10% 股权的控制。

显然，这里的责任—利益链条是，盈安合伙是万科公司的一个与其他股东一样只承担有限责任的股东，盈安合伙有一般合伙人（也称普通合伙人或管理合伙人）和有限合伙人两类合伙人，被称为万科“事业合伙人”的这些进入了盈安合伙的万科员工是盈安合伙的有限合伙人。他们与万科公司的关系，只是在员工的身份之外，又增加了通过盈安合伙而持有了万科的股份，无论如何都谈不上是本来含义上的万科公司的“合伙人”。说他们是万科的“事业合伙人”，与阿里巴巴所谓的 28 位“合伙人”一样，只能说是一种比喻。万科公司把通过盈安合伙持有公司股票的员工称为“事业合伙人”，那么自己直接掏钱在二级市场购入万科股票的员工是不是万科公司的“事业合伙人”呢？

郁亮对媒体表示：“过去万科是职业经理人制度，职业经理人和股东是打工关系，依靠职业精神对股东负责，但从小米等一些企业的经验来看，合伙人制度可能是一种更好的利益共享机制，对股东负责就是对自己负责。”这里显然是错用或往好里说是以比喻的方式借用了“合伙人制度”的概念。即使实行了上述所谓的事业合伙人制度，并且盈安合伙持股万科达到了 10%，万科公司本身仍然是职业经理人制度，而与合伙人制度毫无直接关系，只是增加了一个有限合伙人企业形式的员工间接持股机构。

此外，盈安合伙因代表万科员工投资万科股票而成立，但也许并不仅仅投资于万科。如果盈安合伙仅仅投资于万科，那么万科的这个“事业合伙人制度”也就仅仅是一个员工间接持股制度了。而且，我们不应该高估员工持股的作用，要对其发展过度的潜在风险有充分认识。任何公司都不是绝对安全的，都有倒闭的可能。员工的人力资本已经完全投入到一个企业中了，如果再把他们相当大部分的个人财产也投入到同一个企业中，该企业一旦遭遇困境或者倒闭，员工将同时失去他们的工作和个人财产，这是一种不可承受的风险，违反了最基本的风险分散原则。如果盈安合伙作为一个独立企业，以实现其自身合伙人的财务收益最大化为宗旨，可以并不仅仅投资万科股票，并且在万科前景不佳、股价持续低落的时候，可以为了其自身作为一个独立企业及其合伙人们的利益而抛掉万科股票，万科的这些所谓“事业合伙人”也就由此瞬间消失了。

这样的“事业合伙人”与公司之间的利益和责任关系，也许还没有真正的职业经理人，以其终身专业声望和职业收入为赌注，联结得更为紧密。

6. 金山方式：股权分享下的职业管理

从张旋龙、求伯君到雷军，从投资人、创始人到职业经理人，金山通过股权分享和职业管理实现了持续性的“公司创业”（企业内部的创业活动）进程。这其中部分是有意设计，更多的是适应性调整，逐渐形成了一种公司创业治理的金山方式。

雷军总结了金山的七种武器：梦想、技术、务实、求变、信任、舍得和兄弟情。梦想谁都有，求变和务实是每一个成功者都应有的态度。技术的重要性无可否认，但关键是如何做到让技术和掌握技术的人成为推动企业成长的主导力量。信任、舍得和兄弟情这三个要素的作用，是一时性的还是可持续性的，则要看其能否落实到企业的制度层面。

慧眼识英才：金山创始人张旋龙

张旋龙，1956 年出生在福建，1978 年随父定居香港，1980 年开始协助父亲经营香港金山公司。香港金山公司由张旋龙的父亲张铠卿创建，“金山”由“铠”字分拆而来，公司主要经营 IT 芯片、兼容机组装和销售。由于当时国外对中国禁售许多高科技产品，金山公司通过私人关系从国外带高科技电子产品进国内来。

1984 年时，香港金山公司有 10 多个员工，销售额不足 100 万美元。作为第一个到中关村做生意的香港商人，张旋龙与四通合作推出 SUPER 微机。1986 年时，张旋龙与珠海电子局合建了 6 层的珠海金山大厦，生产 SUPER 微机 ，这可以说是今日金山公司的最早的“物资基础”。1986 年 12 月底的一天，张旋龙将香港金山开发的金山汉卡带到四通，准备安装到 SUPER 微机上。第二天，张旋龙看到，金山汉卡已经安装在了电脑上，但是“金山汉卡”变成了“四通汉卡”，字体也更为漂亮，这是求伯君所为。张旋龙发现了求伯君的电脑才能，由此埋下了二人日后合作的种子。

张旋龙在支持求伯君开发电脑软件的同时，自己继续从事电脑硬件生意。1991 年开始，张旋龙与方正合作成立方正 SUPER 汉卡部。1992 年，张旋龙开始与方正谈判全面合作，并于 1993 年将软件业务分拆出来，转为与求伯君平分股权的珠海金山电脑公司，交给求伯君运作。1994 年，张旋龙将软件业务之外的香港金山公司资产合并进方正（香港）公司，出任方正（香港）公司总裁、方正集团副总裁，并于此后一直担任方正高管。

求伯君：技术天才与内企业家的创业之路

求伯君，1964 年出生在浙江农村。1980 年考入位于长沙的国防科技大学数学系信息系统工程专业。1984 年大学毕业后被分配到位于河北省徐水县的石油部物探局下属的一家仪器厂。1986 年因为恋上了一位从深圳大学来物探局仪器厂实习的女大学生，求伯君去了一趟深圳，从此不再想继续待在徐水这个小县城。

1986 年 12 月，求伯君在开发出了自己的第一个软件产品“西山超级文字打印系统”之后辞职。从河北去深圳，要先到北京。在北京同学的建议下，求伯君找到四通公司，把西山超级打印系统以“2000 元的价格、分 10 个月付款”的方式卖给了四通。这个程序正好适合四通当时正在推广的 OKI8320 打印机。求伯君的目的地是深圳，但是由于其在四通公司已经展现出来的计算机技术天分，而深受赏识，被四通公司以次年成立四通深圳公司时派他去的邀约而留住。这样，求伯君在四通认识了四通的合作者——香港金山公司老板张旋龙，并于 1987 年以四通公司深圳营业部负责人的身份南下特区。

一心要开发软件产品的求伯君在四通深圳营业部并没有什么作为。求伯君曾向四通提出开发一个能在电脑上使用的中文文字处理软件，但是四通公司当时因其电脑打字机占有了中文文字处理市场 80% 的份额，怕这一市场地位受到影响，而拒绝了求伯君的提议。也许是求伯君的“流失”使数年后的四通不再短视，支持王志东成功创建了四通利方并发展出新浪这样一个优秀公司。

1988 年 5 月，求伯君离开四通，住进张旋龙租下的深圳罗湖区菜屋围酒店 501 房间，为香港金山公司开发中文文字处理系统。1989 年 9 月，WPS1.0 悄然面世。学电脑就是学 WPS，那是一个金山的辉煌时代。WPS 批发价每套 2200 多元，年销售 3 万多套，销售额超过 6600 万元。WPS 的巨大成功，给求伯君带来“中国第一程序员”的巨大声名，给张旋龙带来的则是金山公司的巨额利润。张旋龙奖励给求伯君一套珠海的别墅和在当时也许算是不菲的奖金。

1993 年，张旋龙与求伯君平分股权注册成立珠海金山电脑公司，求伯君完成了从技术天才和内企业家到成功创业者的华丽转身。所谓的内企业家，就是这样一批人——他们在现有企业内部，像独立创业者一样开拓新事业，并最后走向真正独立。

雷军：从程序员到管理者，从经理人到股东

雷军，1969 年出生于湖北，在武汉大学计算机系就读期间，与当时武汉测绘大学教师、后任金山副总裁兼 CIO 的王全国合作开发了一款加密软件，还与武大同学冯志宏合作编写了杀毒软件“免疫 90”和 RI 内存清理软件。大四期间，雷军与王全国、李儒雄（武汉测绘大学毕业后到洪山长江生态研究院工作）等合作办了一家名为三色、主要是做仿制汉卡业务的公司，存续了半年多时间。

1991 年 7 月毕业后，雷军被分配到北京近郊的一个研究所。此后雷军结识了发明“自然码”的周志农，帮助周志农实现了把汉字的小字库放到 EAM 里的软件需求，但没有接受邀请进

入其超想公司。随后，雷军又结识了用友软件创始人之一、时任用友副董事长后来创建了连邦软件的苏启强，帮用友做了软件加密。

在 1991 年 11 月的一个计算机展览会上，雷军认识了其久仰的因 WPS 而“功成名就”的求伯君。12 月求伯君请雷军吃饭，邀请他加盟金山公司。1992 年 1 月，雷军到了珠海金山，成为珠海金山的第六名员工。1992 年 8 月 15 日，由雷军牵头的金山北京开发部成立。“求伯君的今天就是我们的明天”，这是雷军当时在北京招聘程序员的广告词。1994 年，金山北京开发部转变为北京金山软件公司，雷军出任总经理。1998 年联想注资后出任金山公司总经理，负责整个公司的管理、研发、产品销售及战略规划。此后，雷军一直担纲金山 CEO 的角色，直到 2007 年年底金山成功上市数月之后，雷军辞去金山公司的执行性角色，只担任非执行性的副董事长。

雷军在金山公司的 16 年打拼，盖起了“金山的大厦”，也为自己积累了从程序员到管理者、从打工者到老板的完整的职业经历和数以亿计的个人财富。刚入不惑之年的雷军已经转变为 IT 领域的天使投资人，致力于开拓全新的事业领域。2010 年，雷军成功创立了小米公司。

持续性的公司创业，批量生产富豪程序员

1994年，正是WPS如日中天的时候，微软WORD进入中国。

微软主动找到金山，希望与金山 WPS 在文档格式上实现兼容。当时金山没有意识到 WPS 的格式是多大的秘密，没有想到或者是不想以 WPS 的格式作为锁定用户的手段，便与微软达成协议：双方都通过自己软件的中间层 RTF 格式来互相读取对方的文件。此后，随着操作系统从 DOS 过渡到 WINDOWS，金山 WPS 的用户逐渐通过 WPS-RTF-DOC 这座桥梁，基本没有转换成本地转移到了功能更丰富的微软 WORD 之下。

从 1993 年成立珠海金山开始，求伯君就投入资源开发基于 WINDOWS 的办公软件系统“盘古组件”。1995 年 4 月，盘古组件上市，以失败而告终。雷军总结出四点教训：盘古力量分散，没有发挥 WPS 当时在字处理领域里的领先优势；没有沿用 WPS 这一有号召力的名称；盘古自身不够完善，没有做到所见即所得，完全是 DOS 版的照搬；刚刚独立的珠海金山公司没有销售经验（引自《梦想金山》）。

微软和盗版，合力摧毁了金山的办公软件。1996 年金山公司濒临倒闭，珠海的办公楼里只有十几个人上班了。雷军甚至想要辞职，求伯君劝他先休息半年再说。这样从 1996 年 4 月到 10 月，雷军休了半年假。此间，金山推出了“中关村启示录”（中国第一个商业游戏软件）、“剑侠情缘”、“金山影霸”（两年时间占据工具类软件销售榜榜首位置）、“单词通”和“电脑入门”等产品，可以维持企业的生存。1997 年 5 月上市的金山词霸是金山公司继 WPS 之后的第二个战略性产品。

为了开发新的基于 WINDOWS 的 WPS97，求伯君把开发

WPS 成功后张旋龙奖励的别墅以 200 万元的价格卖了。1997 年 10 月 WPS97 上市，两个月销售 13000 套，获得了很大的成功。求伯君也穿起了中山装在全国巡回演讲，大打民族产业牌。

求伯君作为程序员取得成就的榜样力量和金山公司作为程序员创业平台的声望与内在机制，使金山公司吸引了大批有创业梦想的程序员加盟。如同 WPS 是张旋龙引入求伯君开发出来的一样，金山公司的很多产品，如中关村启示录、剑侠情缘、金山影霸及而后出售给亚马逊的卓越网等等都是通过引进创业型人才开发出来的。

1994 年珠海金山成立后就打出了招聘游戏设计者的广告。赵礼海带着其中关村启示录与求伯君达成了合作协议，成立了金山游戏项目组，并发展为后来的西山居游戏制作组。以此为起点，金山公司开拓了有关电脑游戏及网络游戏的大量业务。网络游戏与软件共同构成了金山公司的两大业务板块。

1999 年 2 月，雷军邀请沈阳的一位个人网站知名人士高春辉加入金山，出任卓越网事业部经理，使当时只有 5 名员工的金山卓越一年后即发展为 CNNIC 评的中国优秀站点第 33 名。2000 年 1 月，卓越网从金山软件公司中分拆出来，金山软件公司老股东组成的金山控股为第一大股东，联想控股下属的联想投资为第二大股东。2000 年 4 月，卓越网从下载网站转变为从事图书和音像制品销售的电子商务网站。2003 年，运营三年之后，卓越网开始盈利，当年销售额达到 1.6 亿元。2004

年 8 月 19 日，亚马逊以 7500 万美元的价格收购了卓越网。

引进人才重要，留住人才和激励人才创造价值更为重要。1993 年成立珠海金山时，张旋龙拿出 50% 股权给求伯君。求伯君对待再后来者，以及整个金山公司股东对待公司高管和技术人员都延续着同样的“舍得”哲学。

2007 年 2 月，在上市前半年多时，金山公司向 430 名员工发放了占上市完全摊薄后全部股份 11%—超过 2 亿人民币的海量期权。这极大地影响了金山公司的短期价值，但是金山公司的董事会和股东们为了保持公司长期发展的动力，作出了这一与员工分享上市财富的决择。

2007 年 10 月 9 日，金山公司首次公开发行后在香港联交所主板成功上市。据估算，拥有股权和期权的金山公司员工中，成为“百万富翁”的超过百人，金山造就了中国“最大的程序员富豪群”。

求伯君在金山成功上市后的答谢晚宴上说：“金山这个大厦，张旋龙是买地的，雷军才是真正盖楼的，我不过是个挖地基的。”雷军在 2007 年 11 月 5 日为《梦想金山》一书所序《金山为什么》时写道：“金山是张旋龙创办的，求伯君是最大股东，他们愿意把公司交给我管，这是多么不容易的事情。”

股权结构演变：一个适应性的调整过程

从 1988 年求伯君在张旋龙的支持下编写 WPS 软件，到

2007 年在香港联交所上市，金山公司经过 19 年的时间，从由张旋龙及其家族 100% 持有的小型家族企业，演变为由求伯君、雷军、张旋龙、金山员工、机构及公众共同持有的上市公司。在这一过程中，投资人、创业者、经理人及员工之间形成了一种“有序合作、多方共赢”的局面。这期间有三次主要的股权结构变化。

1988 年求伯君加入金山公司开发 WPS 时，香港金山公司由张旋龙家族 100% 持有。1993 年软件业务分拆成立金山公司前身珠海金山公司，张旋龙和求伯君平分股权，求伯君领导金山开始了二次创业的进程。

1998 年 3 月 20 日，作为在香港联交所上市法律主体的金山公司在英属维京群岛注册成立，求伯君持股 40%、张旋龙通过 Super Faith 持股 37%、雷军持股 23%。2005 年 11 月 15 日金山公司的注册地从维京群岛转至开曼群岛。1998 年 10 月 9 日，联想以 900 万美元（450 万美元现金、450 万美元商誉）收购了金山公司的部分股份，金山股权结构变为：联想 30%、张旋龙（Super Faith）25.9%、求伯君 28%、雷军 16.1%。雷军担纲金山首席执行官，开始了金山的第三次创业进程。

2006 年 6 月，新加坡政府投资公司（通过下属机构 Tetrad）、英特尔投资和新宏远创基金（New Horizon Fund）三家新机构以 12.5 倍市盈率按 2006 年预计盈利计算的价格 7200 万美元入股金山公司。金山股权结构变为：求伯君和雷军（通过各自的代理公司）合计持有 44.5%，成为公司的控股股东；Tetrad 持有 21.3%、Super Faith 持有 13%、联想持有 12.1%、英特尔持有 4.3% 及 New Horizon 持有 4.3%，余下 0.5% 由现职及前雇员持有。根据股东及公司间协议，联想、Super Faith、Color Link、Topclick 及 Tetrad 各自有权委任 1 名董事进入董事会，截至公司上市之前有效。金山从业务部署到制度安排，全面完成了走向上市的准备工作。

2007 年 9 月金山软件公司首次公开发行后，股权结构变为：第一大股东求伯君（通过 Topclick）持股 20.7%，第二大股东新加坡政府投资公司（通过 Tetrad）持股 16.8%，第三大股东雷军（通过 Color Link）持股 14.9%，第四大股东张旋龙及其家人（通过 Super Faith）持股 10.4%，第五大股东联想持股 8.2%，英特尔和 New Horizon 均持 3.4%，91 位金山的现职及前雇员合计持股 2.1%，余下 20.1% 为公众持有。

职业管理之下，金山转型控股平台

2007 年雷军辞去金山首席执行官后，此前只担任董事会主席的求伯君开始兼任首席执行官。2011 年 7 月，年仅 47 岁的求伯君宣布退休，雷军出任金山公司董事会主席。2011 年 10 月，雷军挖来原微软亚洲工程院院长张宏江出任金山公司首席执行官。张宏江任职到 2016 年年底，推动金山转型云端。

2016 年年底，从内部成长起来的邹涛出任了金山公司首席执行官。邹涛，1997 年南开大学毕业，1998 年作为一名普通程序员加入金山，1998～2003年负责金山词霸，2003年出任西山居工作室总经理，2006年出任金山网游事业部总经理，2007年出任金山软件高级副总裁，2009年进入公司董事会，2011年成为金山公司副总裁兼金山游戏总裁。

作为创业平台，金山公司转型为实际上的控股公司，母公司为香港金山软件（3888.HK），2021年2月21日股价32.5元港币，市值443.7亿元港币。旗下拥有金山办公、西山居、金山云和猎豹移动。公司在全球范围内拥有约7000名员工。

金山办公（688111.SH）由金山创业产品WPS发展而来，2019年11月18日在上交所科创板上市，金山软件持股52.7%。2021年2月21日股价217.96元人民币，市值1005亿元人民币。

西山居，起始于1994年6月的金山游戏项目组，1995年成立西山居工作室，以娱乐软件为主导产品，金山软件持股71.62%。

金山云（KC），2012年作为独立子公司成立，2020年5月在纳斯达克上市，金山软件持股46.8%。2021年2月21日股价7.01美元，市值17.21亿美元。

猎豹移动（CMCM），原名金山网络，2010年由金山安全与可牛影像合并而来，2014年更名为猎豹移动（Cheetah Mobile），在纽交所上市。2021年2月21日股价1.3美元，市值1.774亿美元。

7. 新浪：职业管理之后私有化

在私有化之前，新浪曾实现了从创始人、投资人到经理人的治理模式转换，成为中国罕见的股权分散—市场控制—经理人管理的公司。

从 1998 年 12 月正式创立起，新浪公司经历了沙正治（1999 年 4 月到 1999 年 9 月）、王志东（1999 年 9 月到 2001 年 6 月）、茅道临（2001 年 6 月到 2003 年 5 月）、汪延（2003 年 5 月到 2006 年 5 月）和曹国伟（2006 年 5 月至今）五任首席执行官。前四任首席执行官的平均任职时间是 21.5 个月。

曹国伟 2006 年出任首席执行官，2012 年出任董事长兼首席执行官。到 2021 年 3 月新浪私有化，曹国伟从职业经理人成为股东经理人和实际控制人。

创业者与资本方合作，引进职业经理人

从一开始，新浪公司的创始人就有意按照现代公司治理规范，把新浪公司纳入职业经理人的管理之下。尽管这种“有意”在多大程度上能够坚持到底，可能当事人自己都很难搞得十分清楚。

新浪公司成立于 1998 年年底，其前身是北京四通利方信

息技术有限公司和美国华渊资讯公司。两家公司于 1998 年 12 月 1 日宣布合并，成立新浪网公司并推出同名的中文网站。

出身北大和中关村的王志东与出身台湾和美国硅谷的姜丰年合力创建新浪后，两位一心做大新浪的合伙人，首先于 1999 年 1 月从投资方之一的华登国际聘来了茅道林（时任华登国际副总裁，是华登国际投资四通利方项目的负责人，并代表华登国际出任四通利方董事），担任新浪的首席运营官（已经辞去华登国际职务，以独立身份任职新浪）。1999 年 3 月，又聘来曾在 Oracle 和 Netscape 任高级职位的沙正治出任新浪首任首席执行官（开始是与姜丰年联席，后在王志东支持下独揽权力成为首任 CEO），但是仅仅半年之后，因为意见不合、做事方式不同而退出。沙正治聘来的一班硅谷经理人（CTO、CFO 和 COO）一并退出。

1999 年 9 月新浪首任职业经理人——首席执行官沙正治的离职，没有像两年后 2001 年 6 月创始人——首席执行官王志东的离职那样激起满城风雨。一方面，沙正治看重职业经理人精神，和则合，不和则散；另一方面，在当时中国的商业环境下，外部聘请来的高级经理人因磨合不好而离去太正常了。直到今天，外聘高级经理人与公司磨合很好而成功管理公司的案例，在中国还是不多。

沙正治去职之后，王志东出任新浪公司第二任首席执行官，被沙正治晾到一边的王志东原班人马（CTO、CFO 和 COO）重新上任。但是，王志东的首席执行官经历也是好景不长，不到两年的时间，王志东就被新浪公司董事会解除了首席执行官的职务。王志东不服，双方矛盾公开，一度对峙僵持。这一事件当时影响非常大，可以说是引起了社会轰动。媒体舆论普遍支持王志东，疾呼“这是创业意志与资本意志的对话”。

抛开新浪公司董事会“解聘”王志东首席执行官职务这一决策在新浪公司战略和业务发展上是否正确不说，就董事会解聘首席执行官职务这一行为本身来说，在公司治理规则上没有任何可以指责的。这一事件的轰动，反映出在当时中国的商业环境下，还很少有这种现象发生，人们对现代公司治理的基本规则——董事会具有选任和解聘首席执行官的法定权力，还不太理解。

“赶走”王志东使新浪公司脱离了多数互联网企业都遵循的“创业者——技术迷”主导模式，以至于有人疑问：网易是丁磊的，搜狐是张朝阳的，新浪是谁的？

内部成长起来的经理人开始执掌新浪

2001 年 6 月，茅道临作为新浪公司的首席运营官，在董事会解聘王志东时，“临危受命”成为新浪公司的第三任首席执行官。茅道临在这个位置上做满了两年，但仍然是任职没有到期就离职了，时间是 2003 年 5 月。公开的原因是个人原因，背后的原因有种种传言。媒体报道说，7 名董事以 4 比 3 的比例投票通过了“解聘”茅道临的议案。主持这次董事会会议的是新浪公司的联合创始人、董事长姜丰年。但是新浪公司管理层人员在决定茅道临去留问题上发挥了重要作用。姜丰年当着茅道临的面给新浪公司管理层人员打电话，一个一个地征询意见。除了一位没有表态外，几乎所有的管理层都做出了反对茅道临继续任职的表示。

这时开始，内部成长起来的管理层人员逐步掌控新浪。此前的沙正治是一次操之过急和失败的外部引进首席执行官试验，王志东持创始人和创业者身份，茅道临则兼具投资人代表和职业经理人双重身份。

新浪内部成长起来的管理层人员，第一位代表就是汪延。1972 年出生的汪延，1989 年高中毕业后去了法国。1991 年暑假回北京时认识了王志东。汪延 1996 年从巴黎大学毕业之后就回国加入了四通利方，创建了四通利方公司国际网络部，并于 1996 年 4 月至 1999 年 4 月任该部部长。1999 年 4 月至 1999 年 8 月，任新浪公司主管中国区产品和业务拓展的执行副总经理；1999 年 9 月至 2001 年 5 月，任新浪公司中国区总经理。2001 年 6 月，王志东离开新浪后，茅道临升任新浪公司首席执行官，汪延升任新浪公司总裁。2003 年 5 月，茅道临离职，汪延升任新浪公司首席执行官，同时开始担任新浪董事会董事。

2006 年 5 月，首席执行官三年任期届满，汪延以不满 35 岁的年龄退居“二线”，曹国伟出任新浪公司首席执行官。复旦大学毕业并另有两个美国大学学位的曹国伟，1999 年 9 月加入新浪，任主管财务的副总裁。如果说，汪延是从四通利方时代现身的新浪公司的创业者之一，曹国伟则完全是新浪公司聘请来的职业经理人。

2006 年 5 月把首席执行官职位交给曹国伟之后，汪延开始担任新浪公司副董事长，时任新浪公司董事长的是段永基，另一位联席董事长姜丰年于同年 3 月辞职，另行创业。2008 年 3 月，作为王志东创建四通利方的投资人和支持者、长期幕后掌控新浪的段永基离职，辞去新浪公司董事长、董事和董事会薪酬委员会委员等职务，汪延出任新浪公司代理董事长，并于 2008 年 5 月正式出任董事长。

2012 年 8 月 31 日，汪延卸任新浪公司董事长，曹国伟出任新浪董事长兼 CEO。汪延转做慈善，负责新浪扬帆公益基金。

私有化之后，职业经理人成为股东经理人

2009 年 9 月 28 日，新浪公司宣布了一项管理层购股计划。由新浪公司向一家新设立的由新浪管理层控制的新浪投资控股公司（New-Wave Investment Holding Company Limited）以总价 1.8 亿美元增发约 560 万股普通股。增发前，新浪的第一大股东普莱斯基金公司持 552 万股，占 9.84%；增发后，管理层控制的新浪投资控股公司成为第一大股东，持股占增发后新浪总股本的 9.4%。

2021 年 3 月 23 日，上市 21 年之后，新浪公司从纳斯达克退市，成为一家由曹国伟和新浪管理层共同控制的私人企业，并改名为“新浪集团控股有限公司”。退市前最后一个交易日，2021 年 3 月 22 日，新浪股价 43.26 美元，市值 26 亿美元。

退市后，作为控股公司的新浪集团旗下最有价值的资产是微博。微博创立于 2009 年，2014 年从新浪分拆，在纳斯达克上市，2021 年底又在香港联交所二次上市。2022 年 2 月 21 日，微博在纳斯达克股价 30.15 美元，市值 73.27 亿美元。

8. 国美之争：是职业经理人与大股东之争吗？

2010 年国美之争引起的舆论浪潮可谓巨大，堪比新浪董事会解聘新浪创始人王志东首席执行官职务所引起的反响。从王志东到黄光裕，舆论评价的主导旋律都倾向于支持创始人。王志东是创始人兼经理人，舆论风潮便骂“资本”；黄光裕是创始人兼股东，舆论风潮便骂“经理人”。这是中国经济和企业发展阶段的反映：经济仍然处在高增长和剧烈变革阶段，企业发展和市场竞争总体上都还处于初级、动荡和尚未定型阶段，民众或自觉或被动地都有“创业”的激情，对成功创业者有着一份敬佩。

事件脉络

国美电器（2017 年 5 月更名为国美零售）控股股份公司在英属百慕大群岛注册，在香港联交所上市。2008 年 12 月，公司创始人、董事会主席黄光裕因涉嫌经济犯罪被拘留调查。2009 年 1 月 16 日，黄光裕辞去董事及董事会主席职务，陈晓接任董事会主席并兼任行政总裁。

2009 年 6 月 6 日，美国贝恩资本认购国美 15.9 亿元的可转债，国美电器董事会全票通过了贝恩资本注资国美电器的方案。协议中附带了“绑定条款”，包括：①陈晓的董事会主席至少任期 3 年以上；②确保贝恩的 3 名非执行董事和 1 名独立董事进入国美董事会；③陈晓、王俊洲、魏秋立 3 名执行董事中至少 2 名不被免职。以上事项一旦违约，贝恩就有权要求国美以 1.5 倍的代价即 24 亿元赎回可转债。协议签署过程中并未听取大股东黄光裕的意见。根据当时国美的公司章程，国美公司董事会已经得到股东授权，自行决定不超过股本总额 20% 的新股发行等融资事项。

2010 年 5 月 11 日，国美电器在香港召开股东周年大会，黄光裕全资子公司 Shinning Crown 提起否决权，罢黜贝恩资本在国美董事会的 3 名董事。当晚，以陈晓为首的国美董事会以“投票结果并没有真正反映大部分股东的意愿”为由，在当晚董事会召开的紧急会议上一致否决了股东投票，重新委任贝恩的 3 名前任董事加入国美董事会。根据当时国美的公司章程，在章程规定的董事会人数范围之内，董事会有权自行推荐和任命新董事。国美注册地百慕大公司法允许公司这么做。

2010 年 8 月 4 日，黄光裕方发出撤销增发授权和罢免董事函件，要求召开临时股东大会撤销陈晓董事局主席职务、撤销国美现任副总裁孙一丁执行董事职务，同时收回对董事会增发股票的一般授权等。董事局主席陈晓收到黄光裕代表公司的函件。

2010 年 8 月 23 日，国美宣布股东特别大会于 9 月 28 日举行。黄光裕方和陈晓方开始各自通过媒体及实际拜访争取广大国美股东对自己一方提案的支持。

“9·28”特别股东大会决议的 8 项普通决议案（前 3 项为国美董事会提出的议案，后 5 项为大股东黄光裕方提出的议案）结果如下：

① 重选竺稼为非执行董事 ——通过。

② 重选 Ian Andrew Reynolds 为非执行董事——通过。

③ 重选王励弘为非执行董事——通过。

④ 即时撤销本公司于 2010 年 5 月 11 日召开的股东周年大会上通过的配发、发行及买卖本公司股份之一般授权——通过。

⑤ 即时撤销陈晓作为本公司执行董事兼董事会主席之职务——否决。

⑥ 即时撤销孙一丁作为本公司执行董事职务——否决。

⑦ 即时委任邹晓春作为本公司的执行董事——否决。

⑧ 即时委任黄燕虹作为本公司的执行董事——否决。

2010 年 12 月 17 日，国美再度召开股东特别大会，通过三项决议案：①增加许可的董事最高人数，从 11 人增加至 13 人；②委任邹晓春为执行董事；③委任黄燕虹女士为非执行董事。

2011 年 3 月 9 日，国美电器公告：陈晓离职，张大中出任国美电器董事会主席、非执行董事。

2021 年 2 月 16 日，黄光裕获释，年仅 52 岁，重新执掌国美控股集团。国美集团旗下香港上市公司国美电器（现名国美零售）的董事会主席仍然是张大中（非执行董事），两位执行董事是邹晓春和黄秀虹，还有一位非执行董事黄燕虹，以及 3 名独立董事。黄秀虹和黄燕虹都是黄光裕的妹妹。

争的是什么？

国美之争不是一次中国典型的股权之争，也不是一次国外典型的并购之争。中国典型的股权之争是公司现有两大股东之间的公司争夺战，国外典型的并购之争是两家公司竞标争购一个目标企业。国美之争中，在股权层面上只有黄光裕方面的少量增持和贝恩资本方面的债转股两项重要行动。黄光裕和陈晓双方争夺的主要是第三方国美股东在临时股东大会上的投票支持，这是一种“股份代理权争夺”（proxy contest），本质上是争夺第三方股东的信任。

双方总计提出的 8 项股东大会决议事项中有 7 项是关于董事会成员选聘与解聘的，另外一项“取消给董事会增发 20% 股份的一般授权”提案是关于股东会与董事会权力边界划分的。投票结果是，黄光裕方提出的“撤销一般授权”提案得到了股东大会的支持，而关于董事会人员构成方面的提案全是陈晓方面得到支持，黄光裕方面的提案遭到否决。这表明，出席国美“9·28 股东大会”的全体股东的整体意志是：不同意给予公司董事会通过增发股份稀释现有股东权益的自由裁量权；与黄光裕方面提出的董事会人员构成相比，全体股东更愿意选择陈晓方面提出的董事会人员构成。

谁和谁在争？

表面来看，国美之争很简单，就是董事会构成人员的选择问题，已经通过临时股东大会得到了解决。但是仔细分析事情的来龙去脉以及“9·28 股东大会”的投票结果后，可以发现，事情的背后有多种因素，也有多种力量在进行这场国美之争。尽管我很不赞成把复杂事情简单化的“阴谋论”，也不赞成把简单事情复杂化的“民族主义”，但是国美之争确实不像是能凭其股东大会表决结果就可完全解决的。

“9·28 股东大会”之后，一位财经评论名人“放下道德之剑，祭起法律之旗”的说法颇为流行。这样一个总结，初衷也许很好，但是过于简单化了。道德是法律的基础，基于道德标准的法律才是有效和良好的法律，公司治理问题上更是如此。表面上按照百慕大公司法合法且按照香港上市公司规则也合规的行为，但是如果违背公司实际运营地中国大陆的基本商业道德，恐怕不会具有长久的可持续性。

如果透过表面现象分析背后实质因素的话，我们可以发现，这一轮国美之争的最后决赛——“9 · 28 股东大会”就是一场“规则的表演”，而实际功夫完全在诗外。股东大会前，结束对海外机构投资者的拜访拉票之后，国美董事会就宣布已经获得了总计持有 42% 股份的国美股东支持。当时曾有媒体记者问我如何看待这一说法，我说：“可能是虚张声势吧。如果真的已经有这么高比例的股东支持，那么陈晓早已胜局已定，因为总体股东投票参与率可能也就是 80% 左右，比正常情况下的 60% 高出 20 个百分点。”国美公布的投票结果是，总体参与投票的股份比例是 81.22%，支持陈晓的 42% 的国美股份占 81% 的出席股东大会的总股份比例是 51.85%，国美公布的股东大会投票结果中反对黄光裕撤销陈晓董事及董事会主席职务提议的比例是 51.89%，二者几乎完全一致。国美没有公布实际赞成和反对的股东名单，但是根据上述信息我们可以很有把握地推测：支持陈晓留任的股东都是国美董事会方面事先做好工作、表过态的，没有被国美董事会方面事先做好工作而最后实际参会的真正中小股东都和黄光裕方面站到了一起。

“9 · 28 股东大会”召开之前，有人基于中小股东会更倾向于支持陈晓方面的假设展开预测，认为参与股东大会投票的股份比例越高，则陈晓方面的胜算越大。根据上面的推测，在黄光裕方面 32.47%、陈晓方面联合海外机构投资者获 42% 股份支持、真正中小股东倾向于支持黄光裕方面的情况下，在参与率低于 65% 时，黄光裕方面可以一票胜出；在参与率为 65% ～ 84% 之间时，陈晓方面胜出；而如果能够有更多中小股东参会使投票率达到 84% 以上的话，黄光裕方面的胜出可能性大。黄光裕方面或陈晓方面的胜出结果与股东动员程度和参与投票股份比例之间是一种 U 型或倒 U 型的曲线关系，而不是线性关系。

很多人以为，陈晓的胜利是职业经理人代表中小股东对抗大股东的胜利，甚至希望国内 A 股公司早日发生这样的情形。这完全是对国美之争及其股东大会表决结果的一种误读。事实很明显是国美董事会和海外机构投资者联合在一起对抗国内的大股东黄光裕和那些真正的国美中小股东（散户）。

职业经理人的权力边界

创始人个人出了问题，无论是像黄光裕这样触犯了法律，还是遭遇健康问题或交通事故等意外事件，其公司能否持续发展都取决于公司的治理质量和组织发展水平。

国美公司能够比较平稳地承受住其创始人入狱所带来的巨大冲击，在中国当时的商业环境下，已经属于难能可贵。宏观上看，黄光裕的个人犯罪行为得到罚款和入狱的惩罚，所持国美股份的财产权利得到保护，行使股东权力得到支持，这是社会的进步。微观上看，一方面，国美公司的海外注册和香港上市，给其带来了相对健全的基本公司治理规则约束，另一方面，国美公司作为一家完全从市场竞争中成长起来的行业龙头企业，其自身的组织发展也有相当的水平。具有良好治理结构和良好组织发展水平的企业，能够在一定时期内凭借组织的惯性向前发展。这样的组织，整个团队相对成型，可以暂时没有“领袖”，可以逃避一日群龙无首则陷入混乱的低组织发展状态。

国美之争中的问题是，在屏蔽黄光裕个人犯罪对公司不利影响的同时，要把黄光裕作为国美创始人和国美大股东的正常影响也去除出去。在黄光裕还拥有 30% 以上股权且是显著的第一大股东的情况下，急切地想要切割国美公司与其创始人黄光裕的关系，可以说是国美管理层权力欲望和个人野心都过于膨胀的表现。

所有能够持续发展的企业都是有机的组织，创始人的影响都会融在这个有机组织的血液里，不是简单地通过股权结构和人事方面的调整就能够消除的。从美国的福特，日本的丰田、佳能，到意大利的菲亚特，所有这些公司都是上市很久、股权已经很分散的公司，创始人家族的影响和控制都保持了很好的延续。它们不仅没有明确的“去家族化”的口号或者旨在“去家族化”的行动，而且把存在创始人家族控制作为保持公司长期视野和可持续性竞争力、避免完全经理人控制下公司行为短期化的一个组织优势的来源。丰田、佳能和菲亚特都在经历过几代职业经理人领导之后又回归到了创始人家族成员领导。

黄光裕作为国美创始人，尽管自身在服刑，不能直接出任董事，但是其作为国美公司股东的权利并没有被法律剥夺，源自其所持股份的股东权利受到法律保护，自然具有通过股东大会选举和罢免董事的权力，和由此带来的对公司的股东控制权。国美管理层通过联合贝恩资本等海外机构投资者，来对抗黄光裕作为股东的正常控制权，不仅违背中国人传统的道德标准，也同样违背在西方现代市场经济下发展起来的董事/经理行为操守和公司治理原则。中国传统所讲的“受人之托、忠人之事”和西方现代公司法中的“管家原则”是一致的。

现代公司治理原则主张董事会中心主义，就是除股东明确保留的权力，其他权力都可以默认配置给董事会。但是，这并不意味着股东不能控制董事会的组成，而是恰恰相反，要强化股东对董事会的控制。在董事会中心主义之下，公司的经营管理等具体行为由董事/经理人本着实现公司利益最大化的原则行使，以消除在控股股东直接行使这些权利的情况下很容易产生的“不公平关联交易”等窃取公司利益的行为。在不能直接行使经营管理等具体权力的情况下（或者说消除控股股东对公司具体经营管理行为的直接控制的情况下），控股股东对公司董事会的控制能够给其带来的只是纯粹股东利益（总体股东回报——分红和资本增值），这与其他股东、中小股东的利益是一致的。

在选举和解聘董事的问题上，现有董事会成员不应该利用公司资源拉拢其他股东去与大股东对抗。现有董事会成员拉拢其他股东与大股东对抗这种行为属于滥用了董事会中心主义赋予董事和经理人的权力，也违背了现代公司治理原则下董事和职业经理人的基本义务——忠诚与勤勉。董事会中心主义的本意是通过董事会集中行使公司管理权力来消减股东之间的利益冲突，董事和职业经理人本身都应该是促成股东团结的力量，他们只能通过管理能力和业绩来让全体股东放心，从而使控股股东也不愿意并且没有必要继续保持控制。公司通过“股东控制董事会，董事会管理公司”这样一种良好的公司治理方式而自然走向股权分散。股权分散是良好公司治理的自然结果，而不是改进公司治理的手段，更不应该是公司发展的目标。

黄光裕作为国美公司大股东的正常公司治理权力受到挑战，并且这种挑战还被冠以“保护中小股东”、“促进中国现代企业制度发展”等冠冕堂皇的口号，反映出的是有关方面对公司治理和现代企业制度的误解。在公司创始人和控股股东的正常股东权力都不能得到有效保护的情况下，何谈中小股东的股东权力保护？在没有有效的股东权力保护的情况下，何谈所有权与经营权分离的现代公司制企业的发展？

公司创始人权力和股东权力的保护已经成为中国公司进一步走向董事会中心主义和职业经理人管理阶段的重要障碍，需要我们着力构建、提升相应的商业道德和公司治理规则基础。

9. 阿里巴巴的"合伙人制度"与职业管理

阿里巴巴集团由马云等 18 人于 1999 年在中国杭州创立。1999 年 10 月、2000 年 1 月和 2004 年 2 月，阿里巴巴集团分别融资 500 万美元、2000 万美元和 8200 万美元。2014 年 9 月和 2019 年 11 月阿里巴巴集团分别于美国纽约证券交易所和香港联合证券交易所上市。

阿里巴巴上市主体阿里巴巴集团控股有限公司，为依据开曼群岛公司法在开曼群岛注册的股份有限公司。公司授权资本为 10 万美元，分为 320 亿普通股，每股面值为 0.000003125 美元。

阿里巴巴的合伙人制度

为"确保其使命、愿景及价值观的可持续发展"，阿里巴巴集团于 2010 年 7 月建立了合伙人制度。从公司治理角度看，阿里合伙人有权提名及在特定条件下任命（所提名董事在股东大会上落选）简单多数的董事会成员，这是一种独特和不同常规的董事提名与任命规则。自由度很大的开曼群岛公司法、高度尊重公司自治权力的纽交所上市规则和香港联交所上市规则中的加权投票权结构（weighted voting rights structure）设置都给阿里巴巴的合伙人制度实施提供了条件。

阿里合伙人制度包含全体合伙人大会和合伙人委员会两层决策结构，都按一人一票规则决策。每年选举新的合伙人，由现有合伙人向合伙人委员会提名，合伙人委员会评估和决定后，向全体合伙人大会提交最后提名人选，由全体合伙人以过75%赞成票选举产生新的合伙人。合伙人委员会由5～7位成员组成，目前有马云、蔡崇信、张勇、彭蕾、井贤栋和王坚等6人。合伙人委员会成员任期三年，可任多个任期。合伙人委员会成员三年选举一次，每次选举，候选人由合伙人委员会提出，但要多出三个名额，实行差额选举。

阿里合伙人有提名或任命（在提名人被股东大会拒绝的情况下）多数董事的权利。阿里合伙人提名董事人选的决定，由阿里合伙人委员会向全体合伙人大会提出人选，由全体合伙人大会过半数同意选举产生。该等人选可以是阿里合伙人，也可以是其他合格人选。如果阿里合伙人提名的董事在股东大会上没有当选，阿里合伙人有权任命另外一人作为过渡董事，直到下年度股东大会。在下年度股东大会上，该过渡董事或阿里合伙人提名的其他替代人选（不能是当初落选的董事候选人）作为董事候选人，由股东大会选举，填补当初落选候选人的董事席位和余下任期（董事每个任期为三年）。

阿里合伙人协议的修改需要出席合伙人大会合伙人75%的人同意，该等合伙人大会需要有75%以上的合伙人出席方能举行。阿里合伙人协议中有关合伙人制度的目的和阿里合伙人董事提名权及任命权条款的修改，需要经过阿里巴巴董事会中非阿里合伙人提名或任命的董事和独立董事的多数同意批准。这些提名权和提名程序纳入到了阿里巴巴公司章程，公司章程中有关阿里合伙人董事提名权的相关条款修改需要出席年度股东大会股东投票权 95% 的赞同。

要有高达 95% 的股东大会赞同票比例才能修改阿里巴巴公司章程中有关阿里合伙人董事提名权的相关条款，使阿里合伙人制度具有极大强度上屏蔽公司股东和股权结构变化影响的长期持续性。与此同时，非阿里合伙人提名的阿里巴巴公司董事和独立董事对阿里合伙人协议中有关董事提名权条款的修改具有批准权，这实际上使作为阿里合伙人制度核心内容的董事提名权及其运作方式具有了极强的稳定性，甚至可以说是一种凝固性，很难变革。一种制度如果运作良好，并且实际效果很好，长期持续和不易变革是好事；但如果实际运作不畅或是效果不好，长期持续和不易变革就不是什么好事了。

下面我们先看看在合伙人制度下，阿里巴巴公司的董事会构成和其变化，再进一步分析其合伙人制度下的公司治理问题，特别是其董事提名与任命规则。

阿里巴巴董事会：提名和任期双重分类

根据阿里巴巴集团网站信息（2021 年 8 月 28 日），阿里巴巴集团董事会由 5 位执行董事、1 位非执行董事和 5 位独立董事共计 11 人组成。他们分别由阿里合伙人、公司大股东软银和公司董事会中的提名与公司治理委员会提名产生。

这 11 位董事，除了因由阿里合伙人、大股东软银和公司董事会提名与公司治理委员会三个不同方面提名产生而分为三组之外，还按每届任职期限的起止时间而分为了三组。三个提名方各自提名的董事，大致均匀地分布在任职期限错开的三个组中。这三组董事之间除任期起止时间不同之外，其他方面均相同，都以三年为一个任期，在任职到期的年度股东大会上重新选举，开始新的三年任期。

将董事任职期限错开，这是较为常见的一种分类董事安排，阿里巴巴集团网站也标明了是分类董事会（Classified Board）。由于合伙人制度，阿里巴巴的董事提名权直接分配给了阿里合伙人、大股东软银和董事会提名与公司治理委员会三个方面，我们可以将之看作一种独特的按董事提名权配置构建的分类董事会。

阿里巴巴公司董事会构成（2017/2021）

董事会成员	职务	审计	薪酬	提名治理	任期分组
马云 /	主席 /			主席 /	2017/
张勇	/ 主席，CEO				2016/2022
蔡崇信	执行副主席		成员	/ 主席	2018/2021
/ 武卫	/ 董事				/2023
Michael Evans	董事，总裁				2018/2021
井贤栋	董事				2018/2021
孙正义 /	董事 /				2017/
/Kabir Misra	/ 董事				/2023

续表

董事会成员	职务	审计	薪酬	提名治理	任期分组
董建华	独立董事			成员	2016/2022
郭德明	独立董事	主席	成员		2017/2023
杨致远	独立董事		主席	成员	2016/2022
Börje Ekholm	独立董事	成员			2018/2021
龚万仁	独立董事	成员			2016/2022

注：名字后加标注 / 者为 2017 时在任，2021 年时离任；名字前加标注 / 者为 2017 年时不在任，2021 年在任；名字前后均无标注 / 者为两个年份均在任。表内职务、任期栏目也是相同标注，即职务名称后标注 / 表示 2017 年时任此职务，职务名称前标注 / 表示 2021 年时任该职务，无标注 / 表示两个年份均任该职。

资料来源：阿里巴巴集团网站信息整理，2017 年 9 月 6 日和 2021 年 8 月 28 日。

相比 2017 年，阿里巴巴董事会构成的主要变化是孙正义和马云都退出了阿里巴巴公司董事会。孙正义的董事职位由 Kabir Misra 接任。马云在阿里巴巴董事会的董事、董事会主席、提名与公司治理委员会主席三个职位分别由武卫、张勇和蔡崇信接任。马云还是阿里巴巴合伙人，并是合伙人委员会成员（阿里巴巴集团网站信息，2021 年 8 月 28 日）。

阿里合伙人制度建立已经十年多，自 2014 年在纽交所上市也已经有 7 年时间，其间已有 6 个年度的上市公司股东大会董事选举，目前看来运行平稳。2021 年 8 月 10 日阿里巴巴发出了将于 9 月 17 日召开 2021 年度股东大会的通知，一号议案为选举 3 名董事，候选人为蔡崇信、Michael Evans 和 Börje Ekholm，这三人都是 2021 年度股东大会任职到期。同是 2021 年度股东大会任职到期的井贤栋没有出现在候选人名单中，董事会人数会减少一人，并由此使独立董事人数占到一半。

阿里巴巴的合伙人制度与董事提名规则

在2013年9月10日给阿里巴巴员工的内部邮件中，马云写道："从2010年开始，集团开始在管理团队内部试运行'合伙人'制度，每一年选拔新合伙人加入。合伙人，作为公司的运营者、业务的建设者、文化的传承者，同时又是股东，最有可能坚持公司的使命和长期利益，为客户、员工和股东创造长期价值……阿里巴巴合伙人的产生必须基于'在阿里巴巴工作五年以上，具备优秀的领导能力，高度认同公司文化，并且对公司发展有积极性贡献，愿意为公司文化和使命传承竭尽全力'。……控制这家公司的人，必须是坚守和传承阿里巴巴使命文化的合伙人。"从这里可以明确地得知，阿里巴巴公司要由这些合伙人来控制，达到这一目的的一个重要手段就是由阿里合伙人提名过半数董事。

阿里巴巴公司称，"阿里合伙人制度与将高投票权股份集中于几个创始人的双重股份制度不同，阿里合伙人制度的合伙人可以动态调整，可以包含更大的管理层群体。考虑到创始人总要退休的事实，这一做法更可以长期保持创始人所塑造的公司文化"。从阿里巴巴合伙人制度的核心内容来看，这套做法确实要比双重股份制度可以体现更大范围的管理层群体的意志。

为了使合伙人制度在公司治理规则上落到实处，阿里巴巴在其公司章程中规定了一套特别的董事提名规则。公司章程规定阿里合伙人有权提名过半数董事，并使该等董事尽可能分布在任职期限不同的各组董事中。在由阿里合伙人提名的董事不占董事会多数情况下，阿里合伙人有权提名新的董事人选，以使董事会中由阿里合伙人提名的董事占到多数。

作为上市公司，独立董事的提名有一套必须遵守的公司治理规则，阿里合伙人属于公司管理层群体，其能够提名的董事人选只能是执行董事和普通非执行董事，不能是独立董事（即独立非执行董事）。美国上市公司中，普通非执行董事人数很少，并且通常以独立董事占董事会多数。这就令阿里合伙人提名多数董事的公司章程权利完全做到位（即实际占到多数）面临一个公司治理做法不合常规甚至有损公司形象的问题。

在软银持有阿里巴巴公司股份不少于 15% 时，拥有提名 1 位董事的权利。2017 年时的孙正义和 2021 年董事会成员中的 Kabir Misra 是软银提名的董事。软银提名的董事有权收到董事会所有委员会的会议通知和资料，并作为观察员参加董事会审计、薪酬、提名与公司治理委员会，以及董事会可能建立的任何其他委员会的会议。这实际就是给予了软银方董事以一种特别的董事会知情权。

通常情况下，按照公司法和公司治理规则，所有的股份公司，特别是上市公司，都要赋予达到一定股份比例的中小股东们按规则向股东大会提出议案（包括提出董事候选人）和提议召开及按规则自行召开临时股东大会的权利。按照上述的阿里巴巴公司董事提名规则，中小股东要提名公司董事，只能通过董事会的提名与公司治理委员会进行。但是，如果董事会的提名与公司治理委员会拒绝接受呢？

阿里巴巴合伙人制度下按董事提名权进行的分类董事安排，不同于为了对付并购威胁而采用的董事任职期限错开（阿里巴巴也同时采用了这种分类），也不同于为保护类别股东权利而按股东或股份类别进行的分类董事安排（阿里巴巴没有实行分级股份制度，只发行一种普通股，同股同权）。阿里巴巴合伙人虽然都要是公司股东，但这只是作为一种任职资格要求，其成为合伙人及作为合伙人所拥有的权利，并不直接与其拥有的公司股份挂钩，合伙人们按人投票而不是按所持股份投票产生其最终的董事候选人提名名单。此外，合伙人们所拥有的只是董事会多数席位的提名权，其所提名的董事候选人，还要经过作为一个整体的公司股东大会选举通过才能正式当选，而不是由持有公司股份的合伙人（或管理层及员工）作为一个特殊类别的股东单独选举通过。

阿里巴巴公司的董事任命与解聘规则

通常的公司董事任命规则，就是在公司股东大会上由股东按股份投票权投票选举产生公司董事。董事提名权则由公司董事会和持股一定比例以上的公司股东共同拥有，提名董事人数可以多于需由股东大会选举产生的实际董事人数。最后当选者是在得票过半数的候选人中按得票比例从高到低确定。

阿里巴巴合伙人制度下的公司董事提名规则，如果仅仅是一种董事提名权利的分配，那么其对实际的公司董事会构成的决定作用就会很有限。阿里合伙人提名的公司董事还是要通过公司股东大会由公司股东投票选举产生，谁能成为公司董事的最终决定权还是在股东大会手上。事实上，与这套董事提名规则配套，阿里巴巴公司章程还规定了一套特别的董事任命与解聘规则。

阿里巴巴公司章程规定，在任何一位被提名的董事没有获得股东大会多数票同意的情况下，提名该董事的一方有权任命一位不同人选出任过渡董事，直到下次公司年度股东大会。该等任命在提名方向公司提交书面通知时立即生效，无需股东或董事会的进一步投票或批准。在因为辞职、死亡或解聘等原因出现董事席位空缺时，该等董事的提名方有权任命接任的新董事，直到下次年度股东大会。这就意味着阿里巴巴公司股东可以在股东大会上拒绝任命某一方提名的某一具体董事人选，但是不能阻挡该方按其自身意志安排其他人选接替其实际出任公司董事，直到下一次股东大会。也可以说，拥有提名权的三方（当然包括阿里合伙人在内）在一定条件下（所提名董事被股东大会否决）有各自任命自己提名权范围内董事职位的过渡董事的权利。

对于董事的解聘，阿里巴巴公司章程规定：下述情况下，董事将被自动解聘：①死亡、破产或是债务危机；②有不良行为；③董事个人通过书面通知公司辞职。此外，阿里合伙人提名或任命的董事只能由阿里合伙人解聘，软银提名或任命的董事只能由软银解聘，公司董事会提名与公司治理委员会提名或任命的董事由董事会根据提名与公司治理委员会的提议以多数票同意方式解聘。与董事提名和任命权相比，在董事解聘方面，阿里巴巴公司章程并没有限制股东的权利，“任何董事都可以由股东大会决议解聘”。

我们在阿里巴巴最初披露其合伙人制度时，由于没有看到其特别的董事任命规则，曾指出可能出现一种僵局的情况。现在根据其特别的董事任命规则，在出现提名董事人选没有获得股东大会通过的情况下，可以由该董事的提名方任命过渡董事，到下一次年度股东大会为止。下一次年度股东大会上，提名方可以提名该过渡董事或其他人选为董事候选人，由股东选举通过出任正式董事，完成该董事席位的余下任期。这在一定程度上解决了我们当初指出的“合伙人提名，股东会拒绝，合伙人再提名，股东会再拒绝”的僵局无解问题。可是股东还拥有不受限制的董事解聘权，“任何董事都可以由股东大会决议解聘”，如果这个股东大会不是必须为公司年度股东大会的话，那么如果股东通过召开临时股东大会解聘提名方任命的过渡董事，就还是有出现僵局的可能。

企业制度的发展源起于商业实践和商人之间的合作关系调整，是博弈和相互争斗中达成妥协的结果。阿里巴巴的合伙人制度本质上就是这样一种制度发展，尽管这一结果还不是均衡解，还具有不稳定和不可靠性。

作为一种公司控制机制的“合伙人制度”

阿里巴巴的这种合伙人制度，跟合伙人概念的本来含义毫无关系。这些合伙人，既没有承担真正合伙人的那种无限责任，又没有拥有真正合伙人的那种法定和不可剥夺的管理权力。真正合伙人，是普通合伙企业的合伙人、有限合伙企业中的普通或管理合伙人以及两合公司的无限责任股东。

作为一种公司治理机制和公司控制权安排，阿里巴巴的合伙人制度具有公司治理逻辑上的内在缺陷。它的这种合伙人是一个外部无法预期其行为动向并且其人员边界也不确定的组织。每年合伙人可以提名选举新合伙人，这是一个自我永续机构（self-perpetuating oligarchy），股东、员工及其他的公司利益相关者对它都没有清晰明确的控制和追责路径。这种自封为公司合伙人但实际并不是真正合伙人的组织，“最有可能坚持公司的使命和长期利益”，但也最有可能以“公司的使命和长期利益”的名义拒绝和忽视其他公司利益相关者的利益诉求。这里最简单的一个问题是，谁来监督和控制这个合伙人团体可能的腐败和权力滥用问题，尽管其权力实际上并不很大。

正是在这一点上，阿里巴巴的合伙人制度与分级股份制度以及投票信托制度有着本质上的不同。分级股份制度和投票信托制度，都有明确的合同约束机制。分级股份制度，在招股时就明确了新发行股份所附带的投票权比重低于公司创始人团队和现有股东所保留的股份，新认购者可以自己权衡这里潜藏的风险再决定是否参与。而且这里的投票权，是直接赋予相应类别股份，而不是直接赋予相关人员的，相关人员因为持有相应的高权重投票权股份而拥有更多的投票权。此外，无论如何，分级股份制度下，拥有更多投票权的相关人员，其投票权大小还是直接取决于所持股份数量的，也就是没有根本改变股份多、发言权大的逻辑。其实，我们完全可以把分级股份制度看作一种两合公司的现代翻版。两合公司发行的是无限责任股份和有限责任股份这两类股份，前者有管理权，后者没有管理权。分级股份公司发行的是投票权比重大的股份和投票权比重小的股份这两种股份，前者拥有较大的股东投票权，后者拥有较小的股东投票权。至于投票信托，本质上与公司无关，完全是相关方之间的合约行为。得到信任或支付某种对价则得到相应的投票委托，不能得到信任或对价支付不足则得不到相应的投票委托。签约方的合同治理可以控制这种从投票信托得到的权利。

受阿里巴巴合伙人制度的影响，很多中国公司都实行起了具体做法五花八门的所谓“合伙人制度”，主要目的就是保持管理层对公司的控制权。

阿里巴巴的合伙人制度，实质是一种特殊的分类董事制度，通过公司章程赋予一个被称为“合伙人”的管理层及关联人团体一定比例的董事提名权和一定条件下的董事任命权。作为一种公司控制机制，相较于规范的分类董事制度及分级股份制度，阿里巴巴的合伙人制度这种特殊安排，具有“合伙人”

边界调整的人为可控性。万科的“事业合伙人”制度，实际上只是通过一种间接持股安排，让一部分公司管理人员和员工能够更多地与公司股东的利益挂钩。万科的员工间接持股，相比规范的员工直接持股，不过是更有利于管理层实际掌握这部分股份的投票权。

明明有规范清晰的分级股份制度、分类董事制度和员工持股制度等可供采用，为什么偏要费心费力地炮制出一种概念混乱的所谓“合伙人制度”？可以说，对人治的偏爱和对法治的不信任，以及对现代公司治理机制的理解不足等，导致了所谓“合伙人制度”的出现和一时盛行。

第7章

加强职业管理的公司治理机制建设

1. 职业管理蕴含于良好公司治理之中
2. 对经理人的充分授权与控制权变更保护
3. 差异化治理与股权激励：避免误区
4. 董事会主席、首席执行官与管理人员发展

公司制企业，比其他各种类型的企业组织都取得了更大的成功，成为当今世界的一种统治性力量，核心要素在于其有限责任、董事会制度和在此基础上的职业经理人制度。这些要素为公司制企业提供了无限成长边界和资源吸纳能力，也为资本和劳动的合作、股东和职业经理人的合作，提供了比其他任何类型的企业组织都更大的空间，也提供了更为灵活和有效的框架与规则。

1. 职业管理蕴含于良好公司治理之中

良好公司治理的出发点是关于公司作为独立法人的一套基础规则。没有这套基础规则，没有公司作为独立法人这样一种机制，实际都谈不上现代概念的股东。公司制企业股东以出资额为限，承担企业经营产生的债务，风险是锁定的，所以叫有限责任。法人独立和良好公司治理，可以鼓励人们投资经商，更可以激励人们把钱放在一起，以公司的名义共同经营，这就为公司的股权多元化提供了一种便利，甚至可以说是前提条件。

公司治理越好，公司股权融资会越容易，后续融资中原始股东股权的增值幅度会越大，也就越愿意开放股权从而进行股权融资。投资者积极进入，公司的股权分散进程就会更快，成为董事会主导、职业管理的现代公司。

社会有效保护股东权力，股东有效控制公司董事会，公司董事会有效选聘职业经理人，职业经理人有效领导企业组织的发展，是环环相扣的一个完整链条。有效的公司治理，能够保证不再介入经营的公司股东享受到公司经营的成果，而基本不必担心公司财产会被经理人偷窃或者分享不到公司经营成果。

英美德日等发达国家的职业经理人制度都是其公司治理进步的结果。19 世纪六七十年代，几个主要发达国家相继颁布了新的公司法规，引入“股东有限责任、董事会集中管理”的现代公司治理制度。经过几十年的发展，到 1900 年前后，大量的第一代创始人退位时，兴起了职业经理人接班这一做法。这个时候，这几个发达国家的大股东权力限制和中小股东权利保护等法律已经很健全，公司运作中董事会也已经完全到位，跟随创业者的经理人们也正好成熟到了能够继续领导公司前进的程度，创始人可以放心地退居二线并享受自己创业成功的果实了。

股东有限责任：集合众人，支持创新

有限责任使现代公司的成员（股东）边界可以完全开放。只要你购买了股份就可以成为其成员（股东），这使现代公司这种企业组织的成员（股东）具有扩张能力，进而也使公司的资本集合和资源整合能力，超越了所有传统类型的企业组织。

公司的集体财产组织、独立法人地位和股份制等属性，本质上都是有限责任制度的衍生和延伸。股份制是现代公司外在表现出来的一个显著特征，以至于英国早期称之为合股公司，我们称之为股份公司。事实上，股份制，或说商人们把各自的财货放在一起，形成一种集体财产组织，作为一个拥有独立法人地位的实体来运营，是公司成员（股东）享有有限责任特征的一种延伸。

在缺乏有限责任的制度的情况下，人们可以合伙经营，但是无限连带责任制度严重限制了合伙的范围。在有限责任制度下，完全不认识的人可以共同投资和拥有一家企业，这种合作的范围不仅超越家族、宗族、朋友圈子，还超越地域、阶层，甚至超越国家，扩展到全球。有限责任和与之相伴的股份制度及股票市场，使作为公司成员的股东具有其他任何类型组织都无可比拟的自由进出便利，组织成员的边界得到了几乎无限的扩展。

有限责任制度在扩展股东之间资本合作边界的同时，也激励股东承担风险，支持新事业拓展，促进公司创新。在股东有限责任的条件下，作为独立法人和集体财产组织的公司，可以自行根据业务发展需要自由发售股票、债券等融资工具，集合众人之财，来建桥筑路、开矿炼钢和研发创新等等，人类才步入了现代经济世界。

中国传统上那种债务责任不确定（既非严格的无限责任，也不是清晰界定的有限责任）的制度下，虽然也不乏创业者和企业家，但是这种制度本身非常不利于连续创业和企业家精神的可持续发展。它不能宽容创业和企业经营失败者，更谈不上激励创业和企业经营失败者东山再起。

董事会：责任承担，理性和团队决策

公司制企业的董事会制度，内生于其有限责任属性。股东对公司承担有限责任，需要对该公司治理权力进行规范和限制。作为公司责任的承担主体和一种责任追究机制，董事会制度的存在，使有限责任制度不会被公司股东滥用于过度冒险和掠夺债权人等，而是促进真正的企业发展。

董事和董事会制度扩展了公司制企业的合作边界，即拥有资本的人和拥有管理才能的人之间的合作边界。企业家——资本和人才等企业发展所需各类资源的组织者，由此登上经济舞台。董事会使传统企业中的东家—掌柜关系，变成了现代企业中的股东—董事会—职业经理人关系。并且，董事会已经不仅仅是一种居中调停角色，而是化解冲突、掌控罗盘和指引方向的核心机关。

董事会是由组织成员选举产生、地位平等、权力相同的代表构成的委员会，是一种汇合集体智慧、通过理性讨论进行团队决策的公司内部治理机制。董事会团队决策作用的实际发挥，需要产品和资本两个市场。产品市场充分竞争，需要企业有更多先期投入，而很难完全靠留存收益发展。开放的资本市场，可以进一步推进产品市场竞争深度。竞争深度加强，企业眼界必须放长远，企业经营要更多通过集体智慧进行理性讨论、分析之后作出决策，对董事会这种团队决策机制会有更强内在需求。

公司的创立与发展过程中，各种各样的矛盾和冲突本身都不是问题，关键是有没有董事会投票这样的明确、权威的决策中心和裁决机制。公司内部领导权配置的最高决定者是多数派董事。董事会的权力到位，拥有裁决机制，那么无论多大、多激烈的公司内部权力斗争，都可以和平解决，不会使公司因权力斗争而瘫痪以至分崩离析。

传统社会中不乏富可敌国的大商人，但是他们很难创建一个可持续发展的企业组织。基于有限责任和董事会衍生出一整套公司制度和公司治理机制，使企业家可以有机会成为伟大的组织者，缔造出可持续发展、基业长青的伟大公司。

从失败到东山再起，乔布斯的苹果公司传奇完全是在现代商业和公司治理规则下展开的。一套责任分担机制清晰的现代公司治理体系保证了亨利 · 福特没有被失败击垮，能够一次一次地走出来。是以有限责任和董事会为基础的一套现代公司制度和治理体系，抚育和历练了从亨利 · 福特到斯蒂夫 · 乔布斯这些伟大的企业家，使他们能够缔造出伟大公司。

股东权力归位，董事会到位并随时在位

股份公司作为现代公司制度的核心，其宗旨是实现完全的资合，或说实现作为公司股东的人资分离。股东、出资者完全就是资的角色，与个人能力无关。公司的管理交由董事和经理，股东或其他人要想出任公司董事或经理，不靠资，靠能力。要

使能力走上公司管理舞台，就要在一定程度上限制资的力量，以防公司进入“大股东（及创始人作为大股东）陷阱”。股东权利归位，严格按公司治理规范行使股东权利，是高质量董事会的基础。在股东权利越位和缺位的情况下，都无法建立起一个高质量的董事会。

股东权利越位普遍存在于有控股股东存在的上市公司中。这一类公司中，如果控股股东不能严格遵守公司治理规范，往往会使公司董事会形同虚设，本该由董事会行使的权利，实际由控股股东掌控。在这一类公司中，完善公司治理、构建高质量董事会的首要任务，是约束控股股东权利。

约束控股股东权利的关键步骤是将其限制在股东大会的边界之内，控股股东要和其他股东一样，只能通过股东大会上的投票权行使其股东权利。要使控股股东甘心于只在股东大会的职权范围内行使权利，关键措施有两条：一是落实刺破公司面纱制度，二是强化公平交易义务。

刺破公司面纱制度就是中国《公司法》第 20 条的规定：“公司股东应当遵守法律、行政法规和公司章程，依法行使股东权利，不得滥用股东权利损害公司或者其他股东的利益；不得滥用公司法人独立地位和股东有限责任损害公司债权人的利益。公司股东滥用股东权利给公司或者其他股东造成损失的，应当依法承担赔偿责任。公司股东滥用公司法人独立地位和股东有限责任，逃避债务，严重损害公司债权人利益的，应当对公司债务承担连带责任。”公司控股股东应该知道，遵守公司治理规范，不越位，不越权，是其自身风险管理的第一道闸门。

控股股东越位越权的原因有两个：一是无知，二是自利。无知的问题可以通过普及公司治理知识来解决，自利的问题则需要通过强化公平交易义务来解决。控股股东之所以要掌控公司的实际控制权，甚至是越位和越权，根本目的是获取控制权的私人收益，从公司获取超越其纯粹股东收益（分红和资本增值）之外的超额利益。这种超额利益，通常都是通过不公平关联交易来获取的。堵住不公平关联交易，就可以基本堵住控股股东越位越权的利益动机。

股东权利缺位，主要存在于中小股东权利保护不足情况下的股权高度分散公司中，同时也存在于终极股东自身动力不足情况下的多层代理结构中，例如国有层层控股结构之下的一些公司。无论股权如何分散，也无论代理层级多么复杂、代理链条多长，公司股东至少要能够正常行使如下两项权利：通过股东大会选举产生公司董事监事，选聘为公司提供外部审计职责的会计师事务所。股东不能有效完成这两项职责，则是严重缺位，公司将陷入严重的内部人控制失控状态。

股东归位后，董事会要真正到位并且还要随时在位。在股权相对分散、没有人能够完全凭借股权主导的公司中，只有靠能力。实际领导公司创造价值的人才能站得住。无论是创始股东之一还是职业经理人最终成为公司的主导者和关键领导人，都有一个试错过程，都需要有通过公司董事会进行的选择与裁决。

中国的上市公司和进行董事会建设的国有公司几乎全部设立了外部董事任职的董事会的审计、薪酬、提名、战略以及风险等委员会，也几乎都有成文的董事会会议规则和各个委员会会议规则等。这些董事会结构和形式上向国际领先水平看齐甚至是领先于国际水平，本身也许并没有什么错，无非就是多做几篇表面文章，额外支出一点成本而已。但是，如果认为“这就是现代公司治理”，会贻误我们对现代公司治理实质的真正掌握，致使我们的董事会永远无法真正到位。

董事会的真正到位，首先需要法律上董事义务和责任追究体系的到位，然后是全体董事管理公司权利的到位（职责的落实，董事选举董事长和董事会选聘首席执行官），再后才是董事会本身如何更好地运作的问题（行为上的到位）。只有做到这义务、权利和行为的三个到位，董事会才算真正到位。而且，董事会到位之后，还要“随时在位”。为了保证董事会职能上的“随时在位”，需要设置执行委员会在董事会闭会期间代行董事会的权利，还需要通过紧急状态下的管理规则，设置“紧急状态下的董事会会议”机制，也就是在极其特殊的紧急状态下，正式的董事会成员构不成董事会会议的法定人数时，公司在场的哪些人按什么顺位，补足董事会会议需要的法定人数，召开紧急状态下的董事会会议，行使董事会的权利。

可以把董事会的执行委员会和“紧急状态下的董事会会议”看作是现代公司董事会为了保证自己的真正到位并随时

在位而设立的两级应急机制。可是直到目前为止，我们还没有看到任何一家中国公司的董事会有类似的应急机制设置。有的公司，如中国平安，有“执行委员会”，但实际是董事会之下管理层成员构成的公司管理委员会。也有的公司有董事会常务委员会，但其常务委员会人员构成以执行董事为主，削弱了非执行董事的作用，从而丧失了董事会执行委员会的“治理”功能。

中国的公司法和有关监管部门还没有为公司董事会的这类应急机制（特别是紧急状态下的董事会会议）的启动提供一种默认规则。这也许可以说是中国构建现代公司治理体系中的一个最大疏忽：只注重冰山表面上露出来的部分，忽略了下面更大的主体部分和其他支撑。

2. 对经理人的充分授权与控制权变更保护

提升职业管理水平，有效发挥经理人作用，需要在良好公司治理——股东归位、董事会到位和随时在位并且能够有效发挥战略职责的情况下，对经理人充分授权和有效监督，为经理人面对控制权变更时提供必要的保护性安排，以使经理人能够无所顾虑地从公司整体利益出发，做出有关决策。

对经理人的充分授权与有效监督

中国公司治理中，经理人权力要么是过大，要么是不足。过大时，往往使董事会形同虚设；不足时，则是无所作为。经理人权力过大，并致使董事会形同虚设的情况，通常出现在大股东过度控制公司或是股东缺位这两种情况下。大股东过度控制公司，大股东直接出任或者是直接任命经理人，都会导致董事会权力虚置。股东缺位的情况下，经理人实际控制公司，董事会成员也实际处于经理人的操控之下。

经理人权力不足,通常出现在股权制衡比较严重的情况中。各主要股东事实上各自把持了公司的一些重要管理岗位，股东间关系又直接延伸到了经理人之间。这种情况下，单独看每一位经理人，似乎都有着直接来自各个股东的权力，权力很大。但是经理层作为一个整体，来自全体股东通过股东会—董事会—经理层这一正式公司治理链条授权的权力不足，尤其缺乏公司有关战略选择方面经理层该有的一些决策权。

现代公司治理中股东保留的决策权力要事先在公司章程和股东协议等公司文件中明确列示出来，除此之外的所有公司管理权力都归属于董事会。董事会在自身所拥有的公司管理权力中，根据公司发展的具体情况，向经理层进行授权并进行相应的监督。高质量董事会发挥的实际作用，主要就表现在能够为公司挑选到合适的优秀经理人，对该等经理人进行充分授权，并同时进行有效监督。

公司控制权变更时的经理人保护安排

并购与重组等企业控制权变更现象越来越频繁，这对于资源的整合与有效配置，尤其是对于股东价值的创造，具有重要意义。但是如果其中有关经理人，尤其是首席执行官的利益处理不好，则会造成带来巨大的阻碍甚至是破坏。

控制权变更时的经理人保护安排宗旨是要激励经理人能够持续地以公司和股东的最大利益为目的行事，减低因为控制权变更而带来的经理人对其职业前景的潜在焦虑。公司设置这些控制权变更时的制度安排，可以确保发生并购情况下管理的连续性，也可以作为一种吸引和留住那些优秀经理人的手段。近几年来，在国际资本市场上，出现越来越多也越来越大的并购事件，引起了人们对控制权变更安排以及与此有关的对经理人提供保护的成本的关注。发达国家的一些股东中的积极分子开始在年度股东大会上提议限制控制权变更安排中的支付金额。

什么是控制权变更，即满足什么条件算是公司发生了控制权变更，而需要给经理人提供补偿和保护？通常用来界定公司是否发生了控制权变更的标准有如下几个方面。第一，公司的投票权是否发生了变化，如某一股东获取了某一比例的投票权。第二，公司是否发生了收购、合并和重组行为。第三，更换了董事会的大多数成员。第四，出售了公司的全部或者相当大部分资产。第五，公司清算或者解散。上述标准中的后三项是控制权变更安排中普遍采用的标准，前两项标准的采用及其具体比例的设定则因公司而异，且差异很大。

公司可以通过各种各样的方式来为其经理人和关键雇员提供控制权变更保护。归纳起来主要有下述三大类方式：一是单个的个人雇用协议（金降落伞），二是统一的公司政策，三是通过股权激励计划提供的控制权变更保护。具体采用上述哪种方式，或者是采用它们的某种组合，要根据公司的具体目的来决定。

由个人雇用协议所提供的控制权变更保护，一般限定在公司的少数高层经理人员。通过公司政策提供的控制权变更保护，则通常要涵盖更多数量的雇员，更深入到组织的各个层面。这一措施更为普遍地与公司业务终止相联系，而不仅仅限于控制权发生变化。股权激励计划也可以包括控制权变更保护，而且股权激励计划所涉及的范围更宽，纳入股权激励计划中的控制权变更保护通常也涵盖组织中更大数量的雇员。

在纽交所和纳斯达克各自市值前 50 名的共 100 家美国大公司中，85% 的公司提供某种类型的控制权变更保护。从所实施的控制权变更保护方式来看：最流行的做法是结合使用个人雇用协议与股权激励计划，占 37% 比例的公司这么做；其次是只通过股权激励计划来提供控制权保护，所占比例为 28%；结合使用公司政策与股权激励计划占 10%；只使用个人雇用协议占 5%；将公司政策、个人雇佣协议和股权激励计划三者结合使用占 5%。此外，有 15% 的公司没有任何控制权保护安排。

与纽交所上市公司（74%）相比，通过股权激励计划来为经理人提供控制权变更保护的做法在纳斯达克上市公司（86%）中更为流行。与此同时，没有提供控制权变更保护的纽交所上市公司比例为 20%，而纳斯达克上市公司比例为 10%。其中的原因可能是，总体来看，一些纽交所上市公司市值规模非常大，认为自身不会成为被兼并的对象，因而无需考虑控制权变更保护问题。

有关控制权变更的定义，可以在个人雇用协议、公司政策和股权激励计划中给出。有些公司中，在股权激励计划、个人雇用协议和公司政策中，对控制权变更界定的标准可以不同。下面我们以股权激励计划中有关控制权变更的界定标准为例，对纽交所和纳斯达克各自 50 家市值最大公司的做法略作介绍。

纽交所上市公司通常采用 20% 作为因投票权改变导致控制权变更的界定标准，而纳斯达克上市公司通常采用的更高，将 50% 或者 50% 以上的有投票权证券的持有人发生变化，作为控制权变更的界定标准。这种标准的差异可能与各自的市值规模以及股权集中度不同有关。对于因收购、合并或重组而导致的控制权变更，有越来越多的公司增加了额外的界定标准，如公司前股东在新实体中继续持有的有投票权股份的比例要低于某一限度才能算是控制权发生了变更。纽交所和纳斯达克上市公司通常都把 50% 作为这一限度的数量标准。如果这一限度界定得高，如 60% 或者 70%，则意味着合并伙伴即使只是持有少数权益，如 40% 或者 30%，也会引发公司的“控制权变更”。

80% 的公司将控制权变更时对经理人的补偿界定为其基薪与奖金之和的一个倍数。一般情况下，其健康和福利待遇延续期限与这个现金补偿的倍数一致，即现金补偿为 2 倍或 3 倍，福利待遇则延续 2 年或者 3 年。这些减低福利的做法，对一般经理人要比对首席执行官来得普遍，在纳斯达克上市公司中则比在纽交所上市公司中来得普遍。

总体来说，纳斯达克上市公司比纽交所上市公司在对经理人的控制权变更保护方面，掌握的标准更严，给予的补偿也不是那么“慷慨”。这种分布状态给予中国企业的启示是，我们可以也引进规范的、桌面上的、有法律护航的对高级经理人的控制权变更保护，但是要掌握一个合适的度。

没有规范的控制权变更保护，实际导致的结果就是两个极端。一个极端是弱股东意志下在位经理人要通过掌控公司运营而获取“控制权的私人收益”，不仅不去发掘而且会实际阻碍一些对公司有巨大价值的并购、重组和改组等活动，这在中国的国有或国有控股公司中比较普遍。另一个极端就是强股东意志下企业很容易发生控制权变更而经理人收益和预期没有保障，实际难以吸引优秀的职业经理人加盟公司，这在中国的民营和家族类公司比较普遍。走出这两个有巨大效率损失的极端状态，为经理人引入一种合适的控制权变更保护安排，是当前中国企业改进公司治理、发展职业管理、真正把公司治理落实为一种“合作关系管理”所需要的一个关键举措。

3. 差异化治理与股权激励：避免误区

企业的事业是生意，提升公司治理水平的根本目的还是促进企业发展。良好的公司治理，绝不应该仅仅是一套约束机制，更应该是一套有效的激励机制。

分级股份制度，并非“同股不同权”

一家公司发行两种或两种以上具有不同投票权比例的股票，这一现象通常被称为“同股不同权”，潜意识里被认定为违背了“同股同权”原则。严格地说，这一称呼和这一认定，都不准确也不合理。称之为“分级股份制度”更为准确合理。

单一股份、一股一票，只是公司股份制度的最简化版本，百年前和现在，都是如此。分级股份制度，将公司股份设立成不同的级别，对不同级别的股份赋予不同权重的投票权（包括无表决权），在欧洲国家和加拿大等国的公司（包括上市公司）中都是一直存在的。

分级股份并没有改变同类股份中同股同权的原则。不同级别的股票，是不同的证券。分级股份制度下，拥有更多投票权的相关人员，其投票权大小还是直接取决于他所持有股份多少，也就是没有从根本上改变“股份多发言权就大”的逻辑。

其实，我们完全可以把分级股份制度看作是两合公司的一种现代翻版。两合公司发行的是无限责任股份和有限责任股份这两类股份，前者有管理（选举管理者的）权利，后者没有管理（选举管理者的）权利。如法国米其林公司就是这类公司的一例。分级股份公司发行的是投票权比重大的股份和投票权比重小的股份这两种股份，前者拥有较大的每股投票权，后者拥有较小的每股投票权。

中国《公司法》第 43 条规定“股东会会议由股东按照出资比例行使表决权；但是，公司章程另有规定的除外”，实际为围绕投票权进行分级股份设置提供了依据。但是现实中，只有个别非上市公司实际履行了。上市公司中从科创板依照《公司法》第 131 条设定了特别表决权股份后，开始有公司实际实行。

分级股份制度实际上是中性的，美国媒体和高科技企业创始人采用，欧洲传统富豪家族也用。

分类董事制度，是把“双刃剑”

阿里巴巴的“合伙人制度”在中国受到广泛赞誉，但从实际的公司治理机制上看，阿里巴巴“合伙人制度”是一种分类董事制度，核心功能是保护管理层对董事会的控制权。

分类董事制度，是将董事会成员分成类别，赋予其不同的身份属性，给予不同的任期乃至不同的法定权利。美国《特拉华州普通公司法》就在其第 141 节（d）款中，提供了按董事任期和按公司股东或股票类别两种方式进行的董事分类。

按董事任期分类，就是把公司董事分为三组，每年只能有 1/3 的董事任职到期。这种安排主要是为了应对并购威胁，在有新大股东出现的情况下也可以保持董事会层面上公司控制权的相对稳定。按公司股东或股票类别进行的董事分类，是在公司具有利益诉求明显不同的类别股东时采用的方法，为每一类别的股东分配特定数目的董事席位，该类别董事的提名、聘任和解聘均须由该类别股东决定，并可以给予这类董事不同于普通董事的投票权（多于或少于 1 票）。

阿里巴巴实行了一种比较特殊的按董事提名权配置和董事任期错开进行双重分类的董事制度。为了保障这种分类董事制度的有效运作，阿里巴巴公司章程规定了一套特别的董事任命规则。

通过分类董事制度保护公司管理层控制权有一个严重的副作用，就是会削减公司控制权市场。公司管理层的稳定固然重要，但是如果这种稳定达到了可以不受挑战、没有任何可竞争性的程度，它就走向了反面，会阻碍公司控制权市场发挥作用。公司控制权市场提供了对管理层控制权的一种挑战，使管理层职位具有可竞争性。

股权激励本身就是一种公司治理机制

经理人激励要着眼于未来，仅有论功行赏是不够的。分钱只是分过去，不是对未来的激励。分股权既是对过去的论功行赏，又是对未来的有效激励。股权激励要避免陷入两个误区：把股权激励当优惠政策奖励给所谓公司治理好的企业；把股权激励当传统的工资奖金，用传统办法考核发放。

从根本上说，股权激励机制是将“好好干，我不会亏待你”等传统文化中的“许诺激励”通过合同方式确认并由此给予法律保护。

股权激励使经营者自觉努力创造股东价值，也就同时约束了经营者损害股东价值的行为，但并不能指望股票期权能根本解决“委托—代理”问题，忽视立法和执法等方面的硬约束机制。在经营者损毁甚至是偷窃股东价值不能受到法律或公司控制权市场的惩罚即没有大棒的情况下，股票期权这个胡萝卜再大（只要没大到公司全归他所有）也不会扭转局势。

激励机制是公司治理的核心内容，正向和相容性的激励机制本身就是一种良好的公司治理做法。股权激励，或者说是基于股东价值的董事、经理薪酬，是解决委托—代理问题、改进公司治理的一种重要方法。正确地设置股权激励机制，就是要根据事先确定好的规则，把经理层和股东的利益更紧密、更直接地结合起来，股东由此可以相对放心地让经理们自主地发挥他们的才干和专业知识，按照他们自己理解的最佳做法行事，在追求其自身利益最大化的同时创造股东利益的最大化。

公司治理结构规范方面的一些“合规类”问题，是法制执行和强制性、约束性的问题，是不遵守就要受到惩罚的问题。可以说股权激励是改进公司治理的胡萝卜，结构设置和运作规范这类合规性的要求则是公司治理的大棒，奖励正向行为、惩罚负向行为这两个方面是共同作用和相辅相成的。

把股权激励和公司治理结构“形式上”的那些规范捆绑，用意可能是良好的，但是结果却未必是好的。在监管部门的强力推进之下，这几年中国境内上市公司在治理结构的“形式规范”方面，可以说已经走在了国际前列，但是在公司治理的实质行为上却并没有太大的改进。

股权激励的实质无非就是采用更有利于公司治理改进的给公司高管发报酬的方式。在高管报酬总额能够得到有效控制的情况下，多给股权激励类的报酬，必然要相应降低工资奖金等现金类的报酬。

把股权激励当工资奖金等传统薪酬工具使用，用传统的绩效考核办法来“发放”股权激励，把本应面向未来的股权激励工具扭曲成面向过去的报酬工具，也把股权激励依靠股票市场评价公司业绩来决定高管薪酬的功能拉回到了依靠会计报表评价公司业绩进而决定高管薪酬的老路上去。股票市场本身就是一种评价机制，会计报表为股票市场评价上市公司提供信息，但不是股票市场评价上市公司的唯一根据。如果会计报表能够真实准确地评价企业，可能就不需要股票市场了。

经理人成为股东：MBO和管理层持股

MBO（management buy out），含义是管理层接管、买断，往往是杠杆收购（LBO），管理层在有关投资机构的支持下全数购买公司上市股份。一般是投资机构自身直接购买一小部分，借钱给管理层，由管理层购买下大部分。公司由上市转为非上市，由公众持股公司转为私人控股公司。管理层拥有了公司的控制性股权，但同时身负对投资机构的大量债务。这种公司股权和股东结构的改变，往往导致管理层从过去股权分散、缺乏股东控制下的过度投资和过度多元化行为转变为回归公司主业和聚焦高盈利业务上。

杠杆收购、管理层收购似乎给股权分散、股东疏远的公众公司重新带来了集中性持股股东的力量，公司金融学家迈克尔·詹森曾在其著名的《公众公司的衰落》一文中预言股权分散的公众公司将会走向末路。但是随着垃圾债券大王米尔肯的入狱和公司治理运动的兴起，1990 年代开始，杠杆收购销声匿迹，现代公众公司模式在不断的漏洞修补与治理机制改进中前行。现在的 LBO 或者 MBO，都只是作为公司控制权市场发挥作用的一种方式。在公司治理机制欠缺、公司资源被滥用、资本市场对公司估价偏低、公司有潜在价值未被市场发现的情况下，有关投行、并购专家或公司管理层可以主观上“趁机”赚钱，客观上促进公司治理改进和公司潜在价值的实现。LBO 和 MBO 等公司自主下市操作的存在也是资本市场健康和公司治理系统健全的一个标志。

在股权分散的上市公司中，管理层购买公司股票，无论是从二级市场购买，还是通过定向增发，都能增加管理层与公司股东利益的一致性。近几十年来，股权分散公司改进公司治理的一系列举措就包括各种各样的公司董事和高管购买公司股票计划。这种股票购买计划的实施，是公司董事和高管以行动向股东表示会改进公司治理和创造股东价值的承诺。

现代公司治理的一条基本原则是出任公司董事和高管职务的人无需在法律法规要求上持有公司股票，但从最佳激励机制设计上看最好持股。中国的有关股权激励政策中，把独立董事排除在外，以为这样可以由独立董事对高管股权激励计划把好第一道关口，实际是一种思维的误区。

成熟资本市场和健全公司治理条件下，管理层购股计划主要是股权分散情况下完善公司激励机制，实现管理层与公司股东之间的激励相容，而不是实现股权集中和保持管理层控制权的手段。因为在公司治理机制健全、董事会到位的情况下，只要不是绝对控股，第一大股东都无法保证自己对公司的完全控制。1985 年，作为公司第一大股东并同时身兼董事会主席的乔布斯可以被苹果公司董事会解雇（形式上是辞职）；1997 年，乔布斯重新执掌苹果凭借的是声望和能力，而与股权无关。

2009 年 1 月，中国平安虽为富通集团第一大股东，但无力阻止富通集团董事会有关出售其银行业务的决议通过。

任何一家上市公司，如果其管理层愿意以市场价格一次或者最好是持续性地购买公司股份并长期持有，都是会受到股东欢迎的，也可以说具有重要的改进公司治理含义。这也是在那些股权极度分散的国际型大公司中很常见甚至是很制度化的一种做法。只是因为其股权的高度分散及股本规模的超级庞大，管理层持股占公司股份的比例并不是很高。与真正 MBO、管理层全数买下公司那种激进的公司体制变革相比，管理层购股，可以为公司建立起一种股东与高管之间更为利益相容的激励机制，但并没有在公司体制和根本利益结构上带来实质性的变革。

4. 董事会主席、首席执行官与管理人员发展

企业的兴衰在很大程度取决于企业领导人的素质、能力和权力能否平稳接任。现代公司中，企业领导人问题的解决方式就是建设好董事会和选好首席执行官。

董事会的任务是“指好方向选好人”。“指好方向”是定好战略和做好重大决策，“选好人”的关键是选聘好首席执行官。

公司设置哪些执行性职务、多与少、兼任与分任等，完全是每一个公司根据自己的股东和股权结构以及企业规模和业务状态而定的事情。

管首席执行官的是董事会，不是董事长

在理论规范和中国公司法的实际规定上，都是股东大会选举董事组成董事会，董事推选董事长出任董事会会议的召集人。董事会以会议体的形式实际行使对公司事务的管理和监控权力。首席执行官作为董事会任命的公司行政一把手，是在股东会和董事会之下，作为一个等级制的三角形组织的公司的核心人物。

董事会负有公司管理的法定责任，但要通过应由董事会全权任命的董事长和首席执行官等具体行使行政权力。董事长和首席执行官都是董事会任命的公司高层管理职务。董事长作为董事，与其他董事一样，由股东选举，受股东之聘；而担任“董事长”这一职务则由全体董事选举，受全体董事之聘。董事长负责董事会的组织性工作，首席执行官负责公司日常业务的管理工作，都是受聘于董事会，为董事会打工的。

中国公司中往往有一位全职董事长，并且董事长是公司法定代表人。董事长在公司董事会闭会期间有代行董事会部分职能的权力，在双数董事会表决陷入僵局时有多一票的权力，往往导致董事长成为事实上的首席执行官。

《中国上市公司治理准则》要求上市公司设立战略、审计、薪酬和提名等四个委员会，却没有要求设立执行委员会。增加独立董事以及建立有独立董事任职的董事会专业委员会，是中国公司的董事会建设向前迈进了一步的象征，但是在来自股东单位的非执行董事和来自公司内部的执行董事们，没有真正行使起其董事的职责时，董事会是无法实际选聘、考核和激励董事长这个事实上的中国公司首席执行官的。

不要强求董事长和首席执行官由两人分任

中国现有的有关公司治理的政策和指引都强调董事长和首席执行官要分任，一些国企的主管部门也都是按照分任的原则来任命企业领导人的。如何把握好他们之间的分工和各自的职权范围，往往成为企业运作的一个难题。搞不好，不仅影响有效的企业领导体制的建立，甚至会走向激烈的企业内部政治斗争。

人天生都是政治动物，有人的地方就有政治，就有派系之争。法治化管理和企业文化建设都只能是让政治斗争在一定的规则之下运作，不至于走向极端，导致组织的分裂。完全没有内部政治，也往往容易走向完全没有内部竞争的一言堂和一潭死水状态，失去组织来自内部的创造性和活力。处在不同行业和不同成长阶段的企业，其组织内部合适的竞争力度是不同的。这又给把握和处理好企业内部政治问题增加了一定难度。

企业内部的高层问题，不仅会影响到中层干部、员工，还会影响到公司的股东，乃至影响到与银行和政府的关系。尤其是股份制企业的股东，为了自身利益，可能会以其作为股东的“选票”与经理人员的执行权力进行“交换”，获取一些有利的关联交易，在关联交易中赚回更多的利益。这会给股份制企业制度建设和公司治理规范化带来极大的障碍，使一些不合理、不规范甚至是不合法的做法，加盖上合理、规范与合法的股东大会和董事会的“橡皮图章”。

不管董事长和首席执行官两个职务是分任还是合一，解决问题的一个关键步骤是增设公司董事会执行委员会，把现行做法中董事会闭会期间授予董事长的权力，授予董事会执行委员会。同时强化董事们作为一个集体、一个团队平等地肩负公司战略决策和指导及监控公司经营责任的公司治理理念和司法力度。董事会职责到位之后，才能真正开始造就首席执行官。否则，只能在一人大权独揽和两人或三人权力斗争之间跳跃和摇摆，找不到一种稳定和可持续的企业高层领导责任和动力到位而权力受到有效制衡的正常状态。

总体来说，除了加强董事会建设和集体决策的体制建设之外，董事长是否兼任首席执行官这类更为具体的事务，应该留给各个公司自己去决定。如果董事长为公司的法定代表人或者董事长是专职且实际在公司上班的话，则明确由董事长兼任首席执行官比较好，总裁或总经理则相当于首席运营官，主管日常运营。

7.4.3 董事长和首席执行官的职责分工

关于董事长和首席执行官的关系，关键在于董事会和执行层之间的权力划分，要对包括董事长和首席执行官在内的每一公司管理职务做出清晰的职位描述，特别是要做好董事长和首席执行官之间的职责界定。

进一步的问题是：谁来给公司董事长和首席执行官做职位描述？如何做出切合本公司实际情况的董事长和首席执行官职位描述？又如何能让公司董事长与首席执行官的实际领导风格和管理行为与这种规范的职位描述相互匹配？在实践中能否既没有两者职责冲突与矛盾的交叉地带，又没有无人真正负责的空白领域？在这里，外部咨询机构只能提供专业意见以帮助解决问题，而实际问题的有效解决只能靠董事会、董事长和首席执行官之间的相互沟通与协调来完成。

在任何一家公司里，无论董事长和首席执行官具体如何分工，都有两个基本的前提：一是明确两个职位之间是互补关系而不是竞争关系，二是两人之间必须相互信任。

处理董事长和首席执行官的职责分工,一种标准做法是“董事长负责董事会以及相关事务，而首席执行官则负责所有董事会之外的事务”。在公司内部，所有管理的指示都由首席执行官做出，因而不会导致“双头领导”，即不清楚到底谁在管理上负责的问题。

具体流程上，可以由董事长先写下来自认为应该承担的职责，然后与首席执行官进行讨论，作出必要的修正，最后达成共识。董事长和首席执行官之间只需要就其中一个职位的具体职责范围达成共识，那些没有包括进来的事务自然是另一个职位的分内之事。他们之间的关系应该在一开始就明确下来，然后根据彼此的性格以及公司事务的需要而随之发展。董事会必须了解董事长和首席执行官就他们之间的职责分工所达成的共识，并且对这一做法给予认可和支持。

继任计划与管理人员的发展

继任计划，不仅仅是对首席执行官和高级管理人员的业绩进行评估。董事会需要有一个在需要时候撤换首席执行官的程序。这个程序，不是装在信封里的一个名字，而是董事会知道如果他们面临撤换首席执行官时应该如何去做和做什么。

首席执行官应每年在向董事会提交公司发展计划报告的同时，提交关于公司管理部门发展规划和继任计划的报告。在继任计划中，首席执行官应该就在其不能继续履行职责时能够继任首席执行官职位的人选作出推荐。在首席执行官报告的基础上，董事会从公司的长期可持续发展角度，拟定并监督执行公司管理层的继任计划，推动管理人员的队伍建设。

为高层管理职位配备人员，发现和培养关键执行人员，是董事会职责的重要部分。为完成此职责，董事们需要定期得到公司高层经理人员的继任和培养计划，以及其执行进展的信息，并定期进行评估。一个良好的做法是，让一些关键的执行人员定期向董事会报告工作，使董事们可以认识并了解他们。董事会至少一年讨论一次继任和培养计划，包括谁是关键职位的候选人，以及有关公司位置最高的十位左右经理人员的培养计划。

应该拓展广泛的视野来评估执行人员的绩效，要以一套商定好的明确标准为基础，包括财务指标、非财务指标和战略性目标。需要综合评价公司绩效的所有重要方面：公司如何对待顾客、员工、供应商等相关方；公司的财务如何运营，集中关注其资产是如何使用的；如何应对周期波动，提高质量，开发新产品和服务。

参考文献

REFERENCES

1. 兰德尔 · K. 莫克 . 公司治理的历史：从家族企业集团到职业经理人 . 许俊哲，译 . 上海：格致出版社，2011

2. 劳伦斯 · E. 米切尔 . 美国的反省：金融如何压倒实业 . 钱峰，译 . 北京：东方出版社，2011

3. 劳伦斯 · M. 弗里德曼 . 美国法律史 . 苏彦新等，译 . 北京：中国社会科学出版社，2007

4. 马克 · R. 图尔，沃伦 · J. 塞缪尔斯 . 作为一个权力体系的经济 . 张荐华，邓铭，译 . 北京：商务印书馆，2012

5. 加里 · 约翰 · 普雷维茨，巴巴拉 · 达比斯 · 莫里诺 . 美国会计史：会计的文化含义 . 杜兴强等，译 . 北京：中国人民大学出版社，2006

6. 斯蒂芬 · M. 贝恩布里奇 . 理论与实践中的新公司治理模式 . 赵渊，译 . 北京：法律出版社，2012

7. 小爱德华 · J. 雷内汗 . 铁路大亨：范德比尔特的财富人生 . 雨珂，译 . 北京：中信出版社，2009

8. 罗恩 · 切尔诺 . 洛克菲勒：罪恶与圣洁 . 王鹏，译 . 北京：国际文

化出版公司，2007

9. 彼得·科利尔，戴维·赫罗维兹.洛克菲勒家族传.周越等，译.北京：中国时代经济出版社，2004
10. 阿兰·莫里森，小威廉·维尔勒姆.投资银行：制度、政治和法律.何海峰，译.北京：中信出版社，2011
11. 查尔斯·R.盖斯特.最后的合伙人：华尔街投资银行的秘密.向桢，译.北京：中国财政经济出版社，2003
12. 琼·施特劳斯.华尔街之子：摩根.王同宽，贺慧宇，池俊常等，译.北京：华夏出版社，2004
13. 路易斯·D.布兰代斯.别人的钱：投资银行家的贪婪真相.胡凌斌，译.北京：法律出版社，2009
14. 彼得·克拉斯.卡内基传.王鹏，译.北京：国际文化出版公司，2005
15. 威廉·E.罗思柴尔德.通用电气成功全书.杨斌等，译.北京：机械工业出版社，2008
16. 诺尔·蒂奇，斯特拉福德·舍曼.掌握命运：通用电气的改革历程.吴郑重，译.上海：上海译文出版社，1996
17. 道格拉斯·布林克利.福特传：亨利·福特，他的公司和一个进步的世纪.乔江涛，译.北京：中信出版社，2005
18. 亨利·福特.我的生活与工作.梓浪，莫丽芸，译.北京：北京邮电大学出版社，2005
19. 彼得·科利尔，大卫·霍罗维兹.美国楷模：福特史诗.李比龙等，译.北京：华夏出版社，1999
20. 阿克塞尔·马德森.创业史诗：杜兰特创建美国通用汽车公司之

路 . 林华，译 . 北京：华夏出版社，2004

21. 戴维 · 法伯 . 斯隆规则：通用汽车塑造轨迹 . 王庆华，刘瑾，译 . 北京：机械工业出版社，2004

22. 小艾尔弗雷德 · 斯隆 . 我在通用汽车的岁月 . 刘昕，译 . 北京：华夏出版社，2005

23. 欧内斯特 · 冈德林 . 创新沃土：美国 3M 公司创新机制 . 陈雪松，池俊常，张红，译 . 北京：华夏出版社，2001

24. 富士通株式会社 . 富士通：电子先锋 . 陆华生，黄文明，译 . 北京：华夏出版社，2001

25. 田原总一朗 . 电脑英才：富士通公司池田敏雄传 . 韦平和，黄天荣，译 . 北京：华夏出版社，2000

26. 吉姆 · 卡尔顿 . 苹果公司兴衰内幕 . 朱贵冬，杨芳等，译 . 北京：新华出版社，1999

27. 杰弗里 · 扬，威廉 · 西蒙 . 缔造苹果神话：史蒂夫 · 乔布斯传 . 蒋永军，译 . 北京：中信出版社，2007

28. 欧文 · 林茨迈尔 . 苹果传奇 . 毛尧飞，译 . 北京：清华大学出版社，2006

29. 大卫·柯克帕特里克 .Facebook 效应 . 沈路等，译 . 北京: 华文出版社，2010

30. 本·麦兹里奇 .Facebook: 关于性、金钱、天才和背叛 . 马小艳，译 . 北京：中信出版社，2010

31. 海因里希·巴彻勒 . 温柔的力量: 金佰利公司与美国的消费革命 . 夏璐，徐雯菲，译 . 上海：上海远东出版社，2008

32. 伯迪 · 托尔卡 . 宜家的故事：与英格瓦 · 坎普拉德对谈 . 张宗梁等，

译.呼和浩特：远方出版社，1999

33. 恩里克·巴迪亚.ZARA：引领快速时尚.黄芳等，译.杭州：浙江人民出版社，2010

34. 雷·克洛克.三十年一亿倍：麦当劳教父雷·克洛克自传.陈寅，译.北京：中华工商联合出版社，2004

35. 霍华德·舒尔茨，乔安·戈登.一路向前.张万伟，译.北京：中信出版社，2011

36. 霍华德·舒尔茨，多莉·琼斯·扬.将心注入.文敏，译.北京：中信出版社，2011

37. 戴维·帕卡德.惠普之道：比尔.休利特和我是如何创建公司的.贾宗谊，译.北京：新华出版社，1995

38. 彼得·伯罗斯.逆火：惠普女总裁的权力之路.朱林勇，译.北京：机械工业出版社，2004

39. 迈克尔·科索马罗，理查德·塞尔比.微软的秘密.程化等，译.北京：北京大学出版社，1997

40. 亚当·杰佛逊.史蒂夫·鲍尔默传.李贺，译.北京：中国青年出版社，2004

41. 罗伯特·斯莱特.重启微软：比尔·盖茨与史蒂夫·鲍尔默是如何再创微软辉煌的.屈陆民，译.北京：中国社会科学出版社，2006

42. 罗伯特·伯格曼.战略就是命运.高梓萍等，译.北京：机械工业出版社，2004

43. 安迪·格鲁夫.只有偏执狂才能生存.安然，译.北京：中信出版社，2002

44. 马克·彭德格拉斯特 . 上帝、国家、可口可乐 . 丁岚，译 . 南宁：广西人民出版社，2003

45. 伊丽莎白·坎德勒·格雷厄姆，拉尔夫·罗伯茨 . 可口可乐家族 . 贾宗谊，译 . 北京：新华出版社，1998

46. 戴维·格里森 . 我愿全世界都买可口可乐：罗伯特·戈伊祖塔与可口可乐的全球行销战略 . 傅兴潮，译 . 北京：宇航出版社，1998

47. 凯文·梅尼 . 沃森传：特立独行者和他的 IBM 帝国 . 胡金涛，译 . 北京：中信出版社，2004

48. 小托马斯·沃森 . 父与子：IBM 发家史 . 尹红等，译 . 北京：新华出版社，1993

49. 小托马斯·沃森 . 一个企业的信念 . 张静，译 . 北京：中信出版社，2003

50. 道·盖尔 . 郭士纳与 IBM 十年转机 . 胡小军等，译 . 北京：华夏出版社，2003

51. 肯·奥莱塔 . 被谷歌：已经、正在和将要被谷歌改变的人、公司、行业和世界 . 薛红卫等，译 . 北京：中信出版社，2010

52. 萨姆·沃尔顿，约翰·休伊 . 富甲美国：零售大王沃尔顿自传 . 沈志彦等，译 . 上海：上海译文出版社，1996

53. 鲍勃·奥尔特加 . 信任萨姆：全球最大零售商沃尔玛的秘密 . 屈陆民等，译 . 北京：华夏出版社，2001

54. 乌尔里西·菲赫尔 . 保时捷的老板 . 江澜等，译 . 北京：中央编译出版社，2007

55. 弗里德海姆·斯瓦茨 . 肯定是你：雀巢缔造者的经营理念 . 王薇，译 . 哈尔滨：哈尔滨出版社，2004

56. 莎拉·盖·弗登. 古奇王朝：世界上最时尚家族的情感、势力与脆弱. 辛艳，译. 北京：中信出版社，2005
57. 罗伯特·斯莱特. 思科风暴. 王雪平，译. 北京：中信出版社，2003
58. 阿瑟·马丁内斯，查尔斯·麦迪根. 百年老店西尔斯. 侯颖，译. 北京：中信出版社，2003
59. 托马斯·舒勒尔. 贝塔斯曼背后的家族. 朱刘华等，译. 广州：花城出版社，2008
60. 赖因哈德·莫恩. 合作制胜：贝塔斯曼的成功之道. 冯波等，译. 北京：华夏出版社，2000
61. 皮埃尔－安托万·多内. 米其林传奇：从偏僻小厂到全球轮胎帝国. 方友忠，译. 桂林：广西师范大学出版社，2009
62. 吕迪格尔·荣格布鲁特. 宝马背后的家族. 朱刘华等，译. 广州：花城出版社，2008
63. 费托·阿旺塔利奥. 法拉利背后的家族. 殷明等，译. 广州：花城出版社，2008
64. 布鲁诺·阿贝斯卡. 欧莱雅：一部法国的魅力财富史. 戴捷，译. 北京：中信出版社，2004
65. 哈罗德·文·克里夫兰德等. 花旗银行. 郑先炳，译. 北京：中国金融出版社，2005
66. 艾美·斯通，麦克·布鲁斯特. 资本之王：桑迪·威尔. 胡英坤等，译. 沈阳：辽宁人民出版社，2003
67. 罗尔夫·卡尔森. 所有权与价值创造：新经济时代的公司治理战略. 王晓玲，译. 上海：上海交通大学出版社，2003

68. 丰田英二 . 决断：丰田成功之路 . 李宁等，译 . 天津：天津科学技术出版社，1989
69. 片山修 . 丰田方式 . 陈锐，译 . 北京：华夏出版社，1999
70. 索尼传媒中心 . 索尼源流：从废墟上起步 . 北京：华夏出版社，1999
71. 出井伸之 . 迷失与决断：我执掌索尼的十年 . 程雅琴，译 . 北京：中信出版社，2008
72. 铃木敏文 . 我的零售人生：铃木敏文自传 . 袁森，译 . 北京：中信出版社，2010
73. 加藤胜美 . 超越梦想：御手洗毅与佳能 . 郑春瑞，译 . 北京：华夏出版社，2000
74. 岩渊明男 . 佳能理念 . 杨延梓等，译 . 北京：华夏出版社，1999
75. 谷本真辉，李鑫 . 一胜九败：日本新首富柳井正的创业人生与商业哲学 . 北京：中华工商联合出版社：2011
76. 李昌雨 . 三星之父：李秉喆 . 文大一等，译 . 北京：海洋出版社，2005
77. 李庆植 . 三星内幕：李健熙的传奇人生 . 金香兰，译 . 北京：中国铁道出版社，2012
78. 韩国《东亚日报》经济部 . 韩国大企业的领袖 . 李敦球等，译 . 北京：新华出版社，2003